法经济学基础理论研究

汤自军 著

西南交通大学出版社
·成都·

图书在版编目（CIP）数据

法经济学基础理论研究 / 汤自军著. —成都：西南交通大学出版社，2017.8
ISBN 978-7-5643-5618-7

Ⅰ. ①法… Ⅱ. ①汤… Ⅲ. ①法学－经济学－研究 Ⅳ. ①D90-059

中国版本图书馆 CIP 数据核字（2017）第 192063 号

法经济学基础理论研究 　　汤自军　著　　责任编辑　赵玉婷
　　　　　　　　　　　　　　　　　　　　　　封面设计　严春艳

印张：16.75　　字数：326千	出版发行：西南交通大学出版社
成品尺寸：170 mm×230 mm	网址：http://www.xnjdcbs.com
版次：2017年8月第1版	地址：四川省成都市二环路北一段111号 　　　西南交通大学创新大厦21楼
印次：2017年8月第1次	邮政编码：610031
印刷：四川煤田地质制图印刷厂	发行部电话：028-87600564　028-87600533
书号：ISBN 978-7-5643-5618-7	定价：78.00元

图书如有印装质量问题　本社负责退换
版权所有　盗版必究　举报电话　028-87600562

前 言
Preface

　　诞生于20世纪60年代美国的现代法经济学目前已成为世界法学界发展最为迅猛、最前沿的研究领域之一。作为法学与经济学的交叉学科，法经济学极大地推动了法学研究的实证化进程。它以"理性人"为基本行为假设，以"效率"作为研究和评判法律规则的基本出发点，使用现代经济学的基本工具和方法对法律展开分析，最终达到揭示法律背后的经济逻辑、提高法律有效性的目的。在宏观层面，它研究法律与国家经济发展的关系；在微观层面，它以部门法经济目标为引领，对传统法律制度进行修正与整合。这一研究特点与方法，使法经济学迅速成为目前西方法学研究的主流范式。

　　在我国，法经济学的研究尽管在20世纪80年代就已被引进与介绍，却一直进展缓慢。这种状况并不表明我国的法治建设和法学研究不需要法经济学，恰恰相反，当前我国社会主义市场经济建设急需法经济学。自1992年党的十四大明确提出建立社会主义市场经济体制，到1999年"依法治国"被写入宪法，再到2014年习近平同志提出全面"依法治国"，"市场经济本质为法治经济"的观念已深入人心。法律的经济目标、如何用法律手段规范经济活动、法律与经济增长之间关系等一系列命题已然成为我国法学界重点关注的命题，而这些问题正是法经济学这一新兴交叉学科所擅长的领域。现实的强烈需求与理论进展的缓慢形成了强烈的反差，究其原因，主要是因为过去我国法学教育体制存在的缺陷：在高等教育严格文理分科的大背景下，我国法学专业在过去很长一段时间被作为标准的文科专业对待，学生普遍缺乏现代社会科学分析方法与分析工具的训练。所以尽管很多法学学者已认识到法经济学的重要性，也愿意积极投身于法经济学的教学与研究，但限于知识结构的缺陷而难以深入。不过这种状况已经在逐渐改变，由于目前国内高等教育实施的博雅通识教育及取消文理分科等教育改革，具有交叉知识背景的学者越来越多。更为重要的是，我国的市场经济改革已到了必须利用法律来确认和推动的阶段。而要构建科学、有效的市场法律制度体系，就必须了解其背后的经济逻辑以及其所发挥的经济效能。唯有如此，才能使我国的法律与市场两者之间实现良性的互动，相互促进，相互完善，共同促进我国经济的长足发展及法治的不断完善。因此，为了完成这一时代交与的重任，近年来，法经济学逐渐成为了我国法学界研究的新热点、新前沿。

本书即是在这一背景下完成的。之所以关注法经济学基础理论研究，是因为按照通常的标准划分，法经济学研究可分为三个层次：基础理论研究、应用研究与知识普及。在这三个层次中，基础理论研究是最基本、最重要的研究，因为其他两个层次的研究必须以其为前提和基础。基础理论研究也是目前国内法经济学研究的一个较为薄弱的领域。国内大多数的研究集中在对具体法律问题的分析上，而作为"舶来品"的法经济学要真正实现"中国化""本土化"，必须以建立完善的基础理论为前提。

本书总结了作者多年来从事法经济学教学与科研的成果，其中包括在美国芝加哥大学、伊利诺伊大学香槟分校、乔治城大学、加州大学圣塔芭芭拉分校学习与研究的内容，基本涵盖了目前法经济学领域的主要理论，反映了法经济学最新的学术进展与热点。从内容上看，全书大体可分为两大部分：法经济学基础理论部分和部门法的法经济学理论部分。其中，第一章到第六章是基础理论部分。基础理论部分主要介绍法经济学的概念、法经济学的发展史、法经济学的基本原理及法律与经济增长的关系。第七章到第十五章是部门法的法经济学理论部分，这一部分主要涵盖了财产法、合同法、侵权法、刑法、程序法、反垄断法、公司法、知识产权法等部门法的法经济学理论。最后，第十六章对法经济学今后的发展方向进行了展望。

由于自身的学术水平有限，书中肯定存在不少不足和疏漏之处，恳请读者和专家不吝赐教。

作者
2017 年 3 月

目 录
Contents

第一章 导 论…001
 一、法经济学的概念…001
 二、法经济学的意义…003

第二章 法经济学的发展史…007
 一、先哲们对经济与法律之间关系的关注…007
 二、法经济学运动的第一次浪潮…008
 三、法经济学运动的第二次浪潮…010
 四、法经济学在中国的发展…013

第三章 法经济学的法学基础…014
 一、法律的含义…014
 二、法律的形成与演化…016
 三、法系、法律体系与法律结构…018
 四、法律的运行…022

第四章 法经济学的经济学基础…026
 一、理性选择理论…026
 二、边际分析…026
 三、消费者选择与需求理论…028
 四、生产者选择与供给理论…034
 五、市场均衡…035

六、市场效率…038

　　七、市场失灵…042

　　八、博弈论…049

第五章　科斯定理…055

　　一、科斯定理的推导…055

　　二、权利的安排与财富分配…058

　　三、科斯定理的推论…059

　　四、科斯定理及其推论的意义：构建法律经济分析的桥梁…059

　　五、法律的"市场"类比…062

　　六、法律的经济目标：促进和实现合作…062

第六章　法律与经济增长…064

　　一、古典社会理论…065

　　二、现代化理论…068

　　三、依附理论…071

　　四、新制度主义理论…073

　　五、现代观点：法律经济学…075

第七章　财产法的法经济学理论（一）…080

　　一、财产…080

　　二、产权的定义、性质与功能…082

　　三、产权的起源…083

第八章　财产法的法经济学理论（二）…088

　　一、财产法的经济目标：促进稀缺资源的最优利用…088

　　二、产权形态与资源最佳利用…089

　　三、产权赋予规则与资源最佳利用…093

　　四、产权冲突与资源最佳利用…098

　　五、产权保护与资源最佳利用…100

目录

第九章 合同法的法经济学理论…106
一、合同法的经济目标：最大化交换效率 …106

二、交换效率最大化的实现条件 …106

三、合同成立法律制度与交换效率最大化 …108

四、合同信息与交换效率最大化 …113

五、合同的履行、救济与交换效率最大化…115

第十章 侵权法的法经济学理论…125
一、侵权法的经济本质 …126

二、侵权法的经济目标：侵权行为的社会成本最小化…126

三、侵权责任的归责原则 …128

四、有效预防水平的确定标准与汉德公式 …130

五、侵权损害赔偿…132

第十一章 刑法的法经济学理论…135
一、刑法的经济目标…135

二、刑罚与威慑…140

三、刑事政策的法经济学评价…141

第十二章 程序法的法经济学理论…145
一、程序法的经济目标…145

二、起诉的经济分析…147

三、判决与和解…149

四、执行…152

第十三章 反垄断法的法经济学理论…154
一、管制的基本概念…154

二、竞争与反垄断…160

三、自然垄断与政府管制…163

四、中国反垄断法的经济分析…168

第十四章　公司法的法经济学理论…177
　　一、公司与公司法…177
　　二、企业理论…179
　　三、公司设立制度的法经济学分析…182
　　四、公司股东与管理层利益冲突和平衡…186
　　五、公司不同股东之间的利益平衡…192
　　六、公司股东与债权人的利益冲突和平衡…197
　　七、公司职工的权益保护…200

第十五章　知识产权的法经济学理论…204
　　一、知识的特殊性…204
　　二、知识缘何需要产权？…206
　　三、知识产权制度的核心原则：利益衡平…209
　　四、商标制度的经济分析…211
　　五、著作权制度的经济分析…214
　　六、专利制度的经济分析…216
　　七、知识产权制度的新挑战…219

第十六章　法经济学的发展方向…221
　　一、法经济学的博弈分析…221
　　二、行为法经济学…229

参考文献…245

后　记…259

第一章 导 论

一、法经济学的概念

（一）法经济学的定义

现代法经济学诞生于 20 世纪 60 年代的美国。作为一门新生的、前沿的交叉学科，在国外的文献中，其有多种表达方式，如：Law and Economics, Economics of Law, Economic Analysis of Law, Economic Approach to Law。在众多的表达方式中，Law and Economics 逐渐成为最为普遍的用法。目前在英美国家的法学学术论文、著作、期刊、教材甚至法官判决书等法学文献中，Law and Economics 最为常见。

在两个学科专有名词之间加上 "and" 来表示新兴、交叉学科的这种用法起源于 20 世纪 30 年代，当时美国学术界掀起了一场风起云涌的法律现实主义运动。这个运动坚持把法律置于整个社会之中，分析各种社会的、政治的、心理的以及文化的因素对于法及其运行的作用和影响，由此出现了 Law and Sociology（法律和社会学）、Law and Anthropology（法律和人类学）、Law and Politics（法律和政治学）、Law and Literature（法律和文学）等多种研究取向。其中使用 "and" 这样一个联结性词汇，目的就在打破原有社会科学学科之间的学术壁垒，采用综合考察的视角和交叉互证方法，从而在更加宽广的范围内来解决原有两个领域中彼此渗透、相互影响的诸多现实问题。

显而易见，这种学科命名办法，不是以传统的学科划分和研究路径为出发点，而是以现实中实际产生的 "问题" 为出发点的。如果以传统的学科划分和研究路径为出发点，往往会导致 "画地为牢" "各人自扫门前雪" "想当然" "闭门造车" 等情况，产生不必要的学科壁垒。这就导致实际社会生活中的许多综合性问题得不到很好的解决。而以现实中实际产生的 "问题" 为出发点联结起不同专业领域及方法的交叉研究，为社会生活中的实际问题提供了科学合理的解决方案。所以说，这种在两个学科专有名词之间加上 "and" 来表示新兴、交叉学科的方法既恰如其分地表达出了学科研究的对象和范围，又传递了所涉及学科的特有内涵，使研究的对象与方法相统一。

"Law and Economics"的汉语直译应为"法和经济学"或者"法与经济学"。但遵从汉语的简化习惯,加上我国学界长期以来把"Theories about Law"一类学科通称为法哲学、法社会学、法人类学等。所以,"Law and Economics"在汉语中的对应名称应为"法经济学",不加"和"字,言简意赅。

确定了法经济学的名称后,便可以探寻法经济学的定义。要把握法经济学的定义,需要从它的本质入手。如同其名称所体现的一样,法经济学的本质就是法学和经济学交叉结合的产物,特色是用经济学的理论和方法研究与理解法律现象。目前,学术界对法经济学最普遍的定义为"以应用经济学的理论和方法来研究法律制度的形成、结构、演化和影响"。

对于这个定义的理解,又可以分为广义和狭义两类:广义的法经济学涵盖了对社会中法律现象和经济现象之间关系的研究,不仅从微观、具体层次上讨论二者之间的关系,而且从宏观、抽象的层次上说明它们之间的联系。比如说法律与一个国家的经济发展是否有关系,制定什么样的法律才能促进一个国家的财富增长,等等,这些问题都属于广义的法经济学的研究范畴。

而狭义的法经济学则专指 20 世纪 60 年代以后以芝加哥大学为发源地形成的法经济学,代表人物主要有罗纳德·科斯,理查德·波斯纳等。它的特点是应用当代经济学的理论工具与方法研究法律对行为人的激励及其对社会资源配置的影响。不论是法经济学广义的理解还是狭义的理解,二者所共同强调的是:对法律的理解不能仅局限于法律本身,而应该看到法律不过是社会生活的秩序化,如从法学研究跨入经济学研究的马克思所说:"法律关系只不过是社会经济关系的反映。"法律本身并不是一个自为的主体。打个形象的比喻,法律只是社会的一个"面纱",法经济学要做的不仅仅是研究"面纱"本身,更重要的还是要揭示出面纱后面的东西。因此,对法律的研究不能仅仅关注"书本上的法",而更应关注"实际中的法"。这是对法经济学理论分析的基本出发点。

(二)法经济学定义的外延

1. 法经济学关注的不是"书本上的法",而是"实际中的法"或称为"行动中的法"

法经济学要求实践中在立法或者修改法律时,需要事先利用科学的理论或方法来预测现实中的人们可能会对将要制定、实施的法律的反应,或者说将要制定、实施的法律在现实社会生活中会产生什么实际作用。也就是说法经济学注重对法律的事前分析,这样也产生了法经济学研究中开放式研究的特点。法经济学开放式研究的特点强调法律逻辑不自足的特性，因此实践中就应"以变适应不变"，同时，这一特点也增强了法律与现实社会经济关系的适应能力。这也正是法经济学与传统法学研究方法相比较，最有借鉴意义的地方。

2. 法经济学关注的不是法律内部结构的逻辑一致性，而是法律实际效果与预期目标的一致性

由法经济学关注的"实际中的法"的特点，可以很容易推论出法经济学的研究不是如传统法学理论一样聚焦于法律内部结构的逻辑一致性，而是关注法律实际效果与预期目标的一致性。这个特点就使法经济学成为现代国家法律改革的一个重要政策指导。纵观现代世界各个国家，每一个国家政府面临的首要问题就是如何发展经济、提高人民生活水平，使国富民强。搞不好经济的政府不是好政府、贫穷的国家不是好国家。而法律已成为现代国家管理社会事务的规范化手段。制定实施一项新法律，能不能达到它本身预期的目标，能不能有利于民、造福于民就成为法治国家面临的一个关键问题。所以说，让法律实际效果与预期目标相一致，在这个过程中，法经济学就能发挥重要作用。

3. 法经济学关注的是法律的"向前看"，而不是"向后看"

比方说法经济学中有关财产法的分析，关注的重点就是什么样的财产法律制度有利于社会资源的最优配置；有关合同法的分析，什么样的合同法律制度最有利于市场交易；有关侵权的分析，什么样的侵权法律制度能以最少的社会成本预防事故的发生。所以说法经济学秉持的就是一种"过去的就让它过去"，要"一切向前看"的逻辑思路。在制定法律时，就要有目的地去选择。

4. 法经济学对现行法律采取怀疑和批判的态度

在这个意义上，法经济学坚持的不是法定主义，而是合理主义。法经济学坚持合理的才是合法的，"恶法"不是法。因此，在实践中，应该采取灵活的态度、变动的法律技术，及时修改或废除"恶法"，使整个法律制度向良法靠拢，最终在全社会中实现"良法之治"。

二、法经济学的意义

（一）把握学术发展方向

目前，在美国主流法学期刊中，使用法经济学方法的文章数量要多于使用其他任何方法的文章。截至2010年，法学论文引用文献引用率最高的是科斯

1960发表的法经济学的奠基之作《社会成本问题》。自1980年里根政府时期开始，美国联邦政府要求所有的政府法令在实施前必须进行成本—效益分析，否则不能生效。目前，法经济学已成为包括哈佛大学、芝加哥大学、耶鲁大学、斯坦福大学、哥伦比亚大学、牛津大学、剑桥大学等欧美世界一流大学法学院的必修课。从事法经济学教学与科研的学者们也纷纷在学术或者职业生涯中取得新的辉煌：科斯教授和加里·贝克尔教授分别获得1991年和1992年的诺贝尔经济学奖，波斯纳法官成为美国联邦第七巡回上诉法院大法官，卡拉布雷西成为联邦第二巡回上诉法院大法官。在这些卓越学者的影响下，美国法院的判决中法经济学方法逐渐成为主流。总而言之，正如耶鲁大学法学院的布鲁斯·阿克曼教授所言："法经济学是20世纪法学最重要的学术进展。"因此，学习法经济学，有利于紧跟世界学术潮流，把握世界学术发展方向。

（二）法律实务的需要

法律实务以律师、法官或检察官、公务员为代表。

首先，在律师工作中，掌握法经济学相关知识，对律师实务工作大有益处。因为现实的法律问题通常都不是单纯的法律问题，而是一个综合的复合型的问题。如在反垄断案件中，认定一个企业的经营行为涉及垄断，更多的是对市场经济当中有关市场集中度及价格控制等相关问题的判断，是否妨碍经济效率，是否损害社会福利，这都不是法律这一学科所能单独回答的问题。又如在公司法律实务中，作为高级白领的公司法律顾问、公司律师的主要工作就是处理公司日常经营当中可能产生的法律问题，防范司法风险。这就要求公司律师对财务和金融方面的知识要有相当的了解，同时，在很多情况下，还要与众多的经济领域的专业人员如会计师、税务师、审计师等合作。如果不具备相关的法律和经济等多方面的知识，其职业发展将大受限制，而法经济学则正是可以拓展这两方面知识的学科。

其次，在法官或检察官工作中，法经济学知识仍然大有用武之地。虽然我国属于大陆法系国家，与英美法系国家比较，法官不能通过判例造法，主要的职能是解释成文法规定。但是，在司法审判中法官所面对的问题也并非只是简单地如何注释法律。现实生活中，法官所经常面对的是因为法律的灰色地带而导致的争议，只有对法律产生不同的理解或者法律规定不明确，实践中也才会产生争议。此时，如何在不同的、相互冲突的法律解释之间进行取舍，就是一个涉及价值取舍及社会现实判断的问题。一个只会利用条文进行简单逻辑推理的法官很难做出令当事人信服的判决。因此，对法官或者检察官的工作，法经济学也是大有帮助。

最后，在公务员工作中，掌握法经济学知识则更为重要。在十八届三中全会上，党中央提出了"让市场在资源配置中起决定性作用"，这也就意味着今后国家将不断地深化经济体制改革。在这个过程中，法律将成为政府推动改革、管理经济的主要工具。而什么样的法律制度有利于实现社会经济目标，法律制度实施后对经济和社会的影响如何。对法律制度的效果分析、效率分析、效果预测，这些都是法经济学所涵盖的主要议题。因此，法经济学知识对公务员工作大有裨益。

（三）社会主义市场经济发展的需要

一个完善健全的法律制度体系是建立现代市场经济体制的制度基础。这也是为什么说"市场经济就是法治经济"的原因。一个完善的市场经济体制离不开一个健全的市场经济法律体系。而现实生活中，我国的法律实践却还远远达不到要求。

首先，立法方面。改革开放以来，国家在立法、司法、执法和法律教育方面都进行了大量的投入，从而有了越来越多的法律、越来越多的法律工作者、越来越多的法学教育机构。但是，如果从立法社会效果和经济效果角度审视，我国的立法模式还十分不成熟，有事法制、应急立法的特点非常明显，法律立、改、废的周期和频率远远高于世界平均水平。比方说，全国人大及其常委会三十多年来制定的法律和有关法律的文件，现在仍然有效的只占30.26%，有近70%已经失效或修订。越来越多的制定法不能被社会所接受或者根本就解决不了问题，反而引发新的问题，造成法律冲突。用法经济学的术语讲，就是：法律的有效供给不足，效率低下，法律总体上的供不应求和某些行政规章、地方性规章供过于求（通货膨胀）同时并存（法律市场的滞涨），现有法律在质量、数量和体系化程度等方面都不能满足社会的需要。

其次，司法和公安执法方面。改革开放三十多年来，伴随着社会经济发展，各类社会纠纷和矛盾日益增多，民事、刑事、行政案件数量激增。从某种意义上说，这也是经济发展的必然产物。同时，公安和武警维护社会治安、维护社会稳定以及反恐、反分裂的任务不断加重，由此导致我国法院的审案量以年均增长百分之十几的速度迅猛上升，国家财政对法院、检察院、公安系统的投入如基建支出、人员编制、工资收入、购置装备和日常开销等也成倍增加。一个显而易见的结论是：这种以数量和规模粗放型扩张为特点的法治运动虽然收获了一定的社会稳定和法治建设成果，但同时也付出了巨大的成本代价。各种显性的和隐性的社会矛盾、社会危机不降反升，各类突发事件、紧急状况此起彼伏。

客观地说，随着国家经济的不断发展、国家财政的年年增收，近年来国家在司法执法机构和人员的社会资源配置不可谓不多，但是，经由诉讼、执法活动获得的司法执法收益却并未呈正比例增加。同过去相比，法律供给更多了，社会支付的法治成本更多了，但赢得了更多的社会正义了吗？由此，从法经济学的视角研究我国在立法、司法和执法过程中的低效现象，摒弃粗放式、数量规模增长型的模式，通过建立健全市场经济法律体系来促进和保障市场经济发展，以更小的社会成本，为人民生产更多更好的公平正义，就成为法经济学研究的使命所在。

第二章　法经济学的发展史

现代法经济学的建立是以科斯教授1960年的著名论文《社会成本问题》为标志。但是早在此之前，一些前辈思想家们早已对法律与经济的关系进行过研究。

一、先哲们对经济与法律之间关系的关注

有关经济与法律之间的关系，作为古典政治经济学的奠基人的亚当·斯密，在其《国富论》中就早有论述。在《国富论》中，亚当·斯密论述了法律制度对一个国家价格体系的影响。在考察被赋予垄断地位的君主公司时，他指出这种垄断与赋予新机器的发明人的垄断具有同样的性质。而这种垄断制度必定会影响商品的市场价格。同时，斯密还从经济学角度分析了当时英国盛行的一些法律，如学徒法、长男继承法、谷物法，认为这些法律的施行实际上是妨碍了百姓的经济自由。

而意大利的法学家贝卡利亚在其著作《论犯罪与刑罚》一书中提出刑罚的有益性和必要性概念，论证了"刑罚与犯罪的均衡性"原理，并认为"最大多数人分享最大幸福"应作为法律评价的唯一准则。他主张："只要刑罚的恶果大于犯罪所带来的好处，刑罚就可以收到它的效果。"他还指出：可以找到一个越轨行为的阶梯，它的最高一级是直接毁灭社会的行为，最低一级就是对社会成员个人可能犯下的、最轻微的非正义行为，在这两级之间，包括了所有危害公共福利、称之为犯罪的行为，这些行为都沿着无形的阶梯，从高到低顺序排列。因此，为了预防犯罪，就应当建立"一个恰当的，由最强到最弱的刑罚阶梯"，做到重罪重罚、轻罪轻罚，实现"刑罚与犯罪的均衡"。由上可见，贝卡利亚的"刑罚与犯罪的均衡性"理论闪现着法学与经济学相结合的光辉。

有关经济与法律之间的关系的思想，当然离不开马克思的分析。马克思的贡献在于从宏观上阐明了法律与经济之间的关系。在马克思之前，黑格尔在其《法哲学》中以绝对精神为统领，阐述了法律制度和经济基础的关系。马克思将被黑格尔颠倒了的经济基础和上层建筑的关系颠倒了回来，指出经济基础决定

上层建筑，上层建筑对经济基础又有反作用。而这正是科学认识法律制度的首要前提。

二、法经济学运动的第一次浪潮

德国历史学派及其在美国的继承者——制度学派对法律制度的形成及作用给予了广泛而深入的关注，形成了法经济学研究的第一次浪潮。

1. 时代背景

法经济学运动的第一次浪潮的产生有其特定的时代背景。19世纪末20世纪初，资本主义的发展逐渐从自由竞争时期走向垄断资本主义时期。自亚当·斯密以来古典经济学所奉行的市场自由主义开始受到质疑，人们开始认为在斯密口中所说的市场这只"看不见的手"越来越需要政府这位曾经的"守夜人"的"扶持之手""帮助之手"去弥补市场的缺陷，纠正所谓的"市场失灵"。在这个过程中，法律成为政府管控市场的主要手段。1890年，世界上第一部反垄断性质的法律《谢尔曼法》在美国国会通过，为了加强对市场的调控，1914年美国国会又通过了《联邦贸易委员会法》和《克莱顿法》。同时期欧洲的德国也陆续颁布了旨在干涉经济的《工伤保险法》《疾病保险法》等法律，使得法律与经济的关系成为社会实践中客观存在的一个无法回避的话题。在这种时代背景下，诞生了法经济学运动的第一次浪潮。

2. 代表人物

法经济学运动的第一次浪潮以德国历史学派与美国制度学派的理论为代表。德国历史学派从国家、民族的特殊性出发，认为只存在着国家和民族的经济规律和法律，不存在普遍适用的经济规律与法律体系，所有的法律都只是适应国家和民族的特殊需要而产生的，而且只有这些需要决定法律的存在。德国历史学派对土地和契约安排中的产权利用情况进行了大量的历史研究，研究显示如人口密度、土地的肥沃程度和开发状况，对土地产权是被明确赋予给个人，还是留归公共使用，以及对公共用地适用什么样的规则等都有着显著的影响。在这里已经显示出了交易成本作用。

在美国，经历了20世纪30年代大萧条之后，美国的经济学家们开始广泛地使用基数效用论研究税收问题以及如何改善社会福利状况等问题。法律制度在这些经济学家眼里是市场运行的先决条件、既有框架，不需要特别关注。而此时代的制度学派的经济学家们与此相反，他们重点关注制度在经济运行中所产生的作用。其主要代表人物为凡勃伦与康芒斯。在激烈地批评新古典经济学的基础上，凡勃伦认为制度对个体行为决策和社会利益冲突的协调具有重要的作用。在其著作《有闲阶级论》中，凡勃伦通过研究制度的起源，观察当时社会上的经济现象，尤其是处在上层社会的有闲阶层的特权与消费特征，来探讨制度与经济现象之间的紧密关系。最终，凡勃伦认为制度能够影响人类的行为，然后通过人类的行为来影响经济绩效。

制度学派的另一位代表人物康芒斯的理论对后来现代法经济学的诞生产生了直接影响。康芒斯不赞成古典经济学那种"重市场、轻制度"的做法。他把制度看成是人类社会经济的推动力量，而制度当中最重要的是法律制度。同时，他主张法律制度不仅先于经济制度而存在，而且对经济制度的演变起着决定性的作用。他以资本主义的诞生和发展为例进行了解释。一方面，他认为资本主义的诞生首先是资产阶级的法律制度取得胜利，要建立统一的资产阶级政权，然后瓦解封建经济制度，从而为资本主义的发展扫清道路，资本主义经济制度才能最终得以确立。另一方面，在资本主义经济制度建立以后，法律制度仍然是推动经济发展的决定性因素。他以"公司"这种现代市场经济的重要主体在美国的发展史为例进行了说明。在美国建国之初的50年里，公司是一种垄断性的经济组织形式，只有获得特许权的组织才能开设公司进行经济活动，但这就造成了垄断及贪污行为。直到后来国会通过了一般的公司法后，公司作为一种经济组织形式才得以普遍化。公司不再是垄断性的组织，而成为竞争性的组织。在这个过程中，正是公司法这样一种法律制度才最终确立了商人的组织经营的权利。这样，资本主义就进入了新的阶段，法律制度促进了资本主义的加快发展。因此，康芒斯主张完善国家法律制度，并运用法律制度来管理国家经济。他的著作《资本主义的法律基础》和《制度经济学》成为法经济学中制度学派的经典。

虽然德国历史学派和美国制度学派在理论研究中取得了丰硕的成果，但以他们为代表的第一次法经济学浪潮在20世纪三四十年代时开始逐渐衰落。之所以会衰落，主要原因就在于在这次浪潮中，历史学派和制度学派所依赖的经济学理论与方法还不成熟。当时古典经济学开始受到了广泛的质疑，新古典经济学（边际）刚刚形成，许多学者在对法律制度进行解释时，由于没有成熟的经济学理论支持，逐渐偏离了严格的个人理性选择模型，而转向诸如"国家精神""社会—心理动机"等因素，从而与经济学的专业化背道而驰。

另外，这次浪潮的衰落还与历史学派和制度学派自身使用的分析手段的不成熟密切相关。历史学派埋头于历史资料的梳理，对现实社会生活中实际运行的法律规则缺乏具体深入的分析。制度学派的方法则采用的是一种类似"讲故事"的方法,"讲故事法缺乏严密性,缺乏明确的逻辑结构",因此缺乏解释力和说服力。

三、法经济学运动的第二次浪潮

法经济学运动的第二次浪潮以现代法经济学的诞生为标志。

1. 时代背景

现代法经济学诞生在20世纪60年代,与当时特定的社会历史条件紧密相关。20世纪六十七年代,西方资本主义社会在经济发展过程中产生特殊的"滞涨"现象。这是20世纪30年代大萧条后所盛行的凯恩斯主义所不能解释的。学者们开始反思既有的经济理论,寻求新的理论突破以解决经济发展的危机。在此过程中,传统的将制度作为市场运行的既定条件、与经济发展无关的观点受到挑战。在这样的背景下,以"制度对经济发展具有决定影响"为主要观点的新制度学派(或称新制度经济学)应运而生。而与新制度经济学同时产生并迅速发展壮大的就是现代法经济学。

2. 旧法经济学及其代表人物

经济学家亨利·西蒙斯和艾瑞·迪莱克特为法经济学的再生做出了重大贡献。1934年西蒙斯受聘于芝加哥大学法学院,给法学院的学生讲授"价格理论"。西蒙斯是一个市场自由主义者,坚持自由竞争的市场是实现经济效率的最佳途径,他对当时美国政府逐步加强的经济控制提出了批评,坚决反对国有化政策,并认为政府对铁路和公共福利的管制是失败的。这些观点在当时来说都是非主流的,完全迥异于法学界的主流观点,给他法学院同事们带来了启发。

继西蒙斯之后,迪莱克特受聘于芝加哥大学法学院。他首先给法学院的学生开设"经济分析与公共政策"课程,后来与法学院的反垄断法教授艾德沃德·利维共同开设"反垄断法"课。这给了迪莱克特展示法律经济分析魅力的机会,并使反垄断法成为经济分析的最初领域和法经济学中最传统的领域。在经历了大萧条和"新政"之后,当时美国的主流观点是——为得到有效率竞争的结果,必须对工商业活动进行严格的监管。迪莱克特基于规范经济学的分析方法表明这些主张是缺乏根据的,甚至是反经济效率的,垄断并不是像传统理论所说的那样破坏消费者的福利。在迪莱克特的影响下,从1940年到1950年期间,公司法、破产法、安全管制法、劳工法、所得税法、公共福利管制和侵权法都逐渐进入了经济分析的视野。

此一阶段，后来被波斯纳称为现代法经济学中的"旧法经济学"，相应地，1960年以后科斯开创的法经济学被他称为"新法经济学"。之所以有这样的称呼，主要是因为这一时期法律的经济分析主要集中在与市场有关的法律上，或者称为显性的市场行为的分析，比方说市场管制、反垄断等。还没有涉及法律的传统领域，比方说财产、合同、侵权等。也就是说还没有研究隐性的市场行为，没有将经济分析一般化。但是，在西蒙斯、迪莱克特等人的影响下，研究法律的经济效果迅速成为学术界主流。

3. 新法经济学及其代表人物

1958年，迪莱克特作为第一任主编的《法经济学杂志》创刊，标志着法经济学有了自己的理论阵地。不久，科斯受聘于芝加哥大学并担任该杂志的联合主编。之后在科斯、阿尔钦以及耶鲁大学的卡拉布雷西的努力下，法律的经济分析被一般化，法经济学突破"旧法经济学"的研究领域，进入了新法经济学时代。

还有一位与科斯同期开展工作的、将经济分析扩展到人类非市场行为的著名学者，那就是1992年诺贝尔奖的获得者加里·贝克尔。贝克尔对人类非市场行为的分析起始于他1955年的博士论文《市场歧视》，从那时候开始，贝克尔逐渐把经济理论扩展到被过去传统理论认为与市场行为毫无关联的领域，如人类的婚姻、生育、犯罪以及社会当中的歧视行为等，获得巨大成功而荣获诺贝尔奖。贝克尔被视为现代西方学术界最富有独创性思维的人之一，他的研究特点是常常把普通观察到的明显不相关的社会生活现象同某一些经济原理的作用联系起来，力图用经济学的方法和观点去揭示人类行为的经济动因，从而开拓经济分析的新视野。贝克尔指出"经济分析是一种富有解释力的方法，适用于解释全部人类行为"。在贝克尔的一系列著作，如《歧视经济学》《人类行为的经济分析》《家庭论》中他成功地展示了对一些传统法律问题的深刻分析，得出了一些不同于传统理论的结论，使法律经济分析的一般化在理论上不再有障碍。

作为法经济学的奠基人，科斯教授著作等身。其中，最为著名的为两篇论文：一篇是1937年的《企业的性质》，另一篇是1960年的《社会成本问题》。但就是这两篇文章，却几乎分别开辟了两个学术流派。一篇奠定了现代企业理论的基础，使人们对企业为什么存在的思考有了更新的认识；另一篇则直接创立了法经济学。《社会成本问题》从讨论外部性问题入手，通过对一些法律案例的分析，揭示出外部性的存在并不能成为政府干预经济的合理基础，而交易成本的高低才是评价、选择法律制度的标准。文中表述的思想后来被另一位著名经济学家、同为芝加哥大学教授的斯蒂格勒归纳为"科斯定理"。科斯之所以被尊崇为现代法经济学奠基人，不仅是因为他在理论上揭示出法律对经济发展的重要影响，更重要的是他明确提出了对法律进行经济分析的具体方法，即以交易成本为标准，对不同的法律制度进行比较分析，交易成本越低，法律制度越有利于社会效率。科斯的这种方法明显区别于传统法律与经济关系理论，在科斯之前，虽然众多的学者都认为法律对经济的运行有重要影响，但对法律究竟是如何影响经济运行的，却没有清晰的认识。科斯的方法使这种具体的分析成为现实，从而使交易成本分析方法成为法经济学的基础分析方法。

作为曾经的耶鲁大学法学院院长，卡拉布雷西当之无愧为法经济学耶鲁学派的代表人物。1961年卡拉布雷西在《耶鲁法学杂志》发表《关于风险分配和侵权法的一些思考》一文。文章从经济学角度对侵权法进行了系统分析，认为侵权法应当是以最小社会成本防范事故发生的制度体系，并从经济效率角度出发，对责任分配、归责原则等侵权法中的核心问题提出了自己独特的看法。卡拉布雷西的贡献在于，他的研究表明不仅仅在显性市场领域进行法律的经济分析是可行的，在侵权法——这个传统的、隐性市场行为的法律核心领域——进行经济分析同样是可行的，从而为法经济学进入传统法学领域做出了杰出贡献。

这样，科斯、卡拉布雷西等人的工作分别将法律的经济分析带入了法律的核心领域——财产法和侵权法，并为经济分析的一般化开辟了广阔前景。此后，随着大批经济学家和法学家进入这个新兴的、前沿的交叉领域，法经济学开始迅猛发展。

法经济学真正进入美国各大学法学院，进入普及阶段是在1972年波斯纳出版了《法律的经济分析》之后，这本专著兼教科书的著作极大地扩大了法经济学的影响力。同时，乔治·梅森大学法学院长亨利·曼尼定期、系统地向法学教授、律师进行经济分析培训的项目也极大地促进了法经济学的普及。

波斯纳的《法律的经济分析》之所以具有强大的影响力，是因为波斯纳将科斯等人已经形成的有关产权、合同、侵权责任的基本观念进行一般化，推广到几乎所有的法律领域，全面展示了对法律进行经济分析的可行性。波斯纳的研究表明，不仅可以对显性市场行为进行分析，隐性市场行为也同样可以在"效率主题"下进行分析。波斯纳将他的核心理念做了如下归纳：一是法律行为人是理性的最大化者（消费者、厂商）；二是法律体系本身是以促进经济效率为目标的（普通法的演进）；三是经济分析有助于法律体系改革方案的设计。波斯纳这本书影响力巨大的另一个重要原因就是，波斯纳在书中使用的经济学方法对律师们来说简单易学，可以方便地应用于任何法律问题。在介绍自己的著作时，波斯纳甚至说"你提出一个法律领域,我就能够告诉你价格理论的几个基本原理如何决定该领域的隐性经济结构"。在波斯纳及曼尼教授的推动下,法经济学迅速成为法学界的研究主流,成为各大法学院的专业核心课程。

时至今日,法经济学已无可辩驳地成为 20 世纪 60 年代以来世界法学研究的最重要的学术进展。

四、法经济学在中国的发展

法经济学在我国的发展是与我国改革开放不断深入的社会实际相呼应的。自 1978 年开始的改革开放,其主要任务就是经济领域内的制度变革。过去 30 多年里国家从一个高度集中的计划经济体制转型为发达繁荣的市场经济体制。整个社会发生了前所未有的、急剧的制度变化,同时也引发了许多政治、经济上的矛盾和问题,这就对理论界提出了更新、更高的要求。过去那些计划经济体制下陈旧的经济法律制度,经济学、法学理论已无法解决市场经济改革实践中产生的诸多新的经济法律问题。传统经济学、法学理论中的某些僵化论断使经济学、法学工作者不断产生新的困惑。在这样的背景下,引进发达市场经济国家的新理论与新方法就成为一种必然选择。

在这个过程中,经济学界在引进、吸收法经济学理论方面迈出了第一步。从 1980 年代开始,大量的有关新制度经济学的理论学说被介绍到国内。像科斯、贝克尔、诺斯、奥尔森、布坎南、威廉姆森等名字及其理论学说逐渐被国人熟悉并了解。制度在经济发展中的重要作用逐渐成为学术界与实践界的共识。随着学术研究的进一步推进,作为正式制度重要组成部分的法律制度对经济发展的影响的研究也自然地成为国内学术界关注的另一个焦点。大量的法经济学的专著像波斯纳的《法律的经济分析》等开始被翻译介绍到国内,越来越多的经济学者、法学专家加入到法经济学的教育与科研工作中来。

尤其值得一提的是自 2003 年开始举办第一届的中国法经济学论坛。这个论坛已成为国内从事法经济学研究的专家学者最高的交流平台及专业的学术组织。随着越来越多的法学学者的参加,该论坛极大地促进了法经济学这一学科的发展及普及。目前,法经济学已成为全国许多高校法学院的核心课程,从事法经济学教学与科研的人数越来越多,相关的理论研究成果在指导立法、执法、司法等实践领域也发挥着越来越重要的作用。

第三章　法经济学的法学基础

"法律"是法经济学的研究对象,它是法经济学的重要范畴。法律理论有其自身理论体系且博大精深。本章着重从法律的含义、法律的形成和演化、法律体系、法律结构以及法律运行的基本原理等方面对法律进行描述,初步勾画出法律理论的框架;同时,结合法经济学学科的特点,对于上述问题进行分析,从而为后续的研究提供基本思路。

一、法律的含义

(一)静态的观点

传统法学认为,法律是一个封闭的、固定的规则或者命令体系,法被定义为由一个总的标准(基本规则和承认规则)确认的,其目的在于决定何种行为应该受到国家权力的保护或者惩罚的一套社会装置。因此,法律是一个自给自足的规则体系,即所谓"静态的法律"。传统法学运用的方法主要是注释方法。这种方法通常是先对社会现象进行分析,然后把握其本质,赋之以概念,之后在各种具体概念的基础上,概括抽象出上位阶的更具有普遍性的严谨、位阶层次分明的概念体系,进而通过概念体系推演出具体的法律规定。

显而易见的是,在传统视角中,第一,法律是以国家的正当存在为前提;第二,法律必须被遵守,纠纷的解决应该在固有法律的条文内寻找答案,即"恶法亦法";第三,法律是静止、封闭的,它与价值无涉,即所谓的"法律科学";第四,法律必须通过国家强制力保障其实施。传统法学的困境主要表现在:第一,它无法解释国家政权的合法更替,因为如果法律必须被遵守,那么新政权对于旧政权的颠覆就是"非法"的;第二,它无法解释法律本身的形成和变化,如果法律是静止封闭的,那么法律的"分化",新部门法的出现是如何成为可能的?第三,现实中,法律规则存在任意性规范,它并不一定以国家的强制力保障其实施;第四,实践上,拘泥于现有的法律条文,往往以牺牲社会的正义为代价。比如,在我国某些司法机关常常以法律没有规定为由驳回当事人的合理起诉而使当事人的利益受损,显然,不符合社会"向善"的基本价值观。

（二）动态的观点

与传统法学不同的是，现代社会科学从动态视角，认为法律是一个开放的、运动的体系，即"动态的法律"。比如，法律多元论者认为，法律是秩序或者不同社会关系以及它所调整的社会或者群体的性质，法律可以是创制的，也可以是非创制的，可以是事先确定的，也可以是事后创造出来的，或者直觉的，它可能包括但并非必然包括一个外来的强制规定；法是由涉及权利义务的连带感情组成的心理现象，可以分为实证的（建立在确定的惯例或明确的正式规则之上）、直觉的（非建立在确定的惯例或者正式规则之上）、官方的（由法院或者其他国家机关承认的）和非官方的（非由国家机关承认的）。社会控制论者认为，法律是发达的政治社会中高度专门化的社会控制形式，是一种有系统有秩序的适用社会强制力的社会控制。这种方式的统治，是根据权威性的理由或者指南有系统有秩序地进行的，并且是通过一定的司法程序和行政程序，借助公认的权威性技术和理想进行的。法律活动论者认为，法律是合乎道德的权力规范。他们在承认法律是一系列规则的前提下，主张把法官、行政官员和强制执行官员的日常实践纳入到法律的概念结构。

需要指出的是，第一，正如人们对制度的理解一样，对于法律的不同理解并不意味着它们是相互对立的，不同理解往往因为出发点不一样或者偏好兴趣的差异，比如静态法学较为注重的是法官如何适用法律，动态的法律关注的是法律如何实施，不同观点在法律实践中是可以共存的，而且必须是相互依存的。第二，法律概念的多元恰恰反映了法律的多维性，其原因是由于现代社会分工所带来的利益诉求的多样性，人们也必须从多个面向来理解法律；也由于现代社会分工所形成的知识（信息）分布均衡性，人们从多个面向来理解法律成为可能。

由上述法律的静态与动态的观点可知：

第一，法律的多维性意味着法经济学分析方法的发展性。作为实践理性的法律本身具有非自足性和不断变化的动态特征，因此拘泥于法律文字或者法律条文本身的注释法学方法，难以满足法律变迁以及法律所具有的社会功能的需求。不断拓展法律的研究空间，不断拓展其他学科的分析方法对社会关系的解剖，就成为法学研究中确立社会关系多面性的固有要求。法经济学的研究方法就是符合这一要求的研究方法，它是一个动态的体系，它正在试图综合其他社会科学发展所取得的一切有用成果，比如心理学和人类学的成果（行为法经济学也恰好证明了这点），来展开对法律问题的分析。那种认为把福利经济学分析方法视为法经济学唯一的方法的观点显然是错误的,法经济学是不断发展的,包括方法和内容的发展。

第二,法律的多维性意味着法经济学分析方法的多元化。法律的经济分析所研究的重点不同,所选择的方法也会有所差异,例如,成本—收益分析方法是解决具体纠纷、进行利益衡平时的良好方法。制度变迁理论则是研究法律(产权保护)是如何促进经济增长、法律(正式制度)和意识形态(非正式制度)在经济发展中作用的良好方法。因此要根据研究对象的不同,选择适当的研究方法展开研究,而不是拘泥于旧有的封闭理念,一味采取单一的研究方法来处理所有的法律问题。

二、法律的形成与演化

(一)关于法律形成与演化:宏观和微观的角度

从宏观层面看,法律形成和演化在内容上是随着社会分工而逐步形成的,在形式上是从禁忌到习惯再到法律的过程(其代表人物有摩尔根、马克思等)。具体而言,法的形成过程大体上可以划分为四个阶段:一是先民社会时期。这一时期的社会规范,其主要表现是经由禁忌、图腾、复仇等社会规范形态。二是法的萌芽时期。人类历史上的第一次分工使得母系氏族社会逐步向父系氏族社会过渡,标志父系社会的新的氏族习惯得以产生(诸如,父系宗亲财产继承的习惯、确认父权的习惯等),这些新的氏族习惯带有法的胚芽性质。三是法的雏形期。商品和货币的出现以及文字的发明,使得有些习惯已具有法的雏形(诸如,土地私人占有的习惯、财产由父系子女继承的习惯、具有刑罚功能的习惯等)。四是法的形成期。第二次社会大分工,使得社会分裂为自由民和奴隶、富人和穷人,私有制得以确立,政治国家趋于成熟,氏族习惯得到国家法律的认可。权利、义务、人格、债、契约法律概念的产生,刑罚体系的发达,专门裁判机关、诉讼程序(仪式)的形成以及监狱的建立标志着法律的正式形成。

从微观角度看,所谓法律的形成与演化是指立法机关制定或者修改法律,或者法官司法判决确立新规则的过程(判例法)。前者是成文法法律形成和演化的主要方式,后者则是判例法国家法律形成和演化的主要方式。通常,就成文法的制定或者废止而言,要遵循一定的法律程序。首先是立法权力的分配。例如,根据我国法律的规定,享有立法权的机关以及权力的配置是:法律应由全国人大以及常务委员会制定,行政法规应由国务院制定,地方人大享有制定地方法规的权力,等等。其次是法律制定的程序。例如按照我国立法的规定,我国法律制定或者修改要经过"提出法律议案——法律草案的审议——法律草案的表决和通过——法律草案通过"等四个步骤。就判例法的产生而言，通常是法官针对个案进行按照"遵循先例的原则"进行法律推理（最基本的是三段论推理，即法律前提——法律事实——判决结果），从而形成新规则。应该指出的是，现在世界范围内法律演化的一个发展趋势是，成文法的发展和判例法的发展相互融合，一方面表现为，判例法国家有法典出现，比如《美国统一商法典》。另一方面表现为，成文法国家通过法官对一般条款的法律解释形成了一些新规则，例如，合同法的缔约过失责任；在中国，最高人民法院以及最高人民检察院做出的司法解释也是法律渊源之一。

（二）经济学对法律制度形成和演化的研究

经济学对于法律形成和演化过程的兴趣主要表现在两个方面：一是制度变迁。制度经济学认为，法律的形成与演化是一个产权博弈演化的过程，是一个非正式规则与正式规则相互作用的结果。二是公共选择。公共选择理论认为，法律制定或者修改是一个公共选择的过程，是各个利益集团的政治博弈过程。

制度变迁理论这一研究路径与法律人关于法律演化的宏观角度具有一些共同之处：第一，它们都关注非正式规则（习惯等）与正式规则（制定法）之间的关系；第二，它们都强调经济对制度（包括法律在内）的影响。公共选择理论研究路径对应的则是法律形成和演化微观过程。它以"经济人"这一范畴为核心，分析法律形成过程的各种权力的博弈和制衡，对议会投票制度、院外活动等立法活动和现象进行了详细的剖析。

经济学和法学对于法律形成和演化关注的不同之处在于：第一，法学的角度更加注重描述性，而经济学家更加注重其进化的微观机制，比如进化过程主体之间如何博弈。第二，法学角度侧重注释法学角度对于基本法律概念原来含义的理解以及含义的演化，其服务于法律的适用；制度经济学侧重于研究法律如何达到均衡、如何实现效率，目的在于理解法律，更好地进行法律的创新。第三，公共选择理论关注立法过程的合理性（即考虑何种程序更为合理，比如对投票制度的设计），法律人关注的是立法过程的合法性，即立法权力的配置、法律效力的位阶等。

从法学以及经济学关于法律的形成和演化的研究的结论，可以得到如下重要启示：

第一，法律起源于具有"地方性知识"的习惯这一非正式制度。这一事实又具体体现为，法律在国与国之间具有较大的差异性（或者称法律的"本土资源"

特点）。因此法经济学研究要加强对非正式规则的研究，在本土规则中挖掘制度资源，从而深刻理解法律背后的逻辑。这样给出的法律建议才能满足或者符合本土法律演化的一般规律。

第二，传统的法律并非都是缺乏效率的，一些表面看来似乎是非理性的法律制度在一定的范围是有效率的。例如，企业的家族治理能有效降低代理成本，这是所谓的现代企业制度所没有的优点；又如，私人讨债这一私力救济方式比法院的执行这一公力救济方式更为有效。因此，要认真研究传统法律与社会的契合性以及现代社会如何有效利用传统法律制度构建更加有效的本土法律体系。

第三，法律演化是劳动分工的结果，法律的演化是一个永不休止的过程。一方面随着未来社会经济、政治和文化生活的日益复杂化，一些新的法律部门将会不断产生，如信息法、网络法、生物工程法等。同时传统的法律部门也会不断膨胀，二者共同构成法律体系的主要部门。另一方面，未来社会形势的变更，未来法律精神、价值观念的变化，会使当代一些通行的法律原则、法律制度得以补充、修改或废止。这些都要求立法者和法官吸取包括经济学研究成果在内的一切文明成果，提高立法技术和司法技术。

第四，虽然法律不是建构的产物，也不是以一定目的为核心的人工设计的产物，而是演化的产物，但是，这不意味着人类在规则面前是被动的、消极的。公共选择理论的研究显示，按照理性原则进行某些法律规范设计不仅仅是可行的，也是必要的。这说明法经济学在法律规则的设计方面具有强大的优势。明显的例证是，信息经济学中显示机制在金融商品设计中的应用，比如保险合同、可转换债券设计等。

三、法系、法律体系与法律结构

（一）基本概念

所谓法律结构是指法律各个基本要素之间的关系以及它们构成的有机整体，这些基本要素包括法律效力、法律关系、法律责任等。

所谓法律体系通常指由本国各部门法构成的、具有内在联系的一个整体，也可称部门法体系。

法律体系和法律结构是法学独有范畴，是法律适用的基础。具体而言，法律体系是以一国本国现行法为基础的。首先，它既不是几个国家，也不是一个地区或几个地区的法律构成的整体，而是特指一国的法律构成的整体；其次，构成法律体系的法律只能是本国的现行法，既不包括本国历史上已经宣布废止和失效的法律，也不包括尚未制定或已经制定但尚未生效的未来的法律。部门法，又称法律部门，即宪法（占有主导地位）、刑法、民法等。具有中国特色的社会主义法律体系大体上由下列主要部门法构成：宪法、行政法、民法、经济法、劳动法、环境法、刑法、诉讼程序法等。在每一独立部门法之下，可以再分为第二层次、第三层次的法律。

法律效力是指人们应当按照法律规定的那样行为，必须服从法律。法律的效力可以划分为对人的效力、空间效力和时间效力等三个方面。法律对人的效力，指法律对谁有效力，适用于哪些人。确定对人的效力的基本原则包括属人原则、属地原则、保护主义和以属地主义为主、属人主义和保护主义相结合的原则。法律的空间效力，是指法律在哪些地域有效力，适用于哪些地区。一般来说，一国法律空间效力及于一国的领土。法律的时间效力是指法律何时生效、何时终止效力以及法律对其生效以前的事件和行为有无溯及力等问题。

法律关系是法律实施中的另一个重要方面，即法律确认和调整的人们之间的权利和义务关系（包括国家机关及其公职人员在执行公务过程中的职权、职责关系）。法律关系包括主体、内容和客体三个方面：法律关系的主体是指具体法律关系中享有权利并承担义务的个人或组织，通常包括公民、国家机关、企事业组织、社会团体和国家等；法律关系的客体是指主体之间权利义务所指向的对象，一般包括物、行为和精神财富；法律关系的内容指法律上的权利和义务。

法律责任是指行为人由于违法行为、违约行为或者由于法律规定而应承担的不利的法律后果，包括刑事责任、民事责任和行政责任等。其中，刑事责任是指行为人因为其犯罪行为所必须承受的，由司法机关代表国家所确定的否定性法律后果；民事责任是指由于违反民事法律、违约或者由于民法规定所应承担的一种法律责任；行政责任是指因为违反行政法或者因行政法规定而应承担的法律责任。

法系是在对各国法律制度的现状和历史渊源进行比较研究的过程中形成的概念。当代世界主要法系有三个：大陆法系、英美法系、以苏联和东欧国家的法律为代表的社会主义法系。其他的法系还有伊斯兰法系、印度法系、中华法系、犹太法系、非洲法系等。对当代社会影响最大的是大陆法系和英美法系。

大陆法系，又称民法法系、罗马法系、法典法系、罗马—德意志法系，是以罗马法为基础而发展起来的法律体系的总称。大陆法系最先产生于欧洲大陆，以罗马法为历史渊源，以民法为典型，以法典化的成文法为主要形式。大陆法系包括两个支系，即法国法系和德国法系。法国法系是以1804年《法国民法典》

为蓝本建立起来的，它以强调个人权利为主导思想，反映了自由资本主义时期社会经济的特点。德国法系是以1896年《德国民法典》为基础建立起来的，强调国家干预和社会利益，是垄断资本主义时期法的典型。属于大陆法系的国家和地区除了法国、德国外，还包括意大利、西班牙等欧洲大陆国家，也包括曾是法国、西班牙、荷兰、葡萄牙四国殖民地的国家和地区如阿尔及利亚、埃塞俄比亚等及中美洲的一些国家。

英美法系，又称普通法法系、英国法系，是以英国自中世纪以来的法律，特别是它的普通法为基础而发展起来的法律体系的总称。英美法系首先起源于11世纪诺曼人入侵英国后逐步形成的以判例形式出现的普通法。公元1066年，诺曼公爵威廉一世征服英格兰，加强司法管辖权，至13世纪形成了三个独立的法院系统（财务法院、普通诉讼法院和王室法院），这些法院经常派巡回法官到各地进行审理活动，形成了在英国全国通行的普通法；公元14世纪末，由于法院的法律创造力渐趋衰弱，国王把在普通法院得不到救济的当事人的请求交给大法官处理，大法官通过判决发展起了一套复杂的规则，这些规则被称为"衡平法"。"衡平法"与"普通法"构成了英国法律的重要渊源。英美法系的范围，除英国（不包括苏格兰）、美国外，主要是曾是英国殖民地、附属国的国家和地区，如印度、巴基斯坦、新加坡、缅甸、加拿大、澳大利亚、新西兰、马来西亚等。中国香港地区也属于英美法系。

中国清末修律，主要以德、法两国的法律作为范本，并且沿用至今。因此，现代的中国法律，具有大陆法的一般特征，包括：在法律理论上，采用大陆法的法律术语（比如债权的概念），讲究部门法的划分以及法律体系的完整性；注重制定法的地位，不承认判例的约束力；司法上，采用法官职权主义，而非当事人主义；在法律方法上采用的是大陆法系的法律解释方法；等等。然而，需要注意的是：第一，由于历史的原因，我国香港地区采用的是英美法系，我国台湾地区则沿袭民国法律，属于大陆法系；第二，随着市场经济的发展，我国也逐步引入英美法系制度，其典型表现在商法中，比如，合同法、保险法、信托法和公司证券法等。因此，应把法系视为一个开放的体系，对于转型中的中国而言，更应该博采众长。

（二）大陆法系和英美法系间的主要差异

由于在认知传统、文化等方面的差异，各国形成了各具特色的法律系统。这些差异表现在：

第一，在法律渊源方面的差异。在民法法系国家，制定法是最重要甚至是唯一的法律渊源。在普通法法系国家，法律渊源主要包括判例法和制定法。判例法是普通法法系国家最重要的法律渊源。

第二，在法律分类方面的差异。在民法法系国家，法律被分为公法和私法，在此基本分类大法指导下，法律体系包括以下一些基本法律门类，如宪法、行政法、刑法、诉讼法、民商法、劳动法等。在普通法法系国家，并无公法和私法之分，而有"普通法"与"衡平法"之分、实体法与程序法之分。

第三，在法典化方面的差异。在民法法系国家，建立内在和谐一致的、没有矛盾的法律体系，一直是这些国家立法活动所追求的理想，而普通法法系国家由于其法律创制的特殊性，法律规范反映在法官的判决之中，传统上不实行法典化。第二次世界大战以后，情况发生了一些变化。民法法系国家广泛采取单行法律和法规的方法，使立法活动具有更大的灵活性，而在普通法法系传统上就有一些法典编纂，例如美国的宪法、统一商法典之类的一系列统一法典。

第四，法律术语上的差异。英国法的概念术语是由法官们在司法实践中独创的，它们在民法法系和其他法系中很难找到精确的对应词语，如侵害（trespass）、财物委托（bailment）、信托（trust）、禁止反言（estoppel）、约因（consideration）等，而民法法系中"债"等概念也具有独创性。

第五，在法律推理技术方面的差异。民法法系的法官审理案件时，遵循从抽象、一般到具体、个别的推理模式，即从规则和原则的一般规定结合当前案件中的事实，得出案件的判决。在普通法法系国家，则依据遵循先例的原则，法官在解决当前的争端时，需要从有约束力的先例中发现可以适用于当前案件的相似判例，并从中总结出一般性规则或原则，再用以指导当前案件的判决。

第六，在诉讼程序上的差异。民法法系倾向于职权主义，法官在诉讼中起积极主动的作用；普通法法系倾向于当事人主义，控辩双方进行对抗式辩论，法官在审判过程中采取消极中立的立场。

由上可知，法律体系和法律结构是法学从形式理性的角度对于法律的学理解剖，其目的在于获得法律研究的"共同语境"，便于法律学者之间的交流，也便于执法者适用法律。经济学对于法律的观察更加注重的是从实质理性的角度，关注的是法律的功用及其社会效果。因此，似乎从表面上看，经济学与法学在法律体系与法律结构这一层面难以"对话"。然而，并非如此。

首先，无论是法律原则还是法律规则都隐含在法律体系之中；其次，法律适用或者立法过程都最终表现为一定的法律责任和法律关系构成的法律规则或者原则。一项被视为好的制度，如果无法纳入法律体系或者用法律结构进行表达及保障其适用，也是无效率的（即为"不可信的威胁"）。例如，责任的承担都可以将侵害人所造成的外部性内部化，但是不同的法律责任配置的后果是不同的，所以经济分析不能仅仅停留在"外部性的内部化"的层面，更应进一步探究不同责任方式的效率。因此，法经济学研究的出发点和落脚点都应该是法律结构和法律体系所规定的法律原则和法律规则，法律体系和法律结构是法经济学分析的重要对象。

法系传统的"差异性"之于法经济学研究的意义在于：首先，两大法律在司法系统、法律概念等方面存在较大的差异，因此，当进行经济分析的时候，不能够离开法学背景。例如，"Ownership"一词，在英美普通法，表示的是对于土地之上的权益的拥有，在大陆法，表示是物的归属。英美法中"Property"一词开始表示的是与大陆法的"Ownership"相同的意义，但是后来用来指称个人对任何事物使用、享有和处置的权利，而里的"任何事物"不受限制，既可以指有形物，也可以指无形物（比如权利）。因此，当法经济学需要运用产权经济学理论时，应该对于其中的"产权"的概念有清晰的把握，这样才能更好运用到大陆法的财产法分析之中。

其次，不同法律体系具有的独特法律范畴为法经济学的分析拓宽了研究范围。在英美法中没有法律体系的概念，大陆法引入部门法和法律体系的概念在于法典化和法律适用的逻辑性的需求。因此，法律体系、部门法的划分应成为法经济学分析的重要内容。

最后，两大法系"和而不同"，相互影响，法律移植成为现代社会一个流行的立法模式，而尤以发展中国家为甚。然而法律移植的绩效如何、效果如何，必须通过法经济学的方法来探求。

四、法律的运行

（一）法律运行及其环节

所谓法律的运行是对法律这一种社会规范在现实生活中形成、适用等方面作用机理的概括。具体而言，法律的运行包括法律制定、法律适用（狭义）、法律执行、法律遵守和法律监督等五个环节。

所谓法律制定，也即立法，通常指有关国家机关（或个人）根据法定职权和程序制定、修改或废除规范性法律文件的活动。

所谓法律遵守也即守法，是指公民、社会组织和国家机关以法律为自己的行为准则，依照法律行使权利、履行义务的活动。这里的法律应该做广义理解，即不仅包括宪法和全国人民代表大会及其常务委员会制定的基本法律和非基本法律，而且包括与宪法和法律相符合的行政法规、地方性法规、行政规章和其他所有法律渊源。与之相对应的概念是"违法"，它是指特定的法律主体由于主观上的过错而实施或导致的、具有一定社会危害性、依法应当追究责任的行为。广义的违法指一切违法，包括一般违法和严重违法（即犯罪）；狭义的违法，仅指一般违法，不包括触犯刑法的犯罪在内。

所谓法律适用也即司法，通常是指国家司法机关根据法定职权和法定程序，具体应用法律处理案件的专门活动。在我国，享有司法权力的机关是人民法院和人民检察院，其中人民法院是审判机关，人民检察院是检察、监督机关和公诉机关。

所谓法律执行，也即执法，通常是指国家行政机关以及其工作人员依法履行职责，行使职权实施法律的行为。法的执行主体是国家行政机关、法律授权的组织、委托的组织及其公职人员；法的执行内容涉及国家社会、经济生活的各个方面，包括政治、经济、外交、国防、财政、文化、教育、卫生、科学、工业、农业、商业、交通、建设、治安、社会福利、公用事业等各个领域。

法律监督包括两层含义，一是狭义上的法律监督，是指由特定国家机关依照法定权限和法定程序，对立法、司法和执法活动的合法性所进行的监督。二是广义的法律监督，是指由所有国家机关、社会组织和公民对各种法律所进行的监督。一般认为，我国的法律监督体系可分为国家监督和社会监督两大系统。国家监督是指国家机关对法律活动的监督。国家机关是法律的制定者和执行者，同时也是法律活动的监督者，国家机关必须依据其职权行使法律监督权。国家监督具有直接的法律效力，是法律监督的基本形式。

（二）法经济学视角下的法律运行及其成本

在法学视角当中，以上五个环节是法律运行过程中必不可少的部分。此类研究的特点是：第一，侧重于保障法律来源的正当性（或者"合法性"），比如法律制定必须按照一定的程序，又比如法院审判过程必须遵循一定的程序，最后结果表现为判决书等法律约束文件，但是这个视角较少关注法律程序的合法性，往往为了所谓的正当性而牺牲了合理性。比如，在我国，作为一种强制性规定，劳动纠纷的解决必须经过劳动仲裁阶段方能提起诉讼，这无形增加了劳动纠纷当事人解决纠纷的成本、阻碍了纠纷的合理恰当解决。第二，侧重于保障法律的正确实施，"落到实处"，而比较少关注法律实施的成本。比如，在法律监督方面，往往强调一切积极因素在法律监督中的作用，但是，没有考虑法律监督的成本（比如，公众监督必然会产生成本），成本的负担直接影响了当事人或者公众提起监督的积极性，法律监督往往成了"看上去很美"的幻影。

法经济学重点关注的是法律运行的成本，这一视角弥补了传统法学研究的不足，驱除了法律运行没有成本的当然假设，把交易费用这一基本范畴引入了法律运行的研究中。开拓这一研究领域的是科斯，科斯认为，当交易费用为零的时候，产权的配置是无关紧要的，但当交易费用不为零的时候，产权的配置是至关重要的，这就是所谓的科斯定理。该定理指出了法律的重要性，也隐含了法律实施的成本。随后，威廉姆森明确指出法律往往是不完备的，由于法官"认知"的局限，法院解决纠纷也会出现失灵的状态，他进而强调"私人安排"在社会治理当中的重要地位。可见，法经济学清楚认识到，法律运行的各个环节都需要耗费一定资源，进而资源约束成为法律运作必须考虑的对象，因而必须把法律运行成本引入法律设计中，唯有建立在"经济基础"（经济约束）之上的法律设计才是真正可以实施的法律。

法经济学视角下的法律运行可以分为微观和宏观两个层面。微观层面上，法经济学认为当事人行为是理性算计的结果，包括犯罪、结婚和诉讼等。因此要判断程序设置是否合理就应从程序对当事人形成的成本、收益方面考虑。比如，医疗事故案件中，实行举证责任倒置的原则，否则会给予患者更大的成本负担，造成不合理的结果。宏观层面上，国家对某些利益的保护也必须考虑到成本—收益分析。比如，监狱的建设以及刑罚配置之间的关系。因此法经济学关注更多的是法律可行性以及法律所具有的激励功能。在这一分析视角中，不具有可置信威胁的法律是没有价值的，或者只能起到宣示的作用，不会产生任何的实质效果。

那么，法律运行成本包括哪些内容呢？法律运行成本可区分为立法成本和法律实施成本。其中，立法成本是指立法过程中人力、物力、财力、时间等资源的支出（这里仅讨论有形的会计成本），包括立法调查研究、拟定草案、征求意见、讨论表决、法律文本制作和发布等各项活动的费用。根据法律形成机制的不同，立法成本可以分为国家专门机关支付的费用和社会及个人直接支付的费用。前者主要是制定法的成本，后者主要指诸如习惯法等非正式规范的成本。法律的实施成本是指法律实施（司法、执法、守法）过程中的投入。一是来自国家机关方面的投入，包括为准备实施新法律而投入的宣传、教育费用，实施过程中改变人们习惯、清除旧法影响的费用，司法、执法及法律监督的投入；二是来自社会公众和个人方面的投入，如案件处理中当事人支付的金钱和劳务（举证、律师费用等），违法者支付的赔偿金、缴纳的罚款以及公众守法的成本。守法成本是指公众依照法律进行活动而增加的支出或放弃的利益，如企业遵守有关产品质量法律法规，接受政府部门产品质量抽查，提供受检验样品、缴纳检验费而增加的支出，以及这些支出被摊入生产成本后带来产品价格的上涨而使消费者承受的负担，等等。

第四章　法经济学的经济学基础

一、理性选择理论

法经济学作为一个交叉学科之所以能够诞生并得到迅速发展，主要在于一个前提，那就是法学和经济学两大学科的研究具有一个重要的、天然的重合点，即两者都以人类行为为研究对象。因此，将经济学有关人类行为的基本假设引入到法学研究中，就是法经济学理论研究的必然出发点。在经济学中，理性选择理论是人类行为模式的核心假设。同样的，法经济学也沿用了这一假设展开对人类行为的经济分析。那么，什么是理性选择理论呢？所谓理性选择，就是行为人在进行决策时，总是会通过比较各种可能的行动方案的成本和收益，从中选择那个成本收益两者之差最大的行动方案，从而实现自身利益的最大化。在实现自身利益最大化的过程中，又有着两种方式，一是成本既定条件下的收益最大化，即一样的价格，可以购买更多更好的商品；二是收益既定条件下的成本最小化，即同样的商品，寻求最便宜的价格。以上事例说明理性选择是基本符合人类行为假设的。

二、边际分析

理性选择使人们追求自身利益的最大化，那么如何实现最大化呢？经济学家说，人类是通过边际考虑（marginal thinking）来实现最大化的。所谓边际，指的是一个微小的增量带来的变化，即数学中的微分的含义。比方说在法经济学理论中经常用到的概念边际收益（marginal revenue）和边际成本（marginal cost）。所谓边际收益就是指稍微增加某种经济活动所带来的增加的利益，如货币收入、满意程度等；而所谓边际成本则指稍微增加某种经济活动所带来的增加的成本或减少的利益。那么，为了追求自身利益最大化，行为人总是会遵循这样的边际原则：当行为的边际收益大于边际成本时，行为人会扩大这种行为；当行为的边际收益小于边际成本时，行为人会减少这种行为，直到边际收益等于边际成本。此时行为人的自身利益实现最大化。

为了更好地理解边际分析方法,可以教育收益与受教育年限的选择为例说明。假定受教育能够带来收益,受教育的年限越长,越容易找到薪水更高的工作。这一假定以事实为依据,世界银行《1991年世界发展报告》对美国、法国、韩国、西班牙、科特迪瓦等12个发达、发展中国家的调查表明,增加一年学校教育时间平均可使工资增长10%以上。而所谓受教育的边际收益就是增加一年教育带来的增加的收入。然后,再假定至少从某一年后,受教育的边际收益是递减的,这个假定也是符合常理的。可以这样想:如果教育的边际收益不是递减的,那么,随着教育年限的增加,收入会变得无限高,这显然是不可能的。受教育也是有成本的,受教育的成本包括学费、书费,还有因上学而放弃工作而损失的收入等。而受教育的边际成本就是增加一年教育所增加的学费、放弃的收入等,这应该是递增的,很明显,大学学费显然高于小学学费。由此,可将教育收益与受教育年限的选择两者之间的关系表示在图4.1中。

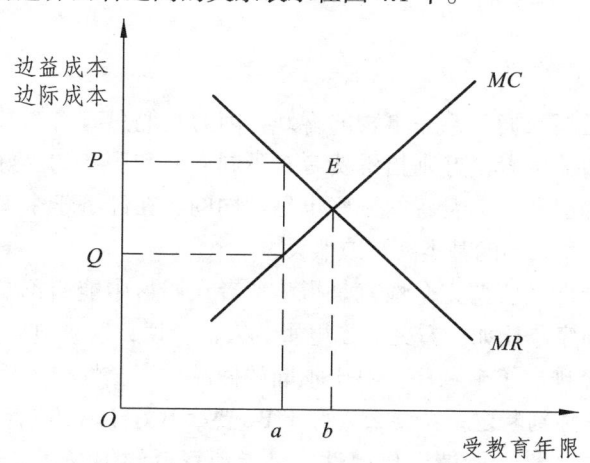

图 4.1　受教育年限的边际分析

在图4.1中,纵轴代表受教育年限的边际收益(MR)和边际成本(MC),横轴代表受教育的年限,向下倾斜的MR曲线表示随着受教育年限的增加,教育所带来的边际收益递减,而向上倾斜的MC曲线则表示教育所产生的边际成本递增。假设某人一开始已选择了接受$a-1$年教育,在选择是否继续延长受教育年限时,他会发现在a点,增加1年教育可使收入上升OP,而学费等成本仅需增加OQ,OP大于OQ,也就是边际收益大于边际成本,因此,作为一个理性的行为人,他会继续延长受教育年限,并且这一选择一直会持续到b点。在b点,边际收益曲线与边际成本曲线相交于E点,此时,边际收益恰好等于边际成本。这表明,在b点,行为人从教育中得到的净收益达到最大值,这便是最优选择。同时，如果继续增加受教育的年限，那么，行为人的选择将是非理性的，因为，在 b 年之后，增加受教育年限所增加的成本将不可能通过增加的收入得到补偿，因为边际成本大于边际收益。理性的受教育者此时将选择不再接受教育。有了边际分析这一经济学的基本分析方法后，即可用此方法来分别分析市场经济中最重要的两类主体：消费者和生产者的选择行为。

三、消费者选择与需求理论

消费是人类社会中最基本的经济活动之一。全世界每年私人消费支出要占创造财富总额的60%以上。这样巨大的消费支出，花在数不清的商品和服务上，反映了数十亿消费者的选择。为什么消费者购买这些商品和服务而不是其他那些商品和服务？这便是消费者选择理论要解决的问题。

（一）消费者偏好

所谓偏好是指人们对某一事物的喜好，因为人们只有喜欢某件商品才会有购买的欲望。而消费者偏好则指消费者对不同商品和服务的喜好。很明显，对于不同的商品和服务，消费者的偏好也是不同的。在经济学中，理性的消费者的偏好都具有一些共同的基本特征或假设：

首先，完全性。所谓完全性就是指消费者在心目中能给不同的商品或服务按照偏好排列顺序。比如，看完一场电影，人们会说，这场电影比上一场好看，这实际上就已经排出了个顺序。对于不同的商品，完全性要求消费者偏好能却只能符合以下三种判断之一：要么A好于B，要么B好于A，或者A和B一样好。

其次，可传递性。所谓可传递性，是指消费者的偏好在逻辑上是一致的。可传递性意味着如果消费者在商品A和B中更偏好A，而在B和C中更偏好B，那么在A和C中就应该更偏好A。例如，某个消费者在只有可口可乐和百事可乐可供选择时他总是选择可口可乐，而在只有可口可乐和雪碧可供选择时他总是选择雪碧，那么当面临在百事可乐和雪碧中作选择的话，作为一个理性的人，他应该毫不迟疑地选择雪碧。

最后，非饱和性或"多比少好"原则。如果消费者能增加某一种商品的消费而并不减少其他商品的消费，那么他应该觉得他的处境更好了。比如消费者可以在这样两组商品中选择一组：①一只苹果和六只香蕉；②三只苹果和六只香蕉。那么消费者应该更偏好第②组商品。

在明确了消费者偏好的概念后，为了更好地描述消费者偏好的强烈程度，经济学又引进了效用的概念。

（二）效用、总效用和边际效用

消费者之所以要消费商品和服务，是因为从消费中他们的一些需要或爱好能得到满足，例如消费食品能充饥、多穿衣服能御寒、看电影和听音乐能得到精神享受等。经济学把这种从商品和服务的消费中能得的满足感称为效用（utility）。效用是对满足感的一种主观衡量，因此效用的单位是任意的。比方说，一个单位的效用就是代表消费者得到了一份主观上的满足感。以效用概念为基础，还可以得到总效用（total utility，简写为 TU）和边际效用（marginal utility，简写为 MU）概念。所谓总效用就是指消费者从商品和服务的消费中得到满足的总量，而边际效用是指每增加一个单位消费量所引起的总效用的增量。表 4.1 中表达了总效用和边际效用的概念。

表 4.1　总效用（total utility，TU）和边际效用（marginal utility，MU）

衣服	TU	MU	食品	TU	MU
0	0		0	0	
1	30	30	1	40	40
2	58	28	2	75	35
3	83	25	3	105	30
4	105	22	4	130	25
5	125	20	5	150	20
6	143	18	6	165	15
7	160	17	7	175	10
8	175	15	8	180	5

表 4.1 以食品和衣服的消费为例，给出了与消费数量对应的总效用和边际效用，假定消费者消费了三份食品，那么此时他所获得的总效用就是第一、第二、第三份食品分别带给他的效用加总后的总和，即 105 个单位，而边际效用则是指消费者消费的最后一份食品带给他的效用，也就是第一、第二、第三份食品分别带来的效用，即 40、35、30 个单位；同样，消费 5 件衣服的总效用为 125 个单位，而消费第 5 件衣服的边际效用则为 20 个单位。对于边际效用的变化，表 4.1 还反映出了一定的规律：当消费者消费第一份食品时，边际效用为 40 个

单位；消费第二份食品时，边际效用为35个单位；消费第三份食品时，边际效用为30个单位。衣服的消费也是同样的情况，由此可以发现衣服和食品的边际效用都是递减的，也就是说，随着衣服和食品消费的增加，消费者从消费中得到的满足程度是不断减少的。例如，消费者消费第一份食品时，边际效用最大，为40个单位；消费第二份食品时，边际效用减少为35个单位；消费第三份食品时，边际效用再减少为30个单位。这并不是一种任意假定的特殊情况，而是反映了一个普遍规律。可以这样理解，当一名消费者处于极度饥饿时，第1份食品带来的满足程度是极大的；第2份食品尽管也能满足食欲，但给他带来的满足感显然不如第1份大；第3份食品的满足程度又要小于第2份……当这名消费者对食物的欲望完全得到满足后，再增加食品的消费可能反而会带来生理上的不适，造成某种痛苦。此时，边际效用成为负数。

由此可以得到如下规律，随着商品和服务消费量的增加，虽然消费者从消费中得到的总效用是不断增加的，但增加的效用也就是边际效用是不断减少的，这就是消费者选择理论中一个非常重要的规律，边际效用递减规律。正确理解边际效用递减规律，可以设想一个极端情况：如果不存在边际效用递减，那么，地球上所有土地生产出来的粮食也不足以满足一名消费者的消费，因为他可能始终会处在一种饥饿的状态，而不管吃掉多少粮食。同样，如果把货币看作是一种特殊的商品，那么货币的边际效用也是递减的，同样1元钱，对一个身无分文的乞丐和对一个腰缠万贯的富翁来说，其重要性是大不相同的，这也为很多社会福利政策的实施提供了正当性的理由。

（三）效用无差异曲线

有了效用这个概念后，便可以画出消费者的效用无差异曲线。如图4.2。

消费者的效用无差异曲线表示的是带给消费者相同效用的所有商品组合情况，也就是说，对同一条无差异曲线上的所有商品组合，消费者的偏好程度是完全相同的，或者说消费者觉得它们在效用上是没有差异的，这也是无差异曲线名称的由来。例如在图中A，B，C三点，虽然它们所代表的各自商品组合的数量不一样，但它们所代表的效用却是相同的。

如果将消费者对所有的衣服—食物这两种商品的可能组合按照其偏好顺序进行排列，就可以得到无数条无差异曲线，并且每一条无差异曲线与某一特定的效用水平相对应，这就形成了无差异曲线族。如图4.3。

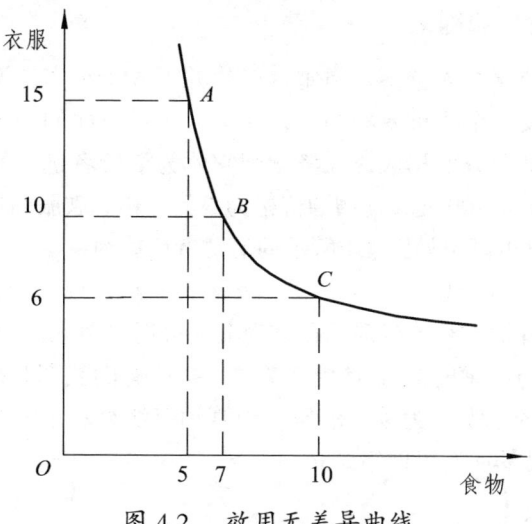

图 4.2　效用无差异曲线

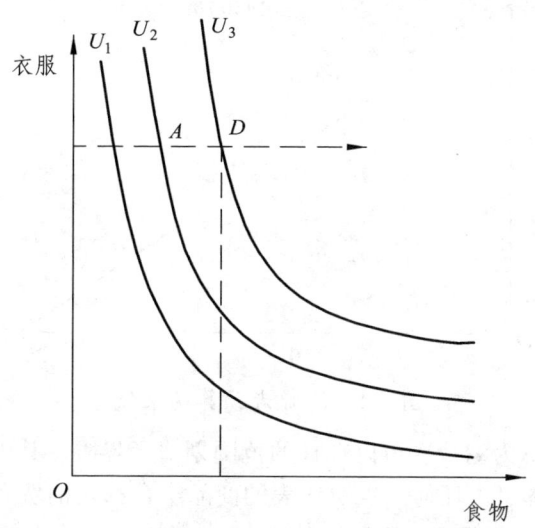

图 4.3　无差异曲线族

观察无差异曲线族，可以发现，离原点越远、越高的无差异曲线代表的效用水平越高。为什么呢？以图中 D 点为例，与 U_1 和 U_2 线上的任何一点比较，D 点都可以在衣服数量不变的情况下，增加食物的消费量；或者在食物数量不变的情况下，增加衣服的消费量。根据消费者偏好第三个"多比少好"的特征，那么 D 点所提供的效用就要大于 U_1、U_2 线上任何一点所能提供的效用，由此，可以说明离原点越远的无差异曲线代表的效用水平越高。

（四）消费者预算约束

消费者偏好纯属个人意愿，但主观愿望并不等于现实，消费者在做出消费选择时，还要顾及一个很重要的约束，即个人预算方面的约束。这种约束由个人收入和商品价格两方面构成，经济学把它称为消费者选择的客观条件。假定某人一星期的收入为100元，食物的价格为5元一份，衣服的价格为10元一件。根据这些条件，可以画出如图4.4所示的消费者预算约束线。

图中连接两点的直线 MN，被称为消费者预算约束线。预算线 MN 与横轴的交点 N 代表消费者把所有的钱都花在食物上，可消费20份食物，衣服的消费量为零；而预算线与纵轴的交点 M 代表消费者把所有的钱都花在衣服上，可消费10件衣服，食物的消费量为零。消费者预算约束线显示了消费者既定的收入所能消费的两种商品的所有可能组合。

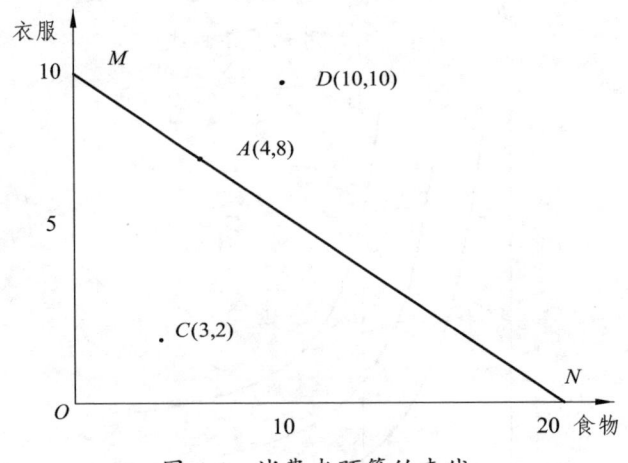

图4.4　消费者预算约束线

预算约束线也为消费者可以选择的范围划清了界限。其中 MN 线以下的区域，包括 MN 线本身内任何一点所代表的商品组合都是消费者的收入可以承担的。如图中 C 点，消费者可得到3份食物和2件衣服，消费者的收入还有剩余。而 MN 线上的点则让消费者花掉所有的收入。但在 MN 线以外的点，如 D 点，消费者可得到10份食物和10件衣服，但是这样的消费是消费者所不能承担的。预算约束线表明了经济学中所经常强调的资源稀缺性，消费者不能无止境地消费，无论他的偏好多么强烈，他只能在预算约束线划定的范围内进行选择。

（五）消费者效用最大化

有了描述消费者效用的无差异曲线、用以解释消费者支付能力的预算约束线，那么将两者放在一起，就能最终解释消费者的选择行为。

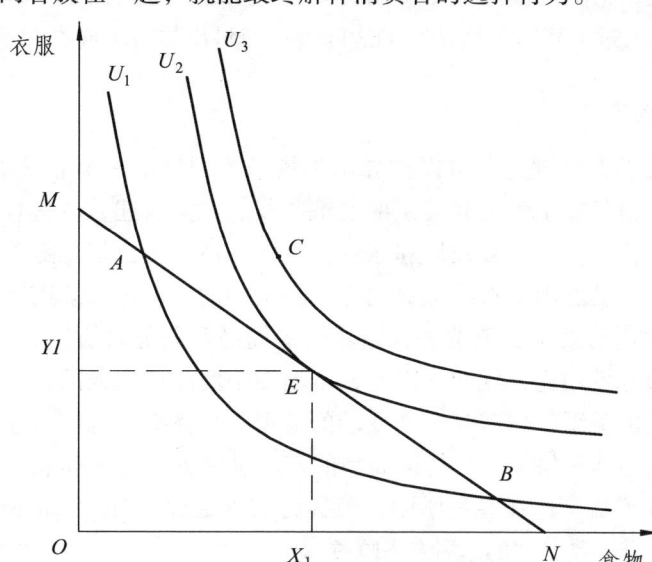

图 4.5 消费者效用最大化

图 4.5 给出了预算约束线 MN 和无差异曲线 U_1，U_2 和 U_3。由于有预算约束，消费者只能在 MN 线以下的区域内进行选择，那么在这个区域内作为追求个人利益最大化的"理性人"的消费者，其总会试图尽可能地达到最高的效用水平。如果消费者选择效用最高的 U_3，例如 U_3 线上的 C 点，虽然 U_3 的效用水平高于 U_1 和 U_2，但消费者收入无法承担 C 点的消费，因为它已超出了消费者的预算约束，消费者可望而不可即。如果消费者选择 U_1 线，例如 U_1 线上的 A 点，A 点在预算约束线上，消费者收入可以承受。在 A 点，消费者的效用水平为 U_1。但是，此点的消费还没有使消费者的消费达到效用最大化，因为如果沿着 MN 线向下移动，通过减少衣服消费量、增加食品消费量来改变商品组合，可以和更远的无差异曲线 U_2 相交，从而提高其效用水平。

由此可知，追求效用最大化的消费者选择应该是预算约束线可能"碰"到的最高水平的无差异曲线的交点，也就是与预算约束线相切的无差异曲线 U_2 上的切点 E。这是因为，如果消费者在 E 点改变自己的组合，不论是通过减少衣服消费量、增加食品消费量的方法，还是通过增加衣服消费量、减少食品消费量的方法，都只能与效用水平较低的无差异曲线相交，降低自己的效用水平。在 MN 线上，E 点代表了消费者能够达到的最高效用水平。所以，均衡点 E 是消费者效用最大化时的最优选择。也就是说消费者在客观条件允许下使自己的主观愿望得到了最大限度的满足。同时，如果用边际分析法来描述，这一点也恰恰是消费者通过消费行为所获得的边际收益与付出的边际成本相等的一点。

（六）需求曲线

根据消费者选择理论，可以推导出市场经济理论中一个非常重要的概念，那就是描述价格与需求量之间关系的需求曲线。如前所述，消费者在进行商品和服务消费时，存在着边际效用递减规律，换句话说，也就是随着商品和服务消费量的增加，虽然消费者的总效用是不断增加的，但边际效用却是不断减少的。而边际效用则表明了消费者在市场购买商品和服务时所愿意支付的费用。由于存在着边际效用递减规律，因此，市场当中商品或服务的价格与其需求量之间是负相关的关系，也就是反向变动的关系。具体地说也就是在其他条件不变时，一种商品的价格上升，对该商品的需求量减少；当其价格下降时，对该商品的需求量增加。这在经济学中，被称为需求定理（law of demand）。图4.6描述了价格与需求量之间的这种负相关关系。

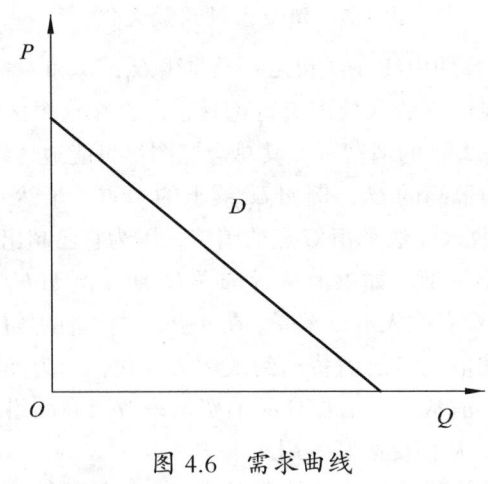

图 4.6　需求曲线

四、生产者选择与供给理论

理性选择理论表明，行为人在进行决策时，总是会追求自身利益的最大化。消费者追求自身效用的最大化，而生产者则追求利润的最大化。所谓利润，是指生产者的收益减去成本，收益等于产量与价格的乘积，而成本则是生产者在生产过程中的各种投入。决定供给的因素有许多，但在诸多因素中，价格仍然起着一种特殊作用。当市场中商品价格较高时,生产更多的商品是有利可图的,因此,生产者会加大投入,比如说购买更多的设备,并雇用更多工人。相反,当商品价格较低时,由于生产获利较少,因此生产者将减少生产。当价格很低时,一些生产者甚至会选择停止营业。价格与供给量之间的这种关系被称为供给定理(law of supply):在其他条件不变时,一种物品价格上升,物品供给量增加;一种物品价格下降,该物品供给量也减少。由此可以得到如图4.7所描述的供给量与价格之间关系的供给曲线。

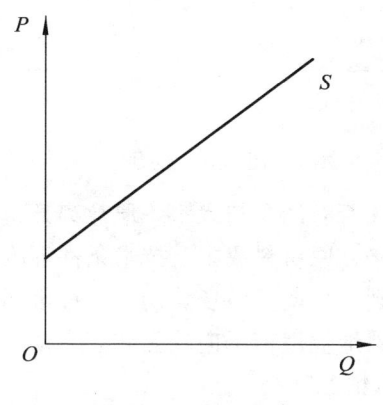

图 4.7 供给曲线

生产者选择行为同样可以用边际分析法来描述,如果将边际收益定义为生产者每多销售一单位产品所获得的收益,边际成本为每多生产一单位产品所支付的成本。那么生产者在进行生产决策时,他会一直生产到其边际收益等于边际成本时。而此时,生产者所获得的利润也将达到最大值。

五、市场均衡

将代表消费者的市场需求曲线与代表生产者的市场供给曲线相结合,便可以说明市场中某种商品的销售量和价格如何决定。如图4.8。

图中 E 点是供给曲线与需求曲线的交点。E 点所代表的市场状态被称为市场均衡。相应的,此时的价格称为均衡价格,市场成交的数量称为均衡数量。均衡这个概念原是物理学上的概念,指的是物体由于所受各方向外力正好相互抵消而处于的一种静止状态。经济学借用了这一概念。在经济学中,所谓均衡指的是这样一种状态,在这个状态中每一个市场主体的经济行为都达到了边际成本等于边际收益的水平。在这个状态下,任何的偏离都会导致其边际成本与

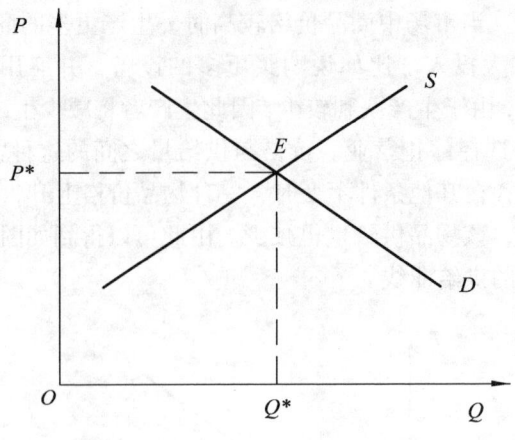

图 4.8　均衡

边际收益的不对等。因此所有的参与人都不愿意离开这种状态。因此，在外界条件，如相似产品的价格、原材料成本、技术条件等改变之前，市场价格和数量便静止下来，这便达到了均衡。市场均衡是一种市场自发的状态，买者和卖者的理性行为会自然而然地促使市场向均衡状态变动。那么，当市场价格不等于均衡价格时会发生什么情况呢？

假设一个冰激凌市场，首先假定当前市场中冰激凌的市场价格高于均衡价格，如图 4.9 所示。

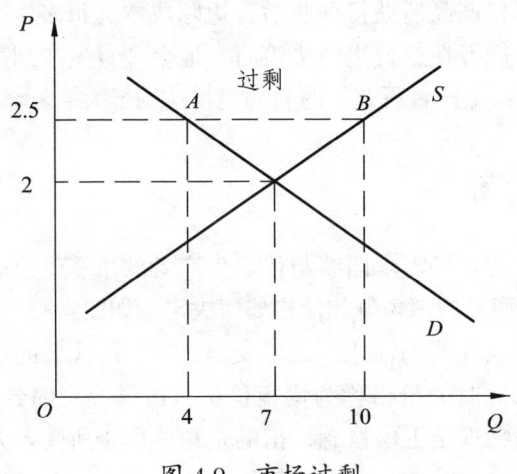

图 4.9　市场过剩

在每个冰淇淋的市场价格为 2.5 元时，冰激凌的供给量为 10 个，超过了需求量 4 个。此时冰激凌市场中存在商品过剩。在现行市场价格下，供给者不能卖出他们想卖的所有商品。当存在市场过剩时，冰淇淋卖者会发现，他们的冰箱装满了越来越多的他们想卖却卖不出去的冰淇淋。由此，卖者对市场过剩的直接反应便是降低其价格。相应的，价格下降增加了需求量，并减少了供给量。由此，价格会持续下降，直到市场达到均衡时为止。

其次，假定当前市场中冰激凌的市场价格低于均衡价格，如图4.10所示。

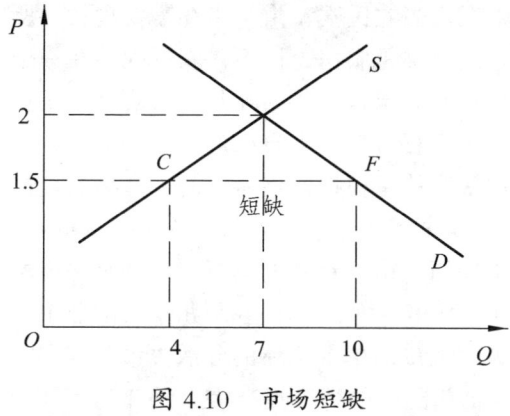

图4.10　市场短缺

在此种情况下，每个冰淇淋的价格是1.5元，商品的需求量超过了供给量。此时市场中存在商品的短缺，在现行价格下，需求者不能买到他们想买的所有物品。当冰淇淋市场出现短缺时，消费者不得不排长队等候购买。由于太多的买者抢购太少的物品，卖者可以抬高自己的价格而又不会降低销售量。随着价格上升，需求量减少，供给量增加，市场又一次向均衡变动。因此，许多买者与卖者的活动自发地使市场价格向均衡价格移动。一旦市场达到其均衡价格，所有买者和卖者都得到满足，也就不存在价格上升或下降的压力。

在大多数自由市场上，由于价格最终要变动到其均衡水平，所以，过剩与短缺都只是暂时的。实际上，这种现象非常普遍，因此被称为供求定理（law of supply and demand）：任何一种物品价格的调整都会使该物品的供给与需求达到平衡。

我国改革开放30多年以来，一直都以建立发达繁荣的市场经济为改革的首要目标。虽然到目前为止，要判断市场这种目前全世界大多数国家都用来作为社会有限资源配置主要手段的经济制度，是好还是坏还为时过早。但通过市场均衡的分析，开始了解了市场是如何运行的。在任何一种经济制度中，人类都面临着在各种不同用途之间分配稀缺资源的问题。市场经济利用供给与需求的力量来自发地实现这个目标。供给与需求共同决定了一个经济体中不同商品的价格，而价格又是引导资源配置的信号。例如，考虑一下海边别墅的配置。

由于这种土地的数量有限，并不是每一个人都能享受到住在海边的奢华生活。谁会得到这种资源呢？答案是任何一个愿意而且能够支付这种价格的人。海边别墅的价格会不断调整，直到这种土地的需求量与供给量达到平衡。因此，在市场经济中，价格是配置稀缺资源的机制。

同样，价格也决定了一个社会中谁将从事哪种职业。例如，考虑一下在一个自由经济体中，由谁来当农民呢？由于生存需要食物，所以必须要有一些人从事农业。什么因素决定谁是农民，谁不是农民呢？在一个自由的社会中，并没有一个做出这种决策并确保食物供给充足的政府计划机构。相反，把一部分人配置到农业中是基于千百万普通人自己的工作决策。这种分散的决策制之所以运行良好，因为这些决策是根据价格做出的。食物的价格和农民的工资会不断调整，从而确保了一个社会当中会有足够的人选择从事农业。

如果一个人从未经历过市场经济的运行，刚刚有关市场经济的描述可能是荒谬的。经济是由许多从事各种相互依存活动的人组成的一个庞大复杂的群体。是什么来避免如此庞大数量的单个主体的分散决策陷入混乱呢？是什么来协调千百万有不同能力与欲望的人的行动呢？是什么来保证需要巨大社会资源的庞大社会工程能够迅速完成呢？用一个词来回答，那就是价格。如果如亚当·斯密所言市场是一只看不见的手的话，那么，价格就是这只看不见的手用来指挥经济的指挥棒。

六、市场效率

如前所述，市场的供给与需求会自发地达到市场均衡，并决定均衡价格和均衡数量。但这只是描述了市场配置稀缺资源的方式，并未说明市场配置结果是否令人满意的问题。换句话说，为了达到市场均衡，冰激凌的价格会自发调整，以保证冰激凌的供给量等于需求量。但是，在这种均衡状态下，从整个社会的角度看，这是一种冰激凌的"正确价格"吗，这个价格应该是这样吗？冰激凌的生产量与消费量是太少、太多，还是正好呢？下面就从买者和卖者从市场中得到的利益的角度来分析，市场均衡是否可以使买者和卖者得到的总利益最大化。

如图 4.11，当市场均衡时，决定价格的是参与市场的买者与卖者。那些对商品的评价高于价格的买者选择购买商品，这部分买者由需求曲线上的 AE 段表示；那些对商品的评价低于价格的买者选择不购买商品，由需求曲线上的 EB 段表示。同样，那些成本低于价格的卖者选择生产商品，由供给曲线上的 CE 段表示；那些成本高于价格的卖者选择不生产商品，由供给曲线上的 EF 段表示。

在这里，AEP* 所围成的三角形面积为消费者剩余；CEP* 所围成的三角形面积为生产者剩余。那么当市场均衡时，这种均衡的资源配置是否有效率？换句话说，它是否使总剩余实现了最大化？

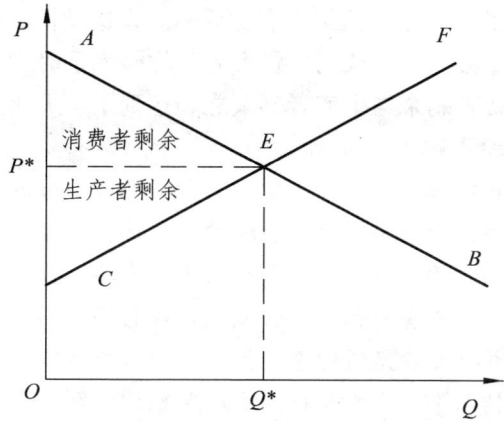

图 4.11　市场均衡时的消费者和生产者剩余

通过观察图 4.11，经济学理论得出以下 3 个关于市场结果的结论：(1) 自由市场把商品的供给分配给对这些对商品评价最高的买者，这种评价用买者的支付意愿来衡量。(2) 自由市场将商品的需求分配给能够以最低成本生产这些商品的卖者。(3) 自由市场生产出使消费者剩余和生产者剩余的总和最大化的商品量。为什么当市场均衡时，消费者剩余和生产者剩余的总和实现了最大化呢？图 4.12 说明了该结论的正确性。

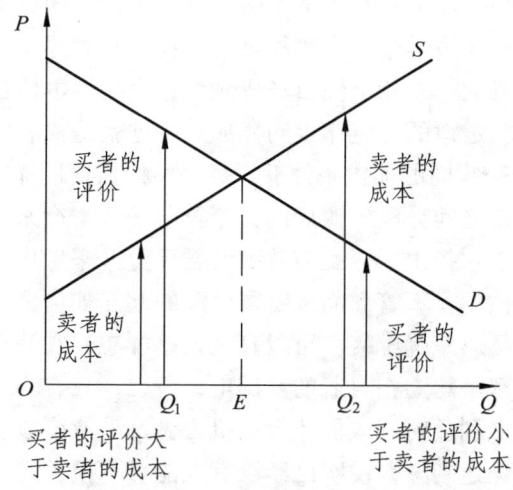

图 4.12　市场均衡的效率

如图 4.12 所示，在低于均衡水平的任何一种产量，例如在 Q_1，边际买者的评价大于边际卖者的成本。因此，增加产量和消费量会增加社会总剩余，一直持续到产量达到均衡水平时为止。同样，在高于均衡水平的任何一种产量，例如在 Q_2，边际买者的评价小于边际卖者的成本。在这种情况下，减少产量会增加社会总剩余，同样会一直持续到产量下降到均衡水平时为止。由此，便可以证明市场均衡使消费者剩余与生产者剩余之和达到了最大化。换句话说，均衡的结果是资源的效率配置。

有关市场均衡的效率状态在经济学中有专门的效率概念来进行描述。所谓经济学意义上的效率，指的是社会资源配置已经达到这样一种状态，即无论作任何改变都不可能同时使一部分人受益而其余的人不受损，也就是说当经济运行已达到效率状态时，要想改善一部分人的处境必须以另一部分人处境恶化为代价。反之，如果资源配置是低效率的，那么通过改变资源的配置方法，至少一部分人可提高福利水平，而没有任何人境况恶化。经济学家就将这种资源配置状态称为"帕累托最优"，并认为当资源配置达到这种状态时，整个社会就是有效率的。从帕累托最优可引申出"帕累托改进"的概念，如果改变资源配置后与改变前相比，同时符合下列两个条件：①至少有一个人处境变好；②没有一个人处境变坏。那么，这种改进就称为"帕累托改进"。19 世纪末 20 世纪初意大利经济学家帕累托最早提出了"帕累托最优"与"帕累托改进"的概念，因此，这两个概念便以他的名字命名。

由此，当完全竞争的市场达到市场一般均衡时，整个社会便达到"帕累托最优"状态。这一结论便是福利经济学第一基本定律，即竞争性的市场均衡是帕累托最优的。福利经济学第一定律的重要性在于它表述了一种可以用来带来帕累托状态的运行机制——竞争性市场机制，它表明竞争性市场具有实现帕累托最优的性质。这一定律的逆定律也同样成立。这就是福利经济学的第二基本定律：在与上一定律相同的前提条件下，每一种帕累托最优的资源配置方式都可通过适当在消费者之间分配资源后的完全竞争一般均衡来达到。福利经济学第二定律的意义在于它指出了分配与效率问题可分开来考虑。也就是说，市场机制在分配上是中性的，不管商品或财富分配的起点如何，都可利用竞争性市场来获得资源和产品的最优配置。可以直观地这样想，在完全竞争经济中，商品的消费、生产等都是建立在自愿的基础上，所以，只有当改变资源配置方式能给所有参与者带来利益时，人们才有动机去做这种改变以实现个人利益。因此，当市场均衡已经达到时，说明已经没有人能够不损害别人而增进自己的利益，这便是帕累托最优的定义。

有关市场均衡符合帕累托最优的说明也进一步地证明了亚当·斯密的"看不见的手"定律，也就是说，人们在完全竞争市场经济中只是追求个人利益极大化，而均衡的结果却达到理想的社会目标资源配置的最高效率。有趣的是，许多人并没有刻意追求这样的社会目标或者甚至根本没有意识到这一点。

到这里，就可以回答一个人类社会长期存在争议的问题了。为什么市场经济是人类迄今为止所能发现的最好的资源配置方式？在计划经济体制下，计划者依靠自己的力量去追求有效的资源配置。为了这样做，计划者需要知道市场上每个特定商品对每个消费者的价值和每个生产者的成本。而且，他不仅需要有关这个商品市场的这种信息，而且还需要经济中成千上万个商品市场中每一个市场的这种信息。这个任务实际上是不可能完成的。这就是中央计划经济不能良好地运行的根本原因。但是，在市场经济这里，这些原本复杂的事情变得轻而易举了。市场这只看不见的手考虑到了有关买者与卖者的所有信息，自动引导市场上每一个人达到按效率标准判断的最好结果。这就是为什么经济学家通常宣称自由市场是配置资源的最好方法的理由。

同时，经济学这种有关市场均衡为帕累托最优状态的结论也给法学研究提供了重要的借鉴。市场均衡是经济学对人类社会美好理想状态的一种模拟。它刻画了经济学中所描述的社会最优状态，在这种状态下每一个行为人行为都达到了边际收益等于边际成本的水平。整个社会如果想要改善一部分人的处境，就必须以牺牲另一部分人的利益为代价。如何实现帕累托最优也因此成为经济制度的基本目标。

而实际上，法律制度所追求的目标也是要实现如同市场均衡所代表的这种状态。在市场均衡中，不仅效率得到保证，而且公平也得以完全实现。所有理性人都实现了自我利益最大化。但是，传统的法学理论却从未提供过这样一个描述得十分清楚的理想社会状态，从未达成一个共识性的标准如同帕累托最优标准一样，来具体说明法律制度所要追求的目标究竟应是怎样的。经济学的优势就在于它用严格的数理逻辑证明了完全竞争的市场机制会自动达到一般均衡这个理想状态。这样，所有的经济研究都是在比较所研究的市场制度和经济政策造成的后果与理想的市场均衡状态之间存在着什么样的差距，为实现理想的市场均衡状态现实政策需要做什么样的调整与改进。这对于法学研究具有重要的借鉴意义。

七、市场失灵

现代经济学理论证明，完全竞争的市场机制达到一般均衡时，整个社会的资源配置实现了"帕累托最优"。但是，这个有关市场效率结论的得出是以一些严格的假设为前提的。为了得出市场有效率的结论，经济学理论做出了一些关于市场如何运行的假设。通常来说，有如下三个假设：

第一，完全竞争市场。所谓完全竞争市场，是指在市场中有无数个买者和卖者。每一个个体的行为都无法单独影响市场价格。但在现实世界中，竞争有时远非完全竞争。在一些市场上，只有一个或一小群买者或卖者，他们可以控制市场价格。这种影响价格的能力被称为市场势力。市场势力可以使市场无效率，因为它会使价格和数量背离市场均衡。

第二，市场结果只影响买者和卖者。但在现实世界中，买者和卖者的决策有时会影响那些根本不参与市场的人。例如，农药的使用不仅会影响农药的生产者和购买农药的农民，而且还会影响到由于农药污染而遭受损害的许多其他人。这样，市场福利就不再仅仅取决于买者的评价和卖者的成本。因为买者与卖者在决定消费量和生产量时并没有考虑污染所带来的负面影响，所以，从整个社会的角度看，市场均衡可能是无效率的。

第三，市场中的主体都具有完全信息。所谓完全信息是指消费者和生产者在进行决策时拥有想得到的任何信息。但在现实世界中，消费者经常无法准确了解市场上所有商品的质量和价格，生产者也无法准确预测市场上各种产品需求和投入变动的情况。因此，在现实世界中，市场主体所面对的信息是不完全的。

由于完全竞争市场达到市场均衡的上述三个假设在现实世界中并不成立。因此，在现实世界中市场均衡将背离帕累托最优，这种现象被称为市场失灵。与市场均衡成立的三个假设相对应，造成市场失灵的主要原因有如下三项：

（一）垄断

只有在完全竞争的条件下，"看不见的手"才能充分起作用，然而现实世界中有一些行业无法达到完全竞争的市场结构。例如，规模经济会带来自然垄断，其他一些进入或退出壁垒也会使市场偏离完全竞争。如果一个行业出现垄断，厂商就可能通过控制产量来控制价格，价格这个指挥棒就会受到干扰，它的资源配置功能就会受到约束。市场均衡就将背离帕累托最优。因此，现实世界中，人们通常会选择国家干预的方式来打击垄断，以保证市场效率。很多国家都通过了自己的反垄断法对可能出现的垄断进行限制，并对已经存在的垄断采取相应的管制和税收政策。

（二）外部性

外部性是现实世界市场经济运行中遇到的又一个问题。所谓"外部性"，是指一些人的经济行为对没有参与这些行为的另一些人带来的影响。最早系统地研究外部经济的经济学家是 20 世纪初英国经济学家庇古，他指出，如果存在外部性，完全竞争均衡将不是帕累托最优。

外部性又可以进一步分为外部成本和外部收益。如果一些人的消费或生产使另一些人受益而无法向其收费，这种外部性称为外部收益；而如果一些人的消费或生产使另一些人遭受损失而又没有进行补偿，这种外部性就称为外部成本。之所以称其为"外部"是因为经济活动之外的人也受到了影响，这种影响可能是正面的，也可能是负面的。现实生活中有许多外部收益的例子。例如打预防针，打过预防针的人不仅使自己不会感染这种疾病，而且也不会向与他接触的人传染该疾病，这便是打预防针的外部收益。个人在打预防针时，主要的动机是避免自己得病，外部收益并不影响他是否注射疫苗的决策。家庭养花种树也存在外部收益，目的是美化自己的环境，但这又会使隔壁的邻居赏心悦目，从而产生外部收益，但邻居并不会为此做任何支付。

外部成本在日常生活中也随处可见，最典型的造成外部成本的行为就是环境污染。例如一家工厂向空气中或河流中排放废气和废水，严重影响周围环境和居民的健康；飞机场附近的居民以及住在建筑工地旁学生宿舍里的学生们常常受到噪音之苦。在交通中也存在着外部成本，如果某人在交通高峰时间驾车外出，就会使道路变得更加拥挤，这条路线上其他车辆的速度也不得不进一步放慢。消费者在日常生活中也经常"制造"外部成本，消费者在公众场合抽烟、扔垃圾会影响他人健康，高楼层的居民安装的空调漏水则会影响低楼层居民的生活，等等。同样，外部成本不影响当事人的决策，因为给他人带来这类成本的本人无需承担任何相应的费用。

那么，外部性究竟会对市场经济的运行带来什么影响呢？如前所述，市场经济的有效运行是通过价格信号来调节供给和需求的。市场中，价格不仅反映了生产者的成本，而且还反映了消费者的偏好，消费者和生产者都是基于价格信号来做出消费多少或生产多少的决策。因此，只要价格如实地反映了消费和生产过程中所有的成本和所有的收益，在完全竞争条件下，消费者和生产者都会做出对自己最有利也是对社会最有利的决策，整个社会的资源配置就可以达到帕累托最优。然而，如果出现外部性，情况就不同了。在外部性的条件下，市场价格只能反映经济决策内部的成本或收益,并不能反映外部对他人产生的成本或收益,这样,价格所传递的信息是不真实的。这种外部成本或收益最终会由他人或社会来承担或收取,因此,如果按照这样的市场价格进行决策,市场均衡产量就会产生过多或过少的问题,也就是说,从个人的角度来看,消费者和生产者的选择是最优的,因为这种决策考虑了内部成本和内部收益;而从社会的角度来看,这种选择并不是最优的,因为这种决策没有考虑外部成本和外部收益,因此,消费者和生产者的最优选择并不会带来整个社会的最优选择。所以,如果产生了外部性,市场经济的运行将有可能偏离帕累托最优的轨道图4.13和图4.14分别描述了外部成本与外部收益如何导致了市场失灵。

1. 外部成本

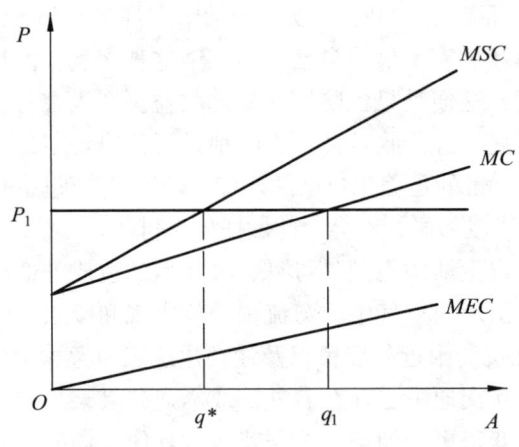

图 4.13 外部成本

假定一家化工厂在生产的同时会排放一些污染物到门前的一条河中,在厂商眼里,这种排放方法的成本为零。在河的下游,渔民们每天靠河中捕鱼为生,当化工厂向河中排放污染物时,产生了外部成本。化工厂向河中倾倒的污染物越多,河中的鱼就越少,渔民们的收入也就越少。然而厂商在做出生产决策时并没有动力来补偿渔民付出的外部成本。帕累托最优要求整个社会生产达到最优,而不是单个企业的生产达到最优。图中 q_1 的产量从单个企业来说是最优的,但从整个社会来看并不是最优的。也就是说,企业的私人最优决策从社会来看是低效率的,因为它并没有把产量调整到真正的社会最优水平,即社会边际成本等于边际收益。因此,只有产量 q^* 才代表真实的社会最优水平,它反映了生产过程中所有成本,生产者按照这个产量进行生产,其结果是厂商承担外部成本，并相应减少排污水平。

2. 外部收益

假定某个消费者在自己的住宅周围养花能给邻居带来外部收益，如图4.14。

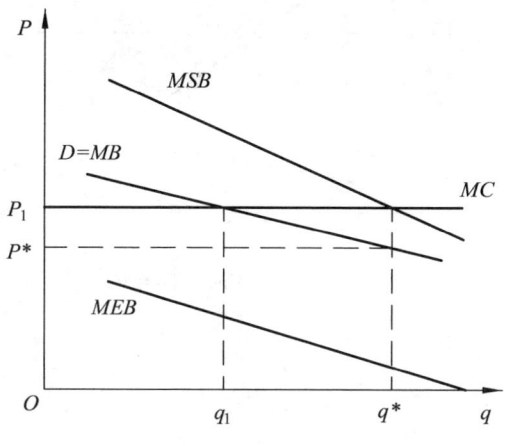

图 4.14 外部收益

由图4.14可知，从帕累托最优出发，消费者应该多养花美化环境从而增加社会福利，但在目前的价格水平下，他没有动力这样做，市场机制出现了失灵。进一步来看，如果价格水平能够下降到 P^*，消费者按照这一价格水平进行决策就能使种植量达到帕累托最优的程度。因此，可以认为，在出现外部收益的情况下，完全竞争的价格水平过高，市场出现失灵。

3. 庇古税

外部性的存在导致了市场失灵，因此很多经济学家主张应该由政府出面进行干预。政府干预的主要方式就是庇古税，该税由英国著名的经济学家庇古提出而得名。庇古认为，如果要达到社会总福利的极大化，任何经济活动的边际社会收益与边际社会成本必须相等。因此，在存在外部性的情况下，政府应该对带来外部成本的当事人征税，税额等于边际外部成本，在外部收益的情况下，政府应该给予相应的补贴，补贴额等于边际外部收益。图4.15描述了通过庇古税的方法纠正外部成本造成的市场失灵。

图4.16描述了通过庇古税的方法纠正外部收益造成的市场失灵。在存在外部收益的美化环境的例子中，政府可以通过给予补贴的方法来鼓励居民对住宅周围的环境进行美化，补贴额等于最佳种植水平时的边际外部收益。

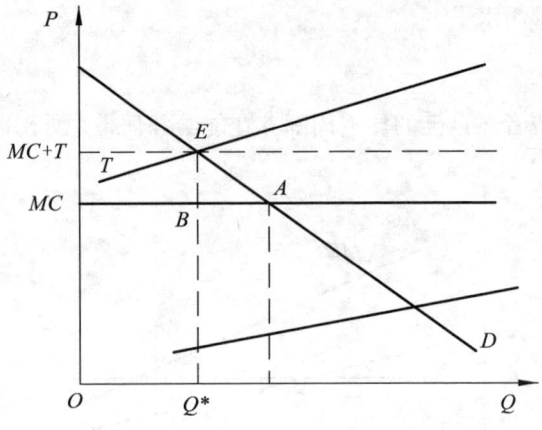

图 4.15 对外部成本征税

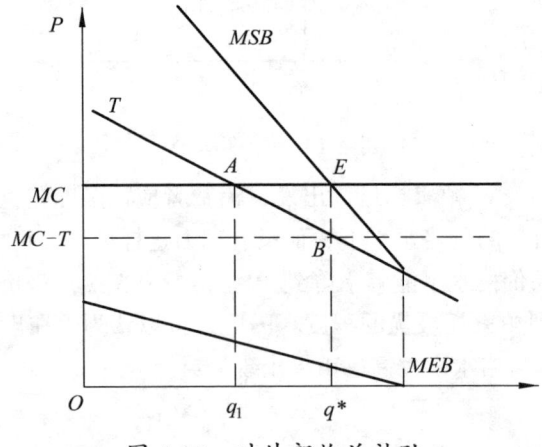

图 4.16 对外部收益补贴

外部收益转变成内部收益，花木的种植量将达到帕累托最优。

（三）不完全信息

不完全信息和垄断与外部性一样也会导致市场失灵。完全竞争的市场均衡需要市场主体掌握全面、正确、充分的信息。然而在现实世界中，市场主体所面对的信息是不完全的。之所以会出现这样的情况，主要是因为信息也是一种稀缺资源，获取信息也是要付出成本的。例如，爱好逛商店的家庭主妇通常更容易买到价廉物美的商品；股票大户比普通公众获利的机会更多；听过气象预报的人比没有听过的人更有把握预知明天的天气。在实际生活中，信息的不完全又往往表现为信息是不对称的。当市场的一方无法观察到另一方的行为，或者无法获知另一方行动的信息时，就产生了信息不对称的情形。例如，投保人肯定比保险公司更了解自己身体状况和发病的可能性；产品的生产者对自己生产的产品的质量和性能也比消费者知道得多，因为生产者确切地知道产品是如何制成的，等等。所以，信息不完全通常也被称为信息不对称。

那么，信息不对称到底会给市场经济运行带来什么问题呢？这主要体现在两方面：一是道德风险，二是逆向选择。

1. 道德风险

道德风险是指交易双方在交易协议签订后，其中一方利用多于另一方的信息，有目的地损害另一方的利益而增加自己的利益的行为。道德风险这个词指信息优势一方利用信息优势从事不道德行为的风险或危险。例如，现实生活中，购买了医疗保险的人不再会像原来那样注意锻炼或保养身体；买了家庭财产盗窃险的人不愿花钱加固门锁；买了汽车偷盗保险的车主不再愿意安装先进的防盗装置；买了火灾险的大楼主人不再费心察看灭火设备是否完好周全，等等。所有这些行为都被称为"道德风险"。

那么，道德风险会带来什么不利影响呢？以保险市场为例，在保险市场中，投保人通过购买全额保险转移自己的全部风险，而保险公司则取得正常利润，如果不存在道德风险，保险市场的运转就会正常进行。但是，在购买了全额保险之后，由于道德风险的存在，人们的行为会变得不合情理。例如，在没有保险之前，由于车主一般采取了应有的防盗措施，汽车被盗率很低。保险公司开办了汽车偷盗保险业务，完全竞争的保费率等于或只是略高于实际的案发率。但是，投了保的车主就不再那么谨慎。比如，经常忘了上锁、随便停放以及忽略防盗装置的安装等，同时，小偷也知道车主不再那么在乎车辆被盗，愈加大胆活动，于是汽车偷盗案直线上升，被盗概率会大大超过原先的案发率，由此可知，道德风险改变了损失发生的概率。但这是保险公司在开办该业务时未曾料及的。

道德风险导致的直接原因即是信息不对称。保险市场上当保险公司和投保人（交易双方）的保险合约（协议）签订后，保险公司更无法观察到投保人的行为，或者无法完全获知投保人行为的全部信息，投保人就能利用这种不对称信息使自己受益而损害保险公司的利益。保险公司获知的信息只是最后遭受损失的事实情况，但这种损失纯粹是由于意外情况造成，还是由于投保人的行为不当造成，保险公司无从得知。换句话说，保险公司要了解这些信息所付出的成本如此之高以至于实践中根本无法完成，难道保险公司得派人去每一条街上去检查汽车上锁的情况吗？因此，在道德风险的情况下，保险公司不得不付出比预计多得多的赔偿支出。保险公司就可能提高保费直至拒绝提供保险。市场出现失灵。

2. 逆向选择

逆向选择是信息不对称带来的另一个问题。它通常发生在卖者对所出售商品的特征了解得比买者多的市场中。在逆向选择情况下，买者要承担商品质量低的风险。这就是说，从无信息买者的角度看，所出售商品的"选择"可能是"逆向的"。逆向选择的经典例子是二手车市场。二手车的卖者知道自己汽车的缺陷，而买者通常并不知道。由于最破旧的二手车的车主比那些拥有最好的二手车的车主更可能出售自己的车，买者就担心得到一个"次品"。结果，许多人都不去二手车市场上买车。这个次品问题可以解释为什么只使用了几周的二手车比同一种型号的新车卖得低几千美元这个现象。二手车的买者可能会推测，卖者急于把二手车出手是因为他知道买者不知道的一些情况。

逆向选择的第二个例子出现在劳动市场上。根据效率工资理论，工人的能力有差别，而且，他们比雇用自己的企业更了解自己的能力。当企业降低其支付的工资时，能力较强的工人就会离去，因为他们知道自己能找到其他更好的工作。因此，企业会选择支付高于均衡水平的工资，以此吸引更好的工人组合。

逆向选择的第三个例子同样出现在保险市场上。例如，购买医疗保险的人比保险公司更了解自己的健康问题。由于有较多隐蔽性健康问题的人比其他人更可能购买医疗保险，因此，医疗保险的价格反映的是病人的成本而不是普通人的成本。结果，高价格可能会阻止正常、健康的人购买医疗保险。

当市场受逆向选择困扰时，市场将会失灵。在二手车市场上，好的二手车的车主可能选择留下这些车，而不是以持怀疑态度的买者愿意支付的低价格出售；在劳动市场上，工资会处于使供求平衡的水平之上，这就会引起失业；在保险市场上，低风险的买者可能选择不买保险，因为向他们提供的保险单没有反映他们的真实特征。

如何克服信息不对称带来的市场失灵呢？信号显示或称为发信号是通常采取的一个有效措施。发信号是指有信息的一方仅仅为了获得信任而披露自己私人信息所采取的行动。比方说高质量旧车的车主可以在卖车时，向购车者附带提供质量保证，如保用三年，质量问题可以退货。通过发送信号，优质产品的生产者能够在伪劣产品中脱颖而出。有效的信号，必然具有这样的特点：劣质产品的生产者是无法提供的，或者说，他们提供信号的成本非常之高。因为如果某个劣质产品的生产者也提供质量保证，他会为此付出昂贵的代价。在提供信号后，劣质产品与优质产品相比在成本上已不再具有任何优势。消费者将面临正确的选择。由此，便可以理解为什么企业会花钱做广告？它是向未来潜在客户发出高质量产品的信号；为什么要读大学？通过获得大学学历向潜在雇主发出他们能力强的信号。这些例子说明了，在存在信息不对称的情况下，有信息的一方（企业、学生）都用信号让无信息的一方（客户、雇主）相信有信息的一方正在提供高质量的东西。

八、博弈论

到目前为止，有关于消费者选择与生产者选择的分析都是行为主体基于个人利益最大化而进行的理性选择行为。但是，人类社会是一个相互依存的社会。如同哲学所说，社会是普遍联系的，独立的个人不能称为人类社会。因此，在研究消费者选择与生产者选择行为时，把他们放在一个相互依存的背景下进行研究，就具有重要的实践意义。比如说，在市场竞争中，生产者的经营策略经常是受到其竞争对手影响的，价格战中对战的各方通常遵循的是"你降价、我就降价，你不降价、我也不降"的策略。因此，实践中市场竞争策略的选择不仅取决于其自身成本收益的衡量，还取决于竞争对手的反应。由此，市场主体好像是与其他主体在玩如下棋、打扑克等游戏，在经济学当中，专门研究此种相互依存关系下行为主体行为特点的理论被称为博弈论。

博弈论（game theory）在20世纪50年代由美国著名数学家冯·诺依曼和经济学家奥·摩根斯坦引入经济学，随后，博弈论几乎改写了微观经济学的方方面面。从而成为现代经济分析的重要工具。通常来说，一个博弈包含如下三个基本因素：（1）参与者；所谓博弈的参与者是指博弈的参与主体，他们都是利益最大化的理性人。（2）参与者的策略；在博弈论中，有多种策略可供参与者选择。如在价格战中，厂商可以在降价或不降价两种策略中进行选择。每个参与者总是从自身利益最大化出发，根据现有的信息，按照一定的规则来选择自己的策略。（3）报酬。所谓报酬是指参与者通过选择自己的策略得到的一定的回报或利益。报酬可能是利润（负的报酬，亏损），也可能是效用（负效用），还有可能是其他形式的好处（惩罚）。每个参与者分别选择自己认为是最好的策略，但他最后得到的报酬却是所有参与者采取的策略共同作用的结果。有关博弈论的内容，可以结合博弈论中著名的囚徒困境模型来进行说明。

（一）囚徒困境

假设两个犯罪嫌疑人 A 和 B 作案被逮捕，并分别关在两个房间，无法相互串供。由于警方掌握的证据不足。因此，警方希望他们能够坦白，让他们自己交代罪行。而如果两个人都不坦白，那么由于证据不足，他们将各判 2 年徒刑；如果一人坦白一人不坦白，那么坦白者可以从宽处理，只判 1 年徒刑，而不坦白者从严惩处，将判 7 年徒刑；如果两人同时坦白，那么由于证据确凿，两人各判 5 年徒刑。那么，对 A 和 B 来说，他们面临怎样的选择呢？

博弈论采用报酬矩阵的方法来描述这种博弈，它排列了所有参与者采取各种不同的策略的各种不同组合以及各自相应的报酬。图 4.17 表示了这场博弈的报酬矩阵。两个参与者，嫌疑人 A 与嫌疑人 B；每个参与者有两种策略可供选择，坦白或不坦白；囚徒得到的是惩罚，因而他们的报酬是负的。

	嫌疑人B 坦白		不坦白	
嫌疑人A 坦白	−5	−5	−1	−7
不坦白	−7	−1	−2	−2

图 4.17　囚徒困境

由图 4.17 的矩阵可知，A 和 B 面临一种两难境地。虽然 A 和 B 都是独立做出选择，但结果（判几年徒刑）却取决于对方选择什么策略。如果他们都选择坦白，将被判入狱 5 年；如果他们都选择不坦白，将只被判 2 年。入狱 2 年当然比 5 年要好得多，但问题是，在两人背靠背地被审讯的情况下，谁能保证另一个房间的同伴不会背叛自己呢？如果对方背叛的话，自己就会被判 7 年。在这种情况下，A 会这样想：如果另外一个房间的 B 不坦白，那么我坦白的结果（1 年）比不坦白（2 年）更有利；如果 B 坦白了，那么我坦白（5 年）要比不坦白（7 年）好，因此，A 会选择坦白。同样 B 也会这样做。博弈的最后结果是两人一起坦白，即（坦白，坦白），都坐 5 年牢，而要是两人都不坦白的话，则只需坐 2 年。于是，博弈中个人试图做出的"最佳"决策却带来了"最坏"的结果（各判 5 年）。个人理性导致了集体的非理性。

像这种囚徒困境的情形，在现实生活中还有很多。冷战时期美苏两国的军备竞赛实际上就是一种囚徒困境博弈。在第二次世界大战以后的几十年中，世界上两个超级大国美国和苏联进行了军事力量的长期竞争。实际上早期的博弈论研究就是因为冷战时期学者们担心美苏两国之间的核对抗而开始研究两国之间的军备竞赛而发展起来的。博弈论专家提出，军备竞赛非常像囚徒困境。为了说明这一点，考虑美国和苏联关于扩充军备还是裁军的决策。每个国家都愿意拥有比另一国强大的军备，因为军事力量强大才能使自己更安全，同时对世界事务有更大的影响。但是，每个国家也喜欢生活在一个不受另一个国家军备威胁的环境中。图 4.18 的支付矩阵描述了这种博弈。

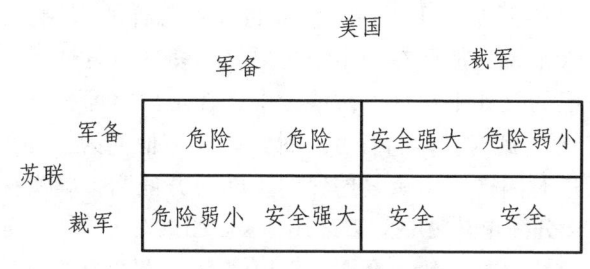

图 4.18　军备竞赛的博弈

如果苏联选择扩充军备，美国做出同样选择以使自己免遭威胁；如果苏联选择裁军，美国同样会选择扩充军备，因为这样做会使美国更强大。对每一个国家来说，军备都是最优策略。因此，每个国家都选择继续进行军备竞赛，这就导致了两国共同处于危险之中的不利后果。在整个冷战时期，美国和苏联企图通过军备控制谈判和协议来解决军备竞赛问题。两国面临的问题和囚徒困境中的犯罪嫌疑人中遇到的问题是极其相似的。正如囚徒困境中的犯罪嫌疑人互相担心对方会背叛一样，两国都担心另一国会违背协议。在军备竞赛的情况下，个人试图做出的"最佳"决策却带来了各方状况变坏的非合作结果。

博弈论当中使用占优策略与占优策略均衡两个概念来描述博弈参与者的这种"最佳"决策和"最坏"结果。所谓占优策略是指无论对方如何选择都能使自己利益最大化的策略。在囚徒困境的例子里，无论 B 如何选择，A 的利益最大化的策略是坦白；同样无论 A 做出什么决定，B 的最优选择也是坦白，因此占优策略就是坦白。而军备竞赛中占优策略就是扩充军备，囚徒困境的最后均衡是在矩阵的左上角，即大家都坦白。军备竞赛中的最后均衡同样是在矩阵的左上角，即大家都扩充军备。这种均衡也因此而被称为占优策略均衡。占优策略均衡引起了经济学家极大的兴趣。按照经典理论，个体利益的最大化必然导致整体利益的提高，个体理性与集体理性是一致的。而在这里，却是另外一种相反的情形：个人的最优选择带来了对双方都不利的结果，个体理性与集体理性产生了冲突。是不是人们的理性出现了问题?当然不是,博弈论为打破囚徒困境提供了有效的解决方式。

(二)重复博弈

假设囚徒困境的博弈不是只进行一次,而是可以由同样的参与者进行多次相同博弈,囚徒困境的结果将改变吗?如果允许重复博弈的话,参与者在选择策略的时候与一次性博弈不同之处就在于,他不仅需要考虑当前的博弈,而且还需考虑当前选择的策略对于以后的博弈将产生怎样的影响。在囚徒困境中,虽然对两个嫌疑人来说,他们在一生中需要做出多次重复性博弈的可能性并不大,但他们要考虑的是如果在这一次博弈中选择坦白,那么下一次被逮捕时对方是否会进行报复? 此时,是否存在一种策略促使他们为了合作而选择不坦白呢?经济学家通过对囚徒困境重复博弈的不断研究证明,确实存在着这样一种策略,这种策略十分简单,就是"以牙还牙":如果对方在上一轮博弈中选择合作(不坦白),那么你在这一轮也合作(不坦白);如果他在上一轮背叛(坦白)。那么你在这一轮也就背叛(坦白)。

美国密执安大学教授罗伯特·阿克思诺德邀请了14位来自经济学、心理学、社会学和数学领域的专家,通过输入为重复进行囚徒困境博弈而设计的电脑程序进入比赛。然后每个程序与其他所有程序进行博弈,最终哪个程序得到的坐牢总年数最少即为最后的赢家。这次比赛共重复了5次,总共进行了12万次博弈。结果令人吃惊,获胜的策略就是最简单的策略:"以牙还牙"。这一策略以合作开始,以后每一次的选择都只是模仿对方上一次的选择。然后,他公布了第一次竞赛的结果,并再次征集新的程序。第二次他收到了62个程序,许多程序设计得非常复杂精巧,还有的程序就是"以牙还牙"策略的改进版。但第二次竞赛的结果与第一次一模一样,获胜的仍然是最简单的原则——以牙还牙。

在囚徒困境博弈中,"以牙还牙"策略意味着在第一次博弈中,嫌疑人应选择合作(不坦白)策略。然后,如果对方在第一次选择了背叛(坦白)策略,你就在第二次也选择背叛(坦白);如果对方在第一次选择不坦白,你也就维持不坦白。只要对方在某一次坦白,你也就马上同样选择坦白作为报复;反之,如果对方保持"合作"的态度,你也就一直合作下去。换句话说,也就是参与者应该从合作开始,然后上一次对方怎么做自己也怎么做。也就是,参与者要一直合作到另一方违约时为止,然后再违约到另一方重新合作时为止。或者说,这种策略从友好开始,惩罚不友好的参与者,而且,如果对方有悔改表现,就给予原谅。这就正如中国人讲的善有善报,恶有恶报,不是不报,时候未到,时候一到，无论善恶，立即得报。

那么，这一策略为什么有效呢？如图4.17囚徒困境矩阵，假定嫌疑人A在一次博弈中选择坦白，而B没有坦白，那么他可以暂时获得只坐1年牢的好处，但是他预料到B将会在下一次采用"以牙还牙"的坦白策略进行报复。如果他在下一次不坦白，B坦白所造成的损失会使他这次坦白所获得好处化为乌有（7年），同时他所获得利益（1+7=8）要小于双方合作所产生的利益（2+2=4）；而如果他在下一次仍然坦白，对方也会在再下一次采取坦白策略，坦白所造成的累计损失会超过他一次投机所获得的好处（1小于10）。因此，如果A能清楚地了解这种博弈的结构，他的最好选择是双方合作（抵赖）。

历史学家发现，"以牙还牙"策略在战争时期也同样有效，它甚至能使敌对的双方在一定条件下相安无事。第一次世界大战时期，英法联军和德国部队在一些地域对峙了很长一段期间。双方军队固定地部署在各自战壕里，彼此相互了解，数目和装备都差不多，每一方都没有能力把对方完全击败。双方军队面临的选择是出击还是不出击。出击就会遭到对方报复，从而导致更大的伤亡；不出击则可以保存实力。这是个典型的重复博弈的囚徒困境。博弈的结果是"以牙还牙"策略起了决定性作用，最后大家的选择是都不出击，甚至双方的巡逻队都有意无意地避开对方，一旦相遇，也会有一方暗中首先撤走。

应该指出的是，从理论上说，"以牙还牙"策略的有效有一个十分重要的前提条件，即博弈是无限次重复的。也就是说，参与者都预期这一博弈将永远持续下去而不会停止。如果博弈的次数是有限的话，或者对局双方预测博弈在某个时期将结束，上述结论将不再有效。

假设囚徒困境博弈将进行N次，不管N有多大，N是有限的。从第N次即最后一次的博弈开始进行分析。此时对嫌疑人A来说，如果他是理性的话，他会作如下推理：B采取的是以牙还牙的策略，但现在是最后一次博弈，即使他采取坦白的策略，B也无法报复，因为已经没有下一次了。而且坦白还能带给他更大的好处。所以A就有强烈的动机在第N次选择坦白。而此时，在第N次博弈中，B的推理应该与A是完全一致的。也就是说，B也将在最后一次博弈中选择对自己有利的坦白策略。不仅如此，B还会进一步推理：既然A在第N次会选择坦白，那么他在第$N-1$次选择不坦白的策略又有什么意义呢？他的合作态度是不能得到回报的。因此，B将从第$N-1$次就开始采取坦白策略。反过来，A也会做出同样的推理。进一步，类似的推理会发生在第$N-2$次、$N-3$次……一直倒推到博弈的第一次。显然，在这种情况下，最终会出现的结局是，A和B从一开始就采取不合作的坦白策略。由此可以得到结论，"以牙还牙"策略在有限次的重复博弈中是无效的。实际上，通过分析，还可以得知，所谓有限次的重复博弈实质上与一次性的博弈在本质上没有什么不同，他们都会得到同样的对双方不利的结果，不合作的（坦白，坦白）。

如上所述，"以牙还牙"策略有效的前提条件是博弈必须是无限次重复的，但所谓无限次重复的博弈在现实生活中是不可能存在的，那么现实中处于囚徒困境的参与者有没有合作的可能呢？事实上，在前述的有限次重复博弈中，是假定参与者都知道第 N 次是最后一次博弈，但在现实生活中，博弈参与者往往并不能确定什么时间是最后一次博弈。在任何一次的重复博弈中，参与者总是认为双方还有下一次博弈的可能。通常来说，在囚徒困境博弈中，除非其中有一名嫌疑人已经下定决心彻底洗心革面，否则没有一个参与者会明确地预期到，在什么时候双方会结束互相之间的合作，因此博弈参与者也就不可能清楚知道什么时候是和其他参与者的第 N 次博弈。这种终止期不确定的博弈和无限次重复的博弈在原理上是一样的，都会对参与者的行为形成制约，最终导致合作的结局。实际上，只要博弈的时期足够长，博弈的双方都将预期未来还要进行很多次博弈，那么，博弈的格局就可能近似于无限次重复的博弈，参与者就可以通过选择"以牙还牙"策略来摆脱囚徒困境。

重复博弈关系在现实生活中也是随处可见，例如债务人与债权人之间的借贷信用关系。假定债务人的经济状况一直较好，那么债权人与债务人之间的信用关系就类似无限次重复博弈。但如果债务人即将破产，那么这种信用关系则更像是有限次重复博弈，两者之间的信任与合作将会瓦解，债务人将选择违约，而债权人会想方设法地追讨自己的债务。

第五章　科斯定理

一、科斯定理的推导

如前所述，外部性会导致市场失灵。传统的经济理论认为，纠正外部性造成的市场失灵，唯有政府干预，征收庇古税或者给予外部收益的制造者以补贴。那么消除外部性是不是只有这一种方法呢？如果有其他的方法，庇古税是不是多种方法中最好的方法呢？科斯告诉，对这两个问题的回答是否定的。科斯对庇古税的批评集中在庇古税的两个潜在假设上：第一，外部成本是显而易见的，有明确的加害者与受害者。第二，为了纠正外部性导致的市场失灵，政府干涉是必不可少的。

为了说明科斯的理论，这里援引科斯1960年发表的著名论文《社会成本问题》中所使用的同样的例子来进行说明。假设有一个相邻的牧场和农场。农场主在他的土地上种植庄稼，牧场主则是利用自己的牧场来放牛。牧场和农场的边界很清楚，但没有栅栏隔开。有时牧场主的牛就会越过边界跑到农场来毁坏农场主的庄稼。图5.1描述了牧场主养牛的边际收益曲线和农场主因为牛损害庄稼的边际成本曲线。

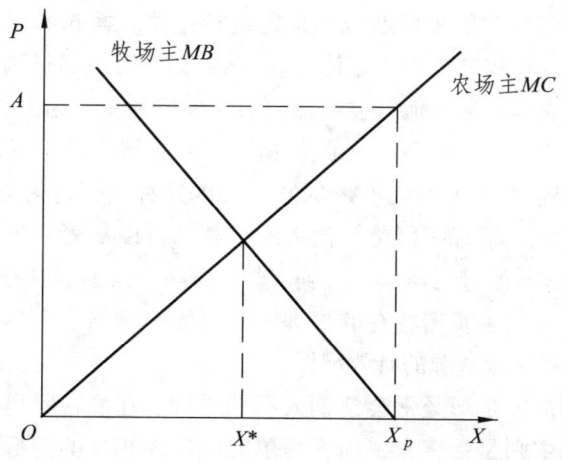

图 5.1　牧场主的边际收益与农场主的边际成本

由图 4.1 可知，牧场主的收益和农场主的成本与所养的牛的数量是紧密相关的。牧场主的边际收益曲线 MB 向下倾斜，反映了养牛的边际收益递减，边际收益曲线与横轴相交于 Xp 点，这一点也意味着牧场主养牛的边际收益等于零，接下来，再多养一头牛，就会带来负的边际收益，此时，牧场主养牛的数量达到了利润最大化规模 Xp。

图中的 MC 线描述了因为牧场主的牛跑到农场来造成对庄稼的损害而带来的成本。从社会的角度看，社会养牛的最优规模应该是边际收益曲线与边际成本曲线相交而决定的 X_*。也就是说在这一点一头牛带给牧场主的边际收益恰好等于它给农场主的庄稼造成的损害所带来的边际成本。如果牧场和农场同属于一个主体，那么养牛的规模将会停止在这个最优规模 X_*，而现在，由于牧场和农场分属不同主体所有，因此，牧场主会忽视自己牛群对农场主造成的成本，而选择养牛的规模一直到边际收益等于零时，此时牛群的数量达到 Xp，与 X^* 相比，显然牛群的规模过大了。如何纠正这种社会不合意行为呢？按照庇古的理论，此时，应该对造成外部成本的牧场主征税或者对牛群数量进行管制。这样牧场主就会控制牛群的规模直到缩会最优规模 X^*，将外部成本内部化。这是标准的解决外部性的庇古方法。

为了说明科斯的理论，首先解除庇古方法两个假设中的一个假设：为了纠正外部性导致的市场失灵，政府干涉是必不可少的。解除了政府干预必不可少的假设，那么在庇古眼里，和工厂污染例子中的工厂与居民关系一样，牧场主是天然的加害者，农场主则是受害人，损害是单向的。从法律权利的角度进行解读，也就是说农场主享有免受牛损害其庄稼的权利，当牧场主的牛造成损害时，牧场主应当对他养的牛所造成的损害进行赔偿。换句话说，牧场主应该出钱购买农场主的这种权利（损害赔偿）。既然牧场主可以通过购买权利来内部化他所造成的外部成本，那么他就会选择购买这种权利一直到牛群规模达到 X^* 这个最优规模时才会停止。注意，在此种情况下，牧场主的最优决策不是停止养牛，而是养牛直到牛群规模达到 X^* 时止。他的这种购买行为是从坐标的原点 0 开始的，因为农场主享有庄稼免受损害的权利，所以从第一头牛造成的损害开始，牧场主就应该开始进行赔偿。直到 X^*。这样一种权利的安排是符合常识的，是牧场主给别人造成了实实在在的损失，所以他应该给别人赔偿。同时，这样的一种权利安排将导致资源的有效配置。

常识固然好，但是却经常会禁锢人们的思维。在庇古眼里，牧场主是天然的加害者，农场主则是受害人，损害是单向的。那相反的情形会怎样呢？假设牧场主有让牛乱跑的权利，不用对牛所造成的损害进行赔偿。在这种情形下，又会出现什么情况呢？根据庇古的理论，这种权利的安排会导致牧场主超过最优规模 X^*，扩大牛群的规模直到 Xp 点，因为他不会考虑自己的牛会对别人造成什么样的外部成本。这个结论一定正确吗？在 Xp 点，最后一头牛给牧场主带来的边际收益是 0，但是带给农场主的边际成本是 A。于是，为了减少损失，农场主就有动力与牧场主进行谈判，向牧场主进行支付，来购买牧场主所享有的权利，让牧场主减少养牛的数量，支付的价格就是从 0 直到 A 中的任何一点。而牧场主也将接受任何大于 0 的价格来减少自己牛群的数量。并且，这一笔交易是双赢的，因为农场主对最后一头牛的评价要高于牧场主对最后一头牛的评价。

同样的逻辑，为了减少自己的损失，农场主会继续这样的谈判，在 X^* 以右的地方，也就是农场主对牛的评价高于牧场主评价的区域，农场主会不断地与牧场主进行谈判并交易，让牧场主减少养牛的数量。一直到均衡的 X^* 点。因为在这点，牛给农场主造成的成本与带给牧场主的收益刚好相等。此时，谈判终止。在 X^* 以左的区域，交易不会发生，因为在这个区域，牧场主对牛的评价高于农场主的评价。

在此种情形下，法律权利配置给了牧场主，牧场主有让他的牛乱跑的权利，而农场主为了减少自己的损失，会主动与牧场主进行谈判，通过支付、购买权利的方式让牧场主减少牛群的数量。这种情况与之前法律权利配置给农场主的常识型情形恰恰相反。但是，两者却达到了相同的结论：无论法律权利配置给谁，社会资源配置都达到了效率的状态。

科斯在《社会成本问题》一文中所表达的这种思想被后来的学者们总结为现在所熟知的科斯定理：如果交易成本为零或足够低，无论法律权利如何安排，当事人之间的谈判都会导致资源的最优配置。具体在牧场主与农场主的例子中，科斯定理表明无论法律权利事前配置给农场主还是牧场主，都不会影响社会资源的配置最终达到效率状态。为了理解科斯定理，有必要了解交易成本的概念。所谓交易成本，按照科斯自己的表达，就是所有发生在交易过程中的成本。通常一次交易可以分为三个阶段：第一，必须找到交易对象，产生搜寻成本。第二，交易双方必须进行谈判，从而产生谈判成本。第三，当协议达成后，必须得到执行，这就包括协议签订后的履约成本以及协议履行过程中可能出现的违约成本和救济成本，这些成本统一称为执行成本。因此，这里所说的交易成本，就是这三种成本的加总。为什么要强调交易成本呢？因为交易成本为零或足够低，是私人谈判能够达成的前提。

现在回顾一下本章开篇有关外部性庇古解决方式的两个隐含的假设：第一，

外部性具有明确的加害者与受害者，损害是单向的。第二，为了纠正外部性导致的市场失灵，政府干涉必不可少。科斯定理表明这两个隐含的假设都是不必要的。首先，外部性所造成的损害是双向的或者说是相互的，在牧场主与农场主的例子中，从某种意义上说，养牛和种庄稼两者共同构成了造成损害必不可少的原因。其次，无论最初将法律权利安排给谁，最终双方都会通过私人谈判使资源配置达到效率状态，而无需政府干涉。由此，科斯通过自己天才的思维，再次证明了自亚当·斯密以来古典自由主义所推崇的自由市场的有效性。庇古认为，外部性会导致市场失灵，需要政府的干预。而科斯则证明，只要交易成本足够低，即使存在外部性，通过私人谈判，自由市场仍然可以自发地达到资源的最优配置，自发地纠正市场失灵。

二、权利的安排与财富分配

科斯定理表明，只要交易成本足够低，权利的安排与资源的有效配置是无关的。但是，虽然权利的安排与资源的有效配置无关，但却与财富如何分配紧密相关。在牧场主与农场主的例子中，如果一开始法律规定农场主享有庄稼不受损害的权利，那么牧场主就得向农场主进行赔偿，用以购买农场主所享有的权利，直到均衡的 X^* 规模。反过来，如果一开始法律规定牧场主享有牛群乱跑、损害庄稼的权利，那么农场主就得向牧场主进行支付，用以购买牧场主享有的权利，从而促使牧场主减少牛群的规模直到均衡的 X^* 规模。由此，虽然两者最终的结果都是资源的配置达到了最优的状态，但财富的分配却倾向于一开始拥有权利的一方。这个结论对法经济学研究来说，具有重要的理论意义。它意味着，如果交易成本足够低，那么法律制度在进行财富分配时就不用在公平与效率两个价值目标之间进行权衡取舍了。也就是说，科斯定理说明，在零交易成本的世界里，法律可以为了达到某种财富分配的目的而有意识地进行权利的分配，而不会牺牲效率的目标。这一非常重要的结论实际上又再次证明了有关自由市场的一个非常重要的定理，福利经济学的第二基本定律：每一种帕累托最优的资源配置方式都可通过适当的在市场主体之间分配资源后的完全竞争的一般均衡来达到。科斯的分析再一次证明了这个定理的有效性。

以上的分析表明，关于如何解决外部性，科斯提出了一个完全不同于传统庇古税的方法，一个不需要政府干预的自由的市场谈判的方法，这在实践中具有重要的指导意义。

三、科斯定理的推论

如上所述,科斯定理成立的前提是交易成本为零或足够低,由此市场双方才能通过自由的私人谈判最终达成交易。但如果交易成本不为零会出现什么情况?在牧场主与农场主的例子中,如果牧场主享有权利,农场主为了避免庄稼的损害,就得与牧场主进行谈判,但是如果无法找到牧场主则交易无法达成。反过来,如果农场主享有权利,一个大牧场周围有很多小农场,牧场主为了养牛就得与每一个农场主进行谈判,这样的交易能够达成吗?换个更直观的例子,现实世界中,一个造成环境污染的工厂周围通常都有成千上万的居民,工厂为了生产需要与每一户居民进行谈判,谈判能成功吗?这种类型的集体谈判因为敲竹杠问题的存在,交易经常无法达成。这也就意味着,此时资源的配置将无法达到效率状态。由此,可以得到如下的科斯定理的推论:当交易成本很高以至于阻碍当事人之间的谈判时,不同的法律权利的界定将带来不同的资源配置结果。

科斯定理及其推论表明,在交易成本为零的科斯世界里,权利的界定与资源的有效配置无关。自由的市场总能自发达到效率状态。而在交易成本不为零的现实世界里,由于交易成本的存在,通过私人谈判无法顺利达成交易,资源的有效配置遇到阻碍。那么现实世界是一个不存在交易成本还是交易成本随处可见的世界?由此,正如科斯所强调的,在交易成本很高的现实世界中,作为法律权利界定主要体现的法律制度及其对应的交易成本就对社会资源的配置发挥着关键的作用。从而,通过交易成本为零的科斯世界到交易成本很高的现实世界的巧妙转换,科斯揭示出了"法律制度""交易成本"与"经济绩效"之间的关系,即不同的法律制度具有不同的交易成本因而具有不同的经济绩效,并且法律制度所具有的不同的交易成本与经济绩效之间存在反比关系。那么实践中所要做的就是构建合理的法律制度来降低交易成本,从而尽量地来模拟交易成本为零的科斯世界,达到资源的最优配置。

四、科斯定理及其推论的意义:构建法律经济分析的桥梁

(一)从理论上说明法律对于经济运行的重要性

借助于"交易成本"这个概念,科斯揭示了法律制度与资源配置之间的内在关系。并且以外部性为例说明了解决外部性的各种制度安排。不同的制度选择对应着不同的经济效率,决定着不同的经济运行质量和水平。

1. 从社会角度考虑外部性

外部性造成的侵害具有相互性是科斯有关外部性思想的核心观点。他不认同庇古所认为的加害者是天然的责任承担者的观念。科斯认为外部性（伤害）是具有相互性的。换句话说，一种行为在带来成本的同时也会产生收益。比方说牧场主和农场主的例子，虽然牧场主所养的牛会给农场主造成外部成本，但本身养牛的行为却是社会肯定的生产行为。因此对待外部性，不能像庇古一样仅仅看到外部性所造成的社会成本，同时还要考虑它产生的社会收益。应当从社会整体角度来考虑外部性问题，当一种行为一定会带来损害的前提下，正确的做法应当是比较该种行为所产生的社会成本和社会收益，然后采取合理的制度安排来解决它，而不是如庇古所认为的那样一见到外部成本要么完全禁止工厂生产要么就采取庇古税或罚款等惩罚措施。社会历史的发展证明了科斯思想的正确性。

2. 制度选择与制度竞争

在社会成本问题中，对于如何解决外部性，科斯指出现实中实际存在着多种方案：（1）通过市场自由谈判，当事人可以自行解决，无需政府干涉。（2）受到外部性影响的各方进行合并，这样外部性也能被内部化。比方说在牧场主和农场主的例子中，一开始就假设如果牧场主和农场主是一个人的话，那么他会自发地调整养牛的规模到 X^*，此时，边际收益等于边际成本，不存在外部成本。（3）长期合同。所谓长期合同就是受外部性影响的、具有长期依存关系的各方，通过签订长期契约来解决外部性问题。这种方式也能使外部性内部化。（4）传统的庇古方法，即政府征税、管制等方式。

那么在这些相互竞争的制度方案中，应该如何选择呢？科斯定理表明，哪一种解决外部性的制度安排具有最小的成本，就选择哪种制度。这里需注意的是，在现实世界中，没有那种制度是在任何时间、任何地点、都是永远最优的制度。这些相互竞争的制度都有各自的优势与缺点，它们之间即是竞争也是互补的关系。针对不同的外部性，共同构成了一个克服外部性的制度体系。

3. 制度与经济发展之间的关系

在《社会成本问题》一文中，科斯对如何解决外部性问题的分析，是针对具体制度进行的微观分析，但实际上科斯想要探究的是，在宏观层面，法律制度对于整个社会经济运行是否具有影响。如有的话，又是如何影响的。借助于交易成本这个工具，科斯完成了他的分析。科斯定理清晰地表明，法律和社会经济发展之间具有紧密的联系。在交易成本为零的科斯世界里，权利的界定与资源的有效配置无关。而来到交易成本为正的现实世界，资源的有效配置就取决于权利的初始界定，那么要提升资源使用效率，就要从权利的初始界定开始，而权利的初始界定的任务通常是由法律制度来完成。反观人类的发展史，自亚当·斯密以来无数的学者对经济与法律的关系都做过深入的研究，也普遍认为法律对经济的运行具有重要的影响。但是没有一个人得出过如同科斯这样清晰的结论。既然科斯已明确指出了权利的初始界定影响资源的使用效率，那么要提升资源使用效率，就要从界定权利的法律制度改革开始，这就为制度改革确定了基本思想和基本模式。由此，科斯清楚地阐明了法律与经济发展之间的关系，并为制度改革指明了方向。

（二）从方法上说明如何进行法律的经济分析

科斯定理及其推论不仅揭示了法律制度对经济发展具有重要的影响，而且指出了进行经济分析的具体方法，也就是交易成本分析法。交易成本分析方法就是比较制度之间为了实现同样的目标而付出的交易成本的多少，也就是分析制度运行成本的大小。交易成本小的制度比交易成本大的制度更具有效率。这实际上是在比较既定收益下的成本最小化水平。简而言之，科斯的交易成本分析方法就是比较制度的交易成本，从中判断制度的效率水平。法律是人类社会最重要的制度安排之一，是实现权利调整的重要手段，法律制度的运行同样也具有一定的成本。这些成本就包括权利界定的成本，在法律框架下权利交易的成本，等等。法律经济分析的目的就是要说明这些成本，并比较它们的大小，以寻求成本最小的法律制度安排。找到了成本最小的法律制度安排也就指明了通过改革法律制度来提升资源配置效率的途径。这样，法律的经济分析就演变成为了一种选择学说，主体根据理性最大化原则在不同的法律制度（规则）之间按照交易成本的大小进行选择，以实现社会福利的最大化。这样法律的经济分析就与主流经济学融合在了一起。按照科斯开辟的道路，使用其所提供的方法，法经济学发展了起来。

而在科斯之前的学者们虽然也研究了法律与经济之间的关系，但是没有形成一个具有指引性质的研究方法。马克思将法律制度定位为对现实社会经济关系的反映，虽然也强调法律制度的反作用，但马克思着重的只是法律与经济之间的关系定位，没有发展出如何从经济学角度来分析法律的方法。并且，他特别强调经济关系对法律的决定作用，所以只要将经济关系解释清楚，对法律的理解就没有特别强调的必要了。而到旧制度学派，特别是康芒斯虽然也认识到法院的利益调节功能,强调法律制度的重要性,但他基本上还是从法学的立场来理解法律制度,所以从康芒斯的方法出发人们难以发展出系统的法经济学。到了1960年以前的旧法经济学时期,以迪莱克特为代表的旧法经济学的研究主要集中于市场管制等显性市场领域,分析的核心主要是研究管制规则是否到达了其所追求的目的。但他们的方法还不成熟,特别是他们还没有明确地认识到对法律进行经济分析的目的,更没有建立起使制度分析和主流经济学融合的桥梁。

科斯的贡献之所以重要,就在于他的思想及理论基本上提供了上述问题的答案。通过交易成本分析方法以及以此为基础的制度竞争和制度选择理论,科斯为后人开辟了利用主流经济学的方法进行制度分析的理论道路。在科斯之后,法律制度成为经济学视野中影响资源有效配置的重要因素,而科斯的思想及理论也就成为法经济学的理论基础,科斯本人也就当之无愧地成为学界所公认的法经济学的奠基人。

五、法律的"市场"类比

科斯的思想在法经济学领域中具有里程碑式的地位,以科斯的研究为基础,众多的学者发展出了丰富的法经济学理论体系。其中一项著名的理论就是法律的市场类比。所谓的"法律的市场类比",就是把法律类比成一种价格体系,这种理论认为法律制度如同市场机制一样给人类的各种行为进行了"法律定价"。比方说,在刑法当中,每一项罪名及其刑罚就如同给每一种犯罪行为进行了法律定价一样。不同的犯罪行为对应着不同的罪名及刑罚的价格。行为人在进行犯罪决策时,就如同在市场上购买商品一样,会自动地进行收益成本比较来做出使自己利益最大化的决策。如果说市场机制的优势在于能够实现资源最佳配置的话,那么法律这种"隐性的价格体系"就能够如同市场配置资源一样,实现对人类行为的最佳控制。只要承认行为人在法律制度约束下的行为选择与他们在市场体制下的行为选择具有相似性,那么法律所指向的资源配置也就有实现最佳配置的可能。那么选择何种法律制度来影响经济效率,来促进经济增长,就是法经济学能够回答的问题。

六、法律的经济目标:促进和实现合作

有了法律的市场类比,就可以得到法律的经济目标。根据亚当·斯密的理论,

第五章 科斯定理

市场的核心价值为交易。既然法律具有如同市场一样的资源配置功能,那么法律的经济目标就是尽最大可能地促进和实现人们之间的合作。但是,合作并不是总能够自动达成的。在现实世界中,高昂的交易成本会阻碍人们自愿达成交易。这个时候,可以通过修改法律制度来降低交易成本以促进人们之间的合作。比方说,通过确认简单且清晰的法律权利,法律就能促进人们之间合作。因为交易在权利清晰简单时比复杂模糊时要更为容易。举例来说,在不动产交易过程中,不动产登记制度就使得不动产所有权的交易变得更加容易与安全。更进一步地,使这些记录在网上能够查询就会更进一步降低交易成本,从而促进合作。

这样的思想在法经济学理论中被称为规范的科斯定理:立法以消除阻碍私人合作的障碍。也就是法律要尽量消除阻碍人们之间进行合作的各种交易成本,尽量减少各种产生交易成本因素的作用。这个定理给法律制定者提供了制定或修改法律的重要指导。20世纪90年代世界范围内的私有化浪潮消除了私人谈判中许多政府管制性的障碍,就佐证了该定理的适用性。

除了促进谈判,法律体系也要试图减少不合作或合作失败这些对社会来讲成本很高的事情。17世纪的英国哲学家托马斯·霍布斯尤其强调了减少不合作的损失的重要性。霍布斯认为,天生的贪婪使人们有关合作的问题总是争论不休,除非存在一个强有力的第三方强迫他们合作。这样的思想,被称为规范的霍布斯定理:立法以最大化地降低私人合作失败导致的损失。

霍布斯定理要求社会应尽量建立合作使不合作产生的损失最小。也就是说,本来按照人们的自然利益倾向进行选择的话,是产生不合作的结果。但是不合作不是社会所期望的结果,社会期望的是合作,那么在这种情况下,就需要建立法律尽量促使人们由不合作转向合作。法律常用的方式就是提高不合作的成本。比方说财产的获取通常有两种方式:一是自愿交易,二是偷盗。自愿交易就是合作,是社会所肯定的方式,因为自愿的财产交易可以创造合作剩余、提高社会福利。而偷盗就是不合作,是社会所否定的一种财产转移方式。因为偷盗是一种不产生任何合作剩余的纯粹的财产转移,并且还造成了资源浪费。那么如何鼓励人们更多地采取交易的方式而不是偷盗的方式来获取财产呢?根据规范的霍布斯定理,此时,法律可以给偷盗行为加上一个"负激励",也就是对偷盗行为进行法律定价,处于徒刑或罚金。这样,作为理性人的行为人就有激励在成本和收益的比较下最终选择交易而不是偷盗。

第六章　法律与经济增长

1960年科斯通过科斯定理阐述了法律与资源配置效率之间的关系，强调法律对于经济增长具有重要作用，现代法经济学随之诞生和发展。其实，法律与经济增长之间的关系在科斯之前就已经广受关注，众多学者都分别阐述了不同的思想。但是在科斯之后，法经济学并没有全力研讨法律与经济发展之间的关系，而是集中于分析法律本身的经济结构，集中于法律的微观经济分析。尽管法律与经济增长之间的关系没有成为法经济学兴起后的主攻方向，但该领域一直处于法经济学研究的视野内。尤其是在法律的微观分析取得了巨大成功后，借助于这个越来越坚实的基础，对法律与经济增长关系的研究也随之更加深入和系统，从而形成了法经济学的另一个日益重要且前沿的研究领域——法律的宏观分析。

法律与经济增长之间关系要研究的主要问题包括：法律在经济增长中发挥何种作用？这些作用有多大？哪些法律制度在经济增长中发挥重要作用？如何实现法律对经济增长的促进作用？总的来说，上述问题可以归纳为"法律是否作为经济增长的工具？""法律是经济发展的结果还是原因？"这两个核心问题。本章将通过介绍古典社会理论、现代化理论、依赖理论、诺斯理论、现代法律经济学关于法律与经济增长命题的相关理论与研究，说明法律与经济增长的基本理论框架。

需要注意的是，"经济增长"与"经济发展"之间的关系。经济增长，强调一国或地区经济总量以及人均经济总量的增长，通常以国内生产总值（GDP）、人均GDP或GDP增长率为主要衡量指标；经济发展则在强调"量"的同时，也关注"质"的问题，既强调经济总量、人均经济总量增加，也强调经济社会结构的改善和生活质量的提高。因此，两者之间不能画上等号，经济发展比经济增长有着更为丰富的内涵。不过，一般认为，经济增长是经济发展的核心及前提，前者是后者的必要条件。鉴于此，法律与经济增长的理论可视为法律与经济发展理论的核心构成。所以，本章并没有刻意区别经济增长和经济发展，特此说明。

第六章 法律与经济增长

一、古典社会理论

法律与经济增长的理论渊源可以追溯到 19 世纪的古典社会理论，马克斯·韦伯、卡尔·马克思、梅因、涂尔干等皆是该领域的巨擘。古典社会理论中关于法律与经济增长的观点可简单概括为：法律要随着社会经济环境的变化而不断发展、演化。马克思、梅因、涂尔干、韦伯等伟大的思想家、理论家们都肯定了法律对于经济增长的重要性，差异主要在于他们分别从不同角度阐释了法律与经济增长之间的关系。其中马克思、韦伯的观点在法律与经济增长领域影响最大。

（一）卡尔·马克思

卡尔·马克思的经典著作《资本论》阐释了法律与经济增长之间的关系。马克思从历史唯物主义角度出发，分析了人类社会中法律与政治经济之间的演化及其相互关系。马克思的基本观点是："经济基础决定上层建筑，上层建筑反作用于经济基础""生产力决定生产关系，生产关系反作用于生产力"。这两个著名论述成为法律与经济增长的马克思理论的最佳浓缩，因此有学者认为马克思关于法律与经济关系的论述开创了法律经济学研究的先河。

在马克思的理论中，法律作为上层建筑由经济基础所决定，即经济发展决定法律发展，同时，法律发展对经济发展也有一定的反（促进或者抑制）作用。理解经济制度是理解整个社会运作的关键：物质因素的变化决定着整个社会变化的方向，也即生产力决定生产关系。马克思将每个社会、每个时代中的法律制度定义为"社会共同的，由一定物质生产方式所产生的利益和需要的表现"，物质生产方式对生产关系（法权关系、人与人之间的关系）及其附属的法律具有决定作用。该观点被恩格斯形象地喻为"法律对经济关系的翻译"，亦即经济基础对法律的作用是第一位的，法律对经济的影响则是第二位的。

马克思强调，意识形态是法律与经济的中间作用因素。他从阶级利益角度出发，论述了阶级利益等意识形态是行为的主要决定因素，人的阶级位置决定了其经济地位，进而决定了其在社会其他关系中的地位和行为选择。在马克思看来，国家是阶级矛盾不可调和的产物，阶级利益的变化、物质基础的变化决定了社会发展的方向。

（二）马克斯·韦伯

马克斯·韦伯关于法律与经济增长的论述尤为突出，被视为正统法律与经济增长理论的鼻祖。他试图从历史、比较的研究角度系统地解释和识别在西方文明兴起过程中法律制度的作用,他关注的主要问题是:如何解释西方资本主义的兴起、工业化文明的出现。

他认为,法律发展与政治、经济转型之间存在着某种因果关系,"逻辑上形式理性法律"是推动西方新教和资本主义经济发展的关键因素。换言之,他认为,理性法律通过为私人交易提供可预测性,推动了资本主义的发展、西方工业文明的兴起。韦伯关于西方资本主义兴起研究的基本结论可概括为以下三点:第一,越理性的法律体系,对资本主义产生的促进作用越显著;第二,较其他社会文明中的法律体系而言,欧洲法律体系更具理性;第三,这种对经济有促进作用的法律理性主义,在西方工业经济系统全面发展之前已在欧洲大量存在。韦伯认为欧洲资本主义兴起的主要功劳之一是其法律系统。在他看来,理性法律培育了西方竞争性市场体系;不断发展的市场反过来促进法律的进一步理性化,而这种理性化使得中央化国家的发展成为可能,等级式国家行政体系、以法典形式实现的理性法律制度更能推进经济发展。

韦伯肯定了理性法律在经济增长中的关键性,并清晰界定了"理性法律"的基本构成因素:自治性、精心设计、普适性。只有满足这三个要求的法律体系才能称之为"理性":(1)相对于其他社会范畴而言具有自治性;(2)其所阐明并实施的规范是被精心设计的;(3)这些法律规范被一致地运用于类似的案例。满足上述条件的法律体系才能确保法律具有可预测性以及发展实质性条款(主要是那些与契约自由相关的条款)的能力。这些实质性条款是市场机制运作的必要条件,是推动资本主义兴起的催化剂。

韦伯进一步地分析了文化、传统和意识形态在法律发展中的重要性,尤其是对法律机构和国家官僚体系运作方面的重要影响。他认为,中央化国家、中央化官僚系统先于经济状况而发生变化并发展,从而便利了资本主义的兴起。该观点在其《新教伦理和资本主义精神》一书中得到完美阐释。他认为,仅仅制度本身并不足以创设现代资本主义。虽然理性法律是经济发展的根基,但是与此同时必须拥有相对应的意识形态变化,即新教伦理的革新。这也是韦伯认为古代中国无法产生资本主义的主要原因:古代中国的技术创新并没有具备相应的文化、传统变革,加之古代中国司法与行政之间并无清晰界限。这样,韦伯就阐释了法律促进政治、经济增长的前提条件。

马克思理论与韦伯理论存在着一定的共同点与差异。某种意义上,韦伯的研究是在检验马克思理论的基础上展开的。这两位伟大的德国理论家都深受德国社会学历史学派的影响,均致力于从历史角度研究西方资本主义兴起的原因,在世界历史视角下解释西欧经济、社会的发展。他们皆肯定文化、意识形态在经济发展中的重要性，肯定法律对经济的积极作用。他们的差异在于，韦伯从信仰、宗教伦理角度阐释意识形态在经济、社会发展中的作用，而马克思从阶级利益角度解释；韦伯认为意识形态对经济社会历史发展具有一定独立、预想不到的影响，而马克思则认为意识形态是阶级地位的反映，意识形态对历史发展的影响依赖于阶级作用；韦伯肯定了法律对资本主义经济增长的第一性，而马克思则将此定义为第二性。

（三）梅因

以"从身份到契约"闻名于世的英国历史法学家梅因，在其代表作《古代法》（1861）中构建了法律与社会进步之间关系的理论，该理论也被视为现代法律与经济增长理论的源泉之一。

梅因开创的历史法学研究，强调从社会思想、文化、政治演变的角度来研究法律制度的变迁以及法律变迁对社会发展的影响。他在《古代法》一书中从法律史的角度对古代法律的起源、拟制、父权、习惯、契约等在古代法律形成中的作用，民法、刑法等部门法的形成，作了系统的研究。基于对各国法律历史演变进程的深入剖析，梅因得出了著名结论："所有进步社会的运动，到此处为止，是一个从身份到契约的运动"，认为古代法律发展一般沿着判决—习惯—法典这一基本顺序演化，并从中指出了法律在社会进步中的关键作用。

《古代法》开篇就指出："世界上最著名的一个法律学制度从一部'法典'开始，也随着它而结束。"在梅因看来，罗马法典的出现，是西方近代社会发展的关键。罗马法是西方新思想的"助产妇"，是社会进步的工具。罗马帝国扩大的同时也扩大了罗马法典统治的范围；反过来，罗马法也扩大了西方文明、西方思想影响的范围，进而促进了社会进步。因此，梅因将罗马帝国的发展、日耳曼民族的兴起、西方文明的传播归功于罗马法的推广。梅因认为，罗马法是连接未开化习俗和成熟法学之间的桥梁，罗马法的发展和扩张过程显示了法律如何成为稳定的制度、如何成为推进物质和道德进步工具的过程。

在梅因的法律与社会进步理论中，法律果实是衡量社会发展健康度的最佳指标，法律是社会进步、经济发展的关键。"（世界）存在物质文明，但不是物质文明拓展法律，而是法律限制物质文明。"换言之，梅因特别强调法律对于经济增长的反作用。这是他与马克思的最大不同所在。

并且梅因特别推崇以立法作为促进法律发展的基本手段。他分析了三种促进法律发展的手段：法律拟制（Legal Fiction），如罗马的法律解答；衡平方法（Equity），例如古罗马以《裁判官法》来弥补《十二铜表法》之不足；立法

(Law-making)，即由立法机关制定法规。他认为拟制和衡平各有不足，尤其强调衡平法在一定程度上很可能成为法律发展的障碍而非帮助。也就是说，他和韦伯一样都认为成文法对于法律和经济增长的作用更为重要。

（四）涂尔干

与马克思巨大的政治社会影响，韦伯宏大的跨学科论述，梅因在法学、社会学的深远影响相比，涂尔干可谓更纯粹的社会学家。他为社会学的学科基本问题、方法论做出了奠基性贡献。虽然，涂尔干的著作里并没有关于法律的专门论述，但能够从他关于劳动分工、社会团结以及道德等各方面的分析中，提炼出关于法律与发展的理论。

涂尔干从劳动分工、社会团结、道德的角度提供了一个分析法律与经济发展关系的新视角。他认为经济发展导致了社会劳动分工，而劳动分工的发展使得社会对解决纠纷的规则与制度的需求随之上升，因而导致了更多的合作性法律规则的产生。他认为，随着社会分工的分化度和专业度的提高，社会团结由机械型向有机型转化，法律也相应地由压制性法律向恢复性法律转变。

在以高度发展的社会分工为特征的复杂工业社会中，法律体系以恢复性法律/合作性法律为主；在社会分工低的非工业社会中，法律体系则以压制性法律/惩罚性法律为主。恢复性法律，包括合同法、国内法、商法、程序法、行政法和宪法等法律部门，其中的惩罚条款较非工业社会减少甚多。在涂尔干看来，恢复性法律"反映的是一种积极的团结，一种从本质上由社会分工延伸出来的合作"。而压制性法律，以刑法为主，是集体意识受到损害而"施加于犯罪者身上的伤害，或者至少是损失"的规则。

社会的发展过程是一个从非工业社会向工业社会发展的过程，相应地，法律体系的发展是一个从压制性法律体系向合作性法律体系发展的过程。法律通过反映社会道德基础、实现并维护社会团结的渠道，来支持工业社会发展。法律先作为社会分工、社会发展的结果，再作为促进社会团结与发展的工具，其中法律体系的作用有一个动态转化过程。也即，一方面法律的存在与变迁是社会道德变迁的结果，另一方面法律是社会团结的显著符号，其目的在于反映并维护社会团结的功能。

二、现代化理论

现代化理论将西方法律、西方法律制度作为促进经济发展的关键，将西方社会制度作为发展中国家发展演变的最终目标,认为第三世界国家经济发展、社会发展的最终结果是发展出和西方发达国家类似的法律制度、社会制度——自由市场、自由民主政治体制和法治。在此基本思想的推动下,20世纪50年代至70年代中的政治发展运动以及20世纪60年代中至70年代的法律与发展运动揭开了现代法律与经济发展实践的序幕。

(一)政治发展运动(1950—1970)

第二次世界大战后由美国经济学家、社会学家、政治科学家共同努力所推动的政治发展运动,是随后的"法律与发展"运动的先锋,也是现代化理论、现代法律与发展理论的前奏。他们将西方模式(尤其是美国模式)作为发展中国家的发展宏图,主张通过在第三世界国家构建与西方国家类似的法律政治体系来实现经济增长、社会发展。他们特别强调政治制度的重要性,认为促进经济发展的现代法律政治制度由四个关键要素构成:(1)理性化,即韦伯理论中所强调的普适性、涂尔干理论所强调的法律与社会功能需求相适应。(2)国家团结与整合,尤其是要消除民族冲突的威胁。(3)民主化,强调多元主义、竞争性和政府可信度。(4)参与性,强调通过教育来提高民众在政治领域的参与度。

与该理论预测相反,政治发展运动在发展中国家的实践结果差强人意。简单模仿美国模式的法律政治制度改革,并没有带来预期中的经济发展;反而在发展中国家出现了不少独裁主义、军事政治体系,经济增长远远偏离理论预测。政治发展运动在第三世界国家的失败引发了学术界对现代化理论的深度批判。批评者指出现代化理论实际上是民族优越主义、演化主义,推理不严且过于天真。他们认为推行西方制度的现代化理论实际上是一种维护不平等的理论,为维护西方利益穿上了中性、科学的欺骗外衣。

政治学家亨廷顿(1965)认为将现代化与政治发展等同乃其致命的错误,强调发展中国家中经济发展与政治发展之间的非同步性。他认为,发展中国家现代化的很多方面,比如城市化、工业化、教育水平的提高等往往伴随着滞后的政治发展。他主张该运动的首要目标是提高发展中国家的政治稳定性。

为维护现代化理论,有学者将发展中国家改革实践的失败归结于其内部原因——缺乏维持西方先进制度的合适政治、人文文化等社会制度环境。他们认为,缺乏这些相应的文化等软环境,导致改革的发展中国家无法建立可信而独立的司法体系,有法不依、执法不严,政治家与政府官僚软约束,民主价值没有得到民众的认可,等等。

从该理论的社会背景看,政治发展运动可谓是典型的美国运动,其发展过程与当时美国在二战胜利后的社会乐观主义、20世纪60年代越战后美国社会的动荡与悲观主义相一致。

(二)法律与发展运动(1960—1970)

在现代化理论的先锋法律与发展运动日渐衰落后,20世纪60年代中期,现代化理论的另一个浪潮——法律与发展运动已经在悄然开展。这场运动依然信奉现代化理论的基本信条——将西方法律、社会制度视为经济、社会发展演化的最终结果。这也从根本上注定了这场作为政治发展运动后续运动的失败结局。从政治发展运动的失败中吸取经验,法律与发展运动理论将重心从政治制度转移到法律制度上。Galanter(1966)、Trubek(1972)、Trubek 和 Galanter(1974)是该理论的主要代表。

以韦伯的思想为基础,法律与发展运动将法律作为经济发展的关键,不再简单地强调政治发展的首要性。该理论认为,法律在促进市场体系成功运作方面具有核心作用,必不可少,因此认为法律是促进经济增长的首要工具;同时,法律也是自由民主国家的中流砥柱,是政治发展的有力助手,因为法律是政府实现其目标的工具,也是限制、规范政府行为的手段。该理论强调通过法学教育与法律职业改革、法律文化与制度移植等手段将西方法律文化和制度移植到发展中国家,强调产权法、商法、人权法、行政法、独立而有效的司法体系在发展中的重要性。该理论也意识到了发展中国家书本上的法与行动中的法之间的巨大差异。就此提出的解决方案是进行法学教育改革、法律职业改革,试图根据美国的经验利用律师、法官的作用来缩小该差距。

由法治模式是该运动欲建立的法律模式(Trubek 和 Galanter,1974)。这个模式包括:(1)社会由那些同意国家代理其福利的个体所构成;(2)国家通过法律行使对个体的控制,与此同时国家也受法律限制;(3)法律被设计用来实现社会目标的同时,不给任何群体或个人提供特殊优惠,法律被公平地适用于所有公民;(4)法庭是定义、运用法律的首要法律机构;(5)判决建立在权威规则和教条上,司法决策不受外部影响;(6)法律参与者依从法律规则,大部分民众将法律内部化,任何违法行为都将得到一致的惩罚。不难看出,自由法治模式背后仍是与政治发展运动相似的信条——民主、法治。

但是实践表明:法律与发展运动所提倡的法学教育改革、法律职业改革、法律文化与制度移植,并没有取得成功。这些改革措施不仅无法在短时间内实现,而且其有效性无一不受本土文化、本土制度的制约。而该运动主张的改革措施难以解决与现代法律政治制度相一致的文化氛围建设问题,并且文化移植往往与本土文化形成尖锐冲突。

Trubek 和 Galanter（1974）深刻批判了法律与发展运动所强调的法律工具主义观在发展中国家运动中的高度危险性。他们指出，由于发展中国家最大的压迫、剥削源泉就是独裁政府，由于缺乏内在的价值与文化支持，法律很可能被独裁政府转化成为剥削人民、为本土利益集团服务的工具。他们的批评吹响了法律与发展运动的终场哨声，1974年成为法律与发展运动的终止年。

从政治发展运动、法律与发展运动的先后失败中得出的重要教训是：法律与经济增长不存在放之四海而皆准的模式，需要考虑多样化路径；法律制度能否自动在经济和社会发展中发挥整体自治作用值得推敲；法律制度自身难以提供解决经济发展、社会发展的有效方案；法律制度的有效性依赖于其他一系列制度的有效性。因此，仍需要对法律在经济增长中的作用、法律与政治之间的关系、民主和经济发展之间的关系进行更深层次的探讨。

三、依附理论

与现代化理论从发展中国家的内部因素这个视角分析其落后根源相对，20世纪70年代中期发展起来的依附理论则强调从全球资本主义系统的结构和历史这一外部视角来追寻发展中国家落后的原因。

该理论以马克思主义为基础，提出一个"中心—外围"理论来解释第三世界国家的贫穷落后原因，认为发达国家与发展中国家形成了中心—外围格局，作为中心的发达国家的财富是建立在保持发展中国家的永久落后与依附状态之上的，这是导致发展中国家贫穷落后的主要根源。这一以马克思理论为基础的理论主要由拉丁美洲、非洲国家学者所发展。普雷维什（R.Prebisch）、弗兰克（A.G. Frank）、阿明（Samir Amin）、桑托斯（Theotonio Dos Santos）、卡多索（F.H. Cardoso）、法拉图（E. Faletto）乃其主要代表人物。

（一）理论主张与实践表现

依附理论强调社会现实的历史本质，他们将世界划分为中心国家与外围国家，认为由发达国家构成的中心体系仍在继续殖民时代的剥削活动，中心国家借助工业经济优势、技术优势，在国际市场上占据垄断地位，从而使外围国家一直处于依附状态，继续遭受剥削。外围国家因历史、经济、技术上的落后一直处于不利地位，其经济结构严重依赖于中心国家，产品多以原材料、简单劳动密集型产品等简单、初级、低技术含量、低附加值的产品为主。中心国家的"发展、繁荣"是以外围国家的"贫穷、落后"为代价的。依附理论还特别强调发展中国家的本土精英或特定阶级,比如地方政府、利益集团等,会与外国利益集团、外国资本家形成某种联盟。发展中国家的广大老百姓、穷苦人民成为全球化运动中的最大受害者。

归纳起来,依附理论的特征有四:其一,强调分析发展问题的历史视角;其二,试图超越经济学与政治学的学科界限,从经济学与政治学相结合的视角展开分析;其三,关注理论的政治结论、政治意味;其四,强调"为谁发展"这一基本问题。该理论将"依附"定义为:"一种条件性状态——一组国家的经济取决于其他国家(发达国家)的发展与扩张。"

依附理论强烈质疑法律移植策略的有效性,认为在缺乏政治改革的情况下法律改革难以对发展中国家的经济发展起到显著作用。按照马克思主义的逻辑,相对于经济基础而言,法律形式和思想都是次要的、衍生的,因此法律在经济增长、社会发展中的地位是次要的。不过,依附理论提出了"国际发展法"这一概念,突出强调了发展中国家应当享有发展权。

依附理论在实践上的主要表现为,20世纪七八十年代在拉美、印度等发展中国家出现了一系列经济民族主义运动和保护主义运动。他们强调用进口替代政策替代出口导向政策,实施对本土工业的保护政策,限制外资投资利润的转移,限制外资投资领域,限定涉外纠纷的司法管辖权等,试图借此改善发展中国家的经济状况与地位。

(二)评价

现代化理论的衰落引致了依附理论的出现,依附理论的具体表现为:其一,将发展中国家的不利归罪于西方帝国主义;其二,宣扬社会主义优于自由主义;其三,认为发展中国家的文化必须抵御西方价值的入侵;其四,提倡发展中国家多样化的发展模式,反对现代化理论提倡的单一性西方发展模式。

依附理论主张从与发达国家的经济、政治、文化关系等方面解释发展中国家的落后原因,这个解释反映了资本主义国家对发展中国家的"剥削"现实,具有合理性。特别是依附理论说明了:在很多情况下,法律被作为了西方殖民者的压迫工具,是实现西方商业利益的手段。这无疑在一定程度上揭露了西方推行法律与发展运动的本质。而国际发展法、第三国家发展权的提出,无论其成功与否,都将成为法律发展史上一个重要转折点。

但是依附理论也有明显的不足。首先,依附理论的现实解释力有限。自1970年以来许多发展中国家工业、经济的发展取得了依附理论意料不到的成功。

亚洲四小龙、中国的崛起就是例证。这些经济体的经济增长率大大超出西方国家平均增长率。其次，依附理论强调从意识形态、阶级角度以及外部角度解释发展中国家落后的原因，具有一定的片面性，因为外部国际结构和历史只是导致发展中国家落后的因素之一，发展中国家的内部因素是更重要的原因。最后，发展中国家面临的一些问题需要多方面的解决手段，有的依靠非法律解决方案，有的却依靠发展法治民主制度。如不少学者认为大规模消除第三世界债务才是有效解决其债务危机的途径。而女性权利和地位的保护、环境保护问题等，则需要学习西方民主法治体系的优点。

四、新制度主义理论

在"法律与发展"运动陷入困境之际，将制度作为经济增长关键因素的新制度主义理论给法律与经济增长理论注入了新动力，打破了僵局。以诺斯为领军人物的新制度主义理论，强调经济增长和发展的关键因素是制度。在新制度主义理论的推动下，从20世纪90年代开始国际发展组织掀起了"法治与发展"运动，继"法律与发展"运动后的又一大规模支持发展中国家法律改革的国际发展援助活动。世界银行数据显示，自1990年以来仅世界银行就资助了330个"法治"改革项目，共出资29亿美元。

现代法律通过产权保护、契约实施为私人交易提供可预测性和有效激励，进而有效约束政府的掠夺，从而成为经济增长的主要源泉。这是新制度主义理论的核心观念。诺斯是最突出的代表人物，法律与经济增长的新制度主义理论主要围绕诺斯理论的三大核心展开——制度与经济增长、国家的作用、意识形态的作用。

（一）制度与经济增长

在诺斯看来，制度决定一个社会、政治制度、经济制度的激励结构，从而成为经济绩效的决定性因素。他说："有效率的经济制度是经济增长的关键，一个有效的经济制度在西欧的发展正是西方兴起的原因所在。"诺斯强调从微观角度进行分析，认为个体决策在资本利用、如何有效配置资源方面起着关键作用。当个体能从投资中得到回报时，他们就会不断进行促进经济增长的投资。因此，确保产权安全和契约实施的法律制度就成为激励投资的关键因素。产权安全的制度安排一方面确保了私人投资将得到回报，另一方面严格限制了政府的掠夺行为。契约有效实施的制度安排，即"第三方实施下的非个人交易（制度）……

（在有效司法系统的有力支持下）已经成为涉及复杂契约关系的现代经济成功增长的首要源泉"；"经济增长取决于能为非个人政治、经济市场交易提供低交易成本的稳定的政治/经济制度"。通过比较不同国家长期经济绩效的差异，诺斯指出那些提供了产权保护、为纠纷解决提供了可预测规则的国家的经济绩效要明显优于其他国家。

这样，诺斯通过将解释的重点从韦伯的"理性法律"转移到法律制度的有效性上，就成功地解释了韦伯理论所不能解释的英格兰法律与经济增长问题。虽然英国法不是韦伯意义上的"理性法律"，但其能有效地反映社会、政治制度的需求，成功地降低了国家对个人利益的掠夺，从而提高了产权安全性，实现了经济绩效。

（二）国家的作用

要实现产权保护、契约顺利实施的目标，就需要国家发挥重要的作用。国家作为经济增长中的特殊主体，在产权界定、创设、行使、保护方面，在契约实施机制方面具备天然的低成本优势。因此，经济发展过程中，要积极发挥国家在产权保护与契约实施等方面的作用，尤其是国家强制力在确保制度实施、制度质量上的重要性。

但是国家并非自动地、完美地为经济增长创设条件。诺斯指出，国家有两个追求目标：一是建立一套基本规则（即在要素和产品市场上界定产权结构）以使统治者的租金最大化，二是降低交易费用以使社会产出最大进而实现增加国家税收的目的。这两个目的往往是相悖的，从而导致使统治者的租金最大化的所有权结构与降低交易费用和促进经济增长的效率体制之间，存在着持久冲突。正是基于这一冲突，才使得有些社会不能实现持续经济增长，国家的兴衰也源于此。这就是诺斯的"国家悖论"。"政府行为决定了产权结构的有效性，从而成为经济增长的源泉或者经济衰退、停滞的源泉。"

可见，任何经济中的正式规则都需要由国家制定和维持，国家的作用不言而喻。但要避免国家成为经济增长的障碍，并不必然意味着取消或弱化政府干预，核心在于通过规范政府行为来实现经济发展。诺斯强调国家的作用，其逻辑在于制度的有效性在经济增长中处于核心地位，而国家是实现制度有效性的重要主体。根据诺斯理论，制度质量、制度的有效性除了取决于正式规则（法律等）与非正式约束（习俗、惯例、意识形态等）是否相容、完善外，更重要的是取决于实施机制是否完善。制度实施机制是制度的生命线，需要以国家为主体，依靠国家的强制力，来保证正式约束和非正式约束的实施。

正是基于此，20世纪90年代以来推行的"法治与发展"运动，不再是简单地推行法律移植，而是鼓励政府在构建法律体系的过程中发挥积极作用，将重点放在推动法律实施和利用法律制度对政府进行有效约束上。

（三）意识形态的作用

任何经济中的正式规则或产权都是由国家制定和维持的，可是为什么会有不同的制度结构？为什么有的制度结构并不能为其社会成员提供有效的激励以有助于经济增长呢？诺斯指出，答案在于社会成员或公众的"精神模式"，亦即看待问题的方式不同——世界观不同，以及制度实施的不同。用诺斯的话来说，包括意识形态在内的非正式规范以及实施，是不同经济体有不同经济绩效的一个主要原因。

诺斯将意识形态定义为：一种节约化机制，人们透过它与所相处的环境相适应，并且提供一种世界观以简化日常决策过程。意识形态表述了人们对社会的劳动分工、分配制度、制度结构等是否合意的信息。当个人经验及其意识形态不一致时，人们会改变其意识形态观念，即人们会试图学习并发展一套新的合理化观念以适应现实。在人们改变其意识形态之前，经验与意识形态之间的不一致必须经过一定的累积过程。

诺斯等强调意识形态等非正式约束决定了法律等制度的变迁方向，影响着长期经济绩效。诺斯说："在非正式约束中，……（文化／意识形态）……的长期意义是，它左右制度变迁的渐进过程，因此是路径依赖的源泉之一。……如果修正过的正式规则与未改变的非正式约束之间存在着紧张关系，所产生的结果对经济体系变化方式有着重大意义。"简言之，意识形态这种非正式制度，其主要功能在于借助社会或群体共有的世界观，节约日常决策的信息成本，同时也为其他制度安排的运作减少了交易成本，因而在制度变迁、经济增长过程中也发挥着决定性作用。

但是社会的意识形态是存在差异的，这些差异将必然反映在各种制度和政策中，因此也就决定了制度实施被社会公众接受程度的不同，进而导致不同的经济绩效差异。如何确保制度和意识形态之间的一致性成为关键所在。这也是"法治与发展"运动逐步关注与发展中国家本土国情适应的最小法治原则的另一理论背景。

五、现代观点：法律经济学

在新制度主义理论的推动下，一系列关于法律与经济增长的现代观点相继涌现。学者们不再局限于从法律这一单一视角来分析法律与经济增长的关系，开始关注从新制度主义理论强调的非正式制度的视角来探索法律在经济增长中的作用：什么是促进经济增长的合意制度？基于西方发展经验的法律与经济增长理论能否在不同文化背景的第三世界国家中成功运用？法律在后发国家、发展中国家中是否发挥了不同的作用？非正式制度与法律在发展中国家经济发展过程中的关系如何？与此同时，东亚经济奇迹、中东欧与中国等转轨经济改革的发展实践极大地挑战了传统法律与经济增长理论的有效性。强调政府与政策、非正式制度对法律秩序的替代、文化在经济增长中的作用的现代法律与经济增长理论应运而生。现代法律与经济增长理论大致可概括为政府论、替代论和文化论。

（一）政府论

虽然法律制度、产权安全、契约实施的重要性在古典社会理论、新制度主义理论中得到了充分肯定。然而实践表明，对这些法律制度的实际需要很可能被高估了。鉴于这个事实，政府论就突出强调政府（国家）在经济发展中具有关键作用，认为政府的参与、政府的授权等行政性介入是各种交易活动法律秩序的有效替代。

由亚洲发展银行资助的 Pistor 和 Wellons（1999）所著《法律和法律制度在亚洲经济发展中的作用：1960—1995》一文是该观点的代表性文献。他们对包括中国、印度、日本、韩国、马来西亚、中国台湾在内的六个经济高速增长的国家或地区的发展实践进行了比较分析，重点强调了政府在经济增长中的重要作用。该研究发现：在很多情况下，东亚国家的政府成为私人交易秩序的有效替代，政府在经济发展中通过制定不同的经济发展政策，从出口导向到进口替代、从稳定政策到自由化改革，并利用法律作为政府政策的工具与支持，成功地实现了经济快速发展。结论是：(1) 在这些区域，相对较高水平的政府参与、政府授权和高速经济增长是相伴而生的，因此政府参与很可能是经济增长的关键；(2) 虽然在不少的领域存在一定程度的法律趋同，但并不存在全球性的法律趋同。

不过该研究并没有完全将法律的作用边缘化，指出当政府的经济政策向更深层次的市场化方向深入时，法律对经济增长的促进作用也随之越来越重要。

许多研究进一步支持了政府论。McMillan 和 Naughton（1992）就指出中国的强势政府干预对确保改革顺利进行、经济高速发展发挥了重要作用。Tom

Ginsburg（2000）也承认法律在中国等东亚经济奇迹中并非首要因素，反而政府对私人秩序的有效替代成功地实现了高经济增长。Rodrik（2004）通过对中国和俄罗斯的比较研究指出法律制度对经济增长本身可能并不重要，但地方政府的参与实现了中国商业活动的成功。

Ginsburg（2000）指出政府论与新制度主义理论等的主要分歧体现为：（1）政府论倾向于降低韦伯等理论所强调的法律"普适性"、一致执行的必要性。东亚经验显示，当法律规则没能被执行或遵循时，企业等经济主体能发展出与法律一样有效的替代安排。比如利用和政府官员的关系、与政府合作等。中国乡镇企业的发展就是典范之一。（2）政府论强调政府授权在经济增长中的重要性，而非韦伯、诺斯理论所强调的法律对政府的约束。政府经济发展政策的有效性，要求信息在政府与私人之间能有效地流通。而政府行政体系的弹性很可能成为这种信息交流的有效机制，政府通过行政审查调节、细化过于原则性的法律。这虽然降低了法律的可预测性，但在很大程度上提高了政府政策的有效性。

（二）替代论

政府论强调政府对法律秩序的替代，而替代论则强调关系、社会资本、社团（包括家族）等非正式制度对法律秩序的替代作用。在替代论看来，关系、社会资本、社团（包括家族）等非正式机制一定程度上能发挥正式法律制度具有的产权保护和契约实施功能，从而成为不少发展中国家、转轨国家经济成功不可忽视的因素。虽然古典社会理论、新制度主义理论都强调了文化、意识形态等非正式制度、社会规范对于经济增长的重要性，但它们是在说明这些对法律制度具有的作用的基础上进行阐释的，都强调法律制度对于经济增长具有首要影响。而替代论则意图直接挑战法律制度的首要地位。

此前，就有不少学者批判了法律中心主义，认为非法律秩序在支持经济发展方面发挥着与法律秩序相等的作用。如埃里克森（1991）就利用经验证据反驳了法律制度的重要性，指出正式法律可能并不是有效经济安排的必要条件。

在法律制度并不完善的基础上，中国创造了持续20多年9.5% GDP增长率这一"中国奇迹"，强力支持了替代论的主张。Allen，Qian和Qian（2005）从中国法律体系、金融制度的特点出发，将金融作为法律与中国经济增长之间的媒介，认为国有部门、上市公司与私人部门三者之间不平衡的发展事实说明了基于声誉和关系的非正式融资渠道和治理机制支持了私人部门的发展。Ma（2004）强调了亚洲长期以来的社会网络、社团、非正式制度有助于减少交易成本和提供信任，促进中国等国家在19世纪和20世纪的经济增长，并特别强调非正式制度、相应的意识形态等在中国的长期经济增长中具有重要作用。Lubman（1996）和 Jones（1994）对中国经济增长的研究表明，对法律秩序依赖性不断增加并不会取代基于关系的经济组织系统。Redding（1990）等则将中国经济奇迹归功于以强调关系、倾向于用非正式机制而不是法院来解决纠纷、偏好家族生意、共同儒家文化价值等为特征的"中国式资本主义"。

但是，强调替代法律机制的重要性，并不代表就直接否定了法律正式制度的重要性，实际上这些非正式制度是不能够完全替代法律的。因为关系、社会资本、社团等非正式制度都具有自身的局限。例如交易范围的局限、在交易关系日益复杂情况下信息成本难以降低的局限，并且非正式制度替代法律需要一定的前提条件。例如，重复交易、对交易方有充足的信息、小群体、特定文化背景等。正式法律在节约交易成本方面有着不可否认的优势，尤其在非个人交易的现代社会中。

因此，法律对于大型国家的经济增长具有难以取代的作用。中国越来越重视法治建设，强调依法治国，就是例证。Peerenboom（2002）在强调非正式制度对中国经济发展的重要性的同时，也指出了法治对于支持长期经济增长的关键性，认为正式法律秩序与私人秩序互相补充和相互支持是最佳的策略。Chen（1999）在重新检验了中国文化中的"关系"在经济发展中的作用后，认为建立理性法律仍是支持中国长期经济增长的关键。

此外，缺乏法律、产权安全的危害性也在实践中得到说明。黑手党等有组织犯罪集团在俄罗斯和一些拉美国家的泛滥对经济的危害就充分说明了这点。

（三）文化论

文化论将解释经济增长的焦点放在本土文化上，质疑西方文化背景下的法律制度和产权、契约实施在其他国家中的有效性，认为文化差异才是决定一国社会和经济发展的关键。文化论放大了诺斯关于文化/意识形态在决定制度变迁、经济绩效中的作用，将其上升到了高于法律等正式制度的地位。

该理论主要基于东亚国家发展事实，认为儒家文化是中国、韩国等东亚国家经济成功的核心因素，法律的作用并不显著。儒家文化、中国悠久的历史等因素决定了包括中国在内的发展中国家的"法律"概念与西方意义上的"法律"概念有着巨大差距（Baum，2001）。在文化论看来，资本、劳动力这些被新古典发展经济学视为增长的关键的因素，实际上是第二重要的，文化等非物质因素才是关键。Gong 和 Jang（1998）将文化论划分为三个分支，并指出了各种理论分支的局限。

（1）新儒家文化主义理论。该理论认为，虽然儒家文化在从传统社会向资本主义社会转变中起负面作用，但是一旦建立了资本主义制度，儒家文化在经济发展方面就将发挥积极作用（Berger，1983；Tai，1989），儒家文化中的集体主义在东亚经济奇迹中发挥了关键作用。

（2）修正主义专制国家理论。该理论认为，简单地将儒家文化与经济发展联系起来过于肤浅，应该深究东亚经济奇迹中国家所发挥的作用，应当深入地从文化根源角度剖析这些专制政府取得高速经济增长的文化制度原因（Chen，1988；Ellison and Gereffi，1990）。文化被看作专制国家取得经济增长的条件变量和强化因素。

（3）发展的制度理论。该理论关注在特定制度条件下文化所产生的影响，即使相同的文化特征在不同的制度条件下也会导致不同的社会经济发展结果（Clegg et al.，1990；Morishima，1982；Senghass，1988）。

Gong 和 Jang（1998）在剖析前三种文化理论的基础上，试图建立第四种文化理论——微观导向新文化理论。他们认为前三种文化方法存在过于一般化和因果关系模糊等缺陷的主要根源在于，它们在方法论上直接将非物质的宏观社会事实——文化与物质性社会事实——和经济发展联系在了一起。在他们看来，新的文化方法应该将儒家文化价值效用化，从动态角度考察儒家文化的价值，从微观角度分析儒家文化影响经济发展的机制。Chen（1990），Ma 和 Smith（1992）等均从微观角度分析了儒家文化的作用模式。

然而，文化论仍缺乏微观基础及相应的实证证据，其结论的有效性仍未被有效检验。Daniels 等（2004）在分析发展中国家法治建设时指出文化等因素是制约发展中国家实现法治的一大障碍。因此，文化对于经济增长和法律制度运行的作用效力是否在法律制度之上、文化是内生于社会经济制度还是外生于法律制度等问题，远未有定论。

总之，法律与增长的现代观点仍需要大量的经验与理论证据。法律、政府、非正式制度、文化与经济增长之间的关系仍亟待深入研究。

第七章　财产法的法经济学理论（一）

在科斯打开法律经济分析的大门后，以波斯纳为代表的学者们运用经济学的方法和理论依次研究了法律的各个领域，比方说财产法、合同法、侵权法、程序法和刑法等。在这个研究过程中，就逐渐形成了具有一定规律性的研究模式。其中，研究和说明法律的经济目的是法经济学研究方法区别于传统法学研究方法的一个显著特点。什么是法律的经济目的呢？所谓法律的经济目的就是研究部门法律制度、规则对于社会的经济职能。然后，基于这个经济目的，利用最优化分析方法来分析法律制度是如何实现这个经济目的的，进而说明哪些法律制度符合这个经济目的，哪些制度不符合这个经济目的而需要改进。目前，这种分析方法已经成为部门法经济分析的基本模式。财产法是法律体系中的核心部分，也是法经济学关注的重点领域。财产法的经济分析同样遵循这一基本模式，也就是首先确定财产法的经济目的，然后，围绕着这个经济目的，对影响这一经济目的的各种因素分别进行分析，最后提出应该如何选择和改进现有的法律制度。为了增加对财产法经济分析的理解，有必要首先分析两个基本的概念。

一、财产

什么是财产呢？所谓财产，是指一种客观存在。这种客观存在既可以是有形的，也可以是无形的。有形的财产就要具有一定的物质形态，而无形的财产则可以是一种虚拟的存在，比方说无线电信号等。虽然说财产一定是一种客观存在，但不是所有的客观存在都可以成为财产。一种客观存在要成为财产至少要具有如下属性：

首先，独立性。所谓独立性，是指一种客观存在是否成为财产并不影响它本身的存在，即与人类意识相比，它是一种独立于人类意识以外的客观存在。比方说，在人类诞生以前，自然环境已经过了数十亿年的进化，出现了动物、植物、山川、河流等各种各样的客观存在。人类出现以后，人类作为主体才将作为客体的各种客观存在视之为财产。作为客体的各种客观存在是人类意识的对象，而不是人类意识本身。因此，财产的独立性是相对于人类意识来说的。

其次，有用性。所谓有用性，是指这种客观存在能够满足人类某方面的需求，不能满足人类需求的客观存在不会成为财产。一种客观存在是不是具有有用性，取决于它自身固有的天然属性和人类认识与利用它的能力。比方说有些客观存在不经人类改造就可直接满足人类的需求，比方说各种天然食品（野果等）；有些客观存在必须经过人类改造后才能满足人类需求，比方说各种矿藏，必须经过冶炼后才能为人类所用。随着人类社会技术水平的不断提高，人类认识与利用客观世界的能力越来越强，对人类有用的客观存在会越来越多。

再次，可获得性。所谓可获得性，是指一种客观存在在现有的技术水平下能够被人类所控制。一种客观存在具有很强的有用性，能够满足人类的各种需求，但如果人类无法控制利用它，也不能成为财产。比方说目前已知月球上储藏有丰富的矿产资源，但在现有的技术水平下，人类社会显然还不能控制利用这些资源。即这些资源不具有可获得性，因此也不能成为财产。如同财产的有用性一样，可获得性也会随着人类社会的进步、科技水平的提高发生变化。现在不可获得的客观存在，将来就可能变成可获得的财产。

最后，稀缺性。所谓稀缺性，是指一种客观存在相对于人类的需求来说，其数量是有限的。一种客观存在能够满足人类的需求，但如果取之不尽、用之不竭，也不能成为财产，因为根本就没有这样做的必要。如对于空气这种客观存在，它满足的是人类生存的基本需用，离开这种客观存在，人类将无法生存。但因为它数量极大，人类社会发展到今天，空气还未能成为财产。在这里要注意，稀缺性是一个相对概念，它会不断地发生变化，一种客观存在的稀缺性会随着自身的数量与人类社会对其需求数量的相对状况动态的变化，现在不稀缺的客观存在，未来可能就稀缺。比方说，早期的北美大陆，水獭的数量是极为丰富的，印第安人通过捕猎获取水獭的毛皮与西方殖民者进行交易，但并未把水獭当作一种财产，当需求量越来越大时，水獭作为一种资源开始变得稀缺，这时，水獭就逐渐被当作了财产的一种类型。因此，一种客观存在是否具有稀缺性应该动态地对待。

综上所述，可以得到财产的如下定义：所谓财产，是指一种客观存在，这种客观存在对于人类来说具有独立性、有用性、可获得性、稀缺性。其物理形态既可以是有形的，也可以是无形的。与此相对应财产被分为有形财产和虚拟财产。

二、产权的定义、性质与功能

(一) 产权的定义

对于产权的定义,许多学者从不同的侧面进行了不同的表述。比方说利普卡普认为"产权是一系列用来确定每个人相对于稀缺资源使用时的地位和社会关系的权利",从而强调产权不仅是人对物的关系,更是人们之间因财产而发生的人与人的关系。阿尔钦则认为"产权是人们在财产的不同用途之间自由选择的权利"。这种定义则主要强调对财产的不同利用方式会带来不同的利用效率。虽然学者们对产权有不同的解读,但综合已有的观点,可以把产权进行如下简单的定义:人们之间因财产而发生的各种权利义务关系。其实质是人与人之间的关系,而不是人与物的关系。

(二) 产权的性质

要充分理解产权,还要明确产权的特性:(1)排它性。所谓产权的排它性,是指一项产权只能由一个或多个明确的主体所享有。即产权的排它性将产权主体与其他非产权主体区别开来。不拥有产权的主体不能主张对财产的产权。从这种意义上说,产权的排它性使产权成为一种对世权,即产权主体行使产权不受任何其他非产权主体的干涉。因此,可以说,产权的排它性是产权的本质属性。(2)行为性。所谓产权的行为性,是指产权的权利边界。即产权主体在产权范围内可以做什么,不可以做什么。产权的本质是一种社会工具,它设立的目的是解决人们因稀缺资源而产生的冲突。因此,产权的最终作用对象是人们的行为。产权制度也由此体现为对人们行为的规范,符合产权制度的行为将得到保护与认可,违反产权制度的行为将受到约束与惩罚。(3)可分性。所谓产权的可分性,是指产权是一项权利束,或者说产权总是以复数形式出现。这意味着产权是一个权利集合,而不是一个单项权利。实践中,产权一般可分为所有权、占有权、使用权、收益权四项权利或权能。这只是在一般意义上的划分,根据需要,产权还可做进一步的细分。同时,产权束中的各项权利还可以进行任意组合,从而形成新的权利形态,如使用权、占有权、收益权经常组合成为经营权。新组成的权利还会体现出新的性质,这就意味着产权束中的各项权利并不是简单加总的关系,而是有机融合的关系。(4)可交易性。所谓产权的可交易性,是指产权可在不同主体之间流转。产权的可交易性是产权的一项重要属性,从某种意义上讲,人类设立产权的最终目的就是为了交易产权。只有通过交易,资源才能合理流动，最珍视它的主体才能获得产权，从而达到资源效率配置的状态。如果产权或其中的权利的可交易性受到限制，财产的价值就会下降。

（三）产权的功能

产权的功能是指产权所发挥的作用。一般来说，产权主要具有如下功能：（1）资源配置功能。所谓产权的资源配置功能，是指产权具有直接形成或改变资源配置状态的作用。首先，一种既有的产权制度安排本身就代表着资源的一种配置状态。如在我国土地、矿藏的国有法律制度安排。因此，从这种意义上说，配置再糟的产权也比没有产权强。其次，资源配置状态的变动实质上就是一种产权安排的变动。市场中交易的不是物本身，而是附着在其上的产权。（2）激励和约束功能。所谓产权的激励功能，是指由于产权的设立而使主体积极努力谋求自身利益的功能。在产权所划定的范围内，主体可以利用产权来追求财产利益的增值。同时，由于产权的稳定性，主体会自动追求财产所能获得的长远利益。正如中国古代思想家孟子的名言："有恒产者有恒心。"而所谓产权的约束功能，是指产权的设立对产权主体行为所产生的限制。约束与激励是相辅相成的，有激励就有约束。产权的设立既然划定了主体的权利范围，也就明确了主体必须承担权利行使的后果。因此，主体在行使权利时必然会进行全面的权衡，决定可以做什么，不可以做什么。产权由此对主体发挥了约束的功能。（3）外部性内部化功能。传统理论认为外部性的产生是边际个人收益（成本）与边际社会收益（成本）不一致造成的，这会导致资源的配置达不到帕累托最优，造成市场失灵。庇古理论认为解决外部性问题可以采取征税、补贴等措施，寻求的是如何消除外部性。而从产权的角度看，外部性的产生表明了一个新的权利的产生，是在原有产权制度安排下，产权主体行使权利时，却产生了新的权利，即外部性的本质是这种新权利与原有产权制度安排产生的冲突所造成。因此，解决外部性的途径是将这新产生的权利加以界定，只要这种新的权利有了明确的主体归属，外部性就被内部化了。

三、产权的起源

有关于产权的起源，不同的学科有不同的解释。比方说从历史角度考察，就有产权的暴力起源论等。法经济学作为一门新兴交叉学科，同样也提出了具有自己学科特点的产权起源理论。并且法经济学有关产权起源的分析，是具有很强的说服力的。要想从法经济学角度理解产权的起源，有必要先熟悉一个法经济学当中有关人类合作的基本理论模型——谈判理论。

（一）谈判理论

通过一个简单的市场交易——旧车买卖的例子来说明谈判理论的主要内容：

生活在小镇上的 A 拥有一辆修缮一新的古董敞篷车。占有和使用这辆车的效用为 3 万元。多年来一直想得到这辆车的 B 有 5 万元，他想从 A 手里购买这辆车。在对这辆车进行评估之后，B 认为他占有和使用这辆车的效用是 4 万元。根据这些事实，交易后这辆车将从效用为 3 万元的 A 那里转移到效用为 4 万元的 B 手中。因为 A 对这辆车的估价低于 B，所以存在谈判的余地。假定交易是自愿的，A 不会接受少于 3 万元的出价，B 也不会支付多于 4 万元的价格，所以成交价格只可能在 3 万元到 4 万元之间。出售价格有可能在 3.5 万元这个折中价格上。

用法经济学的语言复述例子中的事实，可以厘清这宗交易的逻辑。这个例子反映出来的交易结果双方都是获益的。确切地说，双方的交易可以使一种资源从估价较低的主体 A 手中转移到估价较高的主体 B 手中。资源从估价 3 万元的 A 手中转移到估价 4 万元的 B 手中，将创造 1 万元的价值。这种资源经由交易被转移到更有价值的使用者手中而创造出来的价值被称为合作剩余，相应地，A，B 对财产原来的估价被称为 A 与 B 各自的风险值。

当然，每一方获取的合作剩余的份额取决于这辆车的出售价格。如果价格定在 3.5 万元，每一方将会获得交易所创造的价值的一半，即 5000 元。如果价格定在 3.8 万元，合作剩余的价值就不会被平均分配，而是 A 享有 4/5 的剩余，即 8000 元；B 享有 1/5 的剩余，即 2000 元。反之，如果价格定在 3.2 万元，A 将享有 1/5 的剩余，即 2000 元；而 B 享有 4/5 的剩余，即 8000 元。双方通常会基于价格进行谈判协商。比方说，作为卖者 A 会说这辆车非常不错，有收藏价值，进而提出少于 3.5 万元是不会同意的；而作为买者的 B 则会提出 3.5 万元是一个不公平的价格，3.2 万可以接受，等等。这些都是在谈判艺术中使用的方法。尽管协商是可能的，但也不能保证谈判一定成功。如果谈判破裂，双方不能达成合作，那么把资源转移到更高价值的用途上的想法就无法实现，也就不能创造出新价值。因此，能否通过谈判创造新价值的决定因素就在于谈判双方能否就合作剩余的分配达成一致。谈判过程中，价值将按汽车出售的价格在交易双方进行分配。对于汽车的售价有了一致意见标志着谈判成功，而对于汽车的售价意见不一致表明谈判过程失败。

从社会收益的角度来分别分析谈判成功和失败这两种情况，由此得到两者在社会收益层面有什么不同。首先，如果谈判失败，他们将仍旧处于各自的福利水平。A 继续拥有并驾驶这辆车，对于他来说价值 3 万元，B 继续拥有 5 万元，或者他也可以把钱花在除了车以外的其他用途上。因此在谈判失败，即双方不合作的情况下，各方的利益 A 为 3 万元（拥有汽车的价值），以及 B 为 5 万元（拥有的现款）。不合作的社会总价值为 3 万 +5 万 =8 万（元）。

其次，如果谈判成功，双方交易合作的情况。假设双方的成交价格为 3.5 万元。此时，A 获得了 3.5 万元，B 拥有了汽车，这对于他来说价值 4 万元，还有 5 万元中剩余的 1.5 万元。因此，谈判成功双方合作的社会总价值是：4（B 拥有汽车的价值）+1.5（5 万元除掉买车后剩余的货币金额）+3.5=9 万（元）

合作与不合作相比，社会净剩余是 9 万 – 8 万 =1 万元。在这里要注意，在任何自由谈判中，每一方谈判者参与谈判的条件是双方至少要能保有各自的风险值，也就是 A 的 3 万，B 的 4 万元。否则合作就无利可图了。谈判的合作结果出现在每一方获得其原有的风险值再加上一个通过谈判获得的合作剩余，即 A 获得 3500 元，B 获得 5500 元。由此可以得到一个成功谈判过程所包含的三个步骤：建立风险值，决定合作剩余，就合作剩余的分配达成一致。这些步骤将有利于理解产权的起源。

（二）产权的起源：一个思想实验

谈判模型说明了合作是如何创造出使每个人都能受益的合作剩余。同样的逻辑可应用于解释一个理解产权起源的思想实验。假设在一个简单的世界里，有人、有地、有农业工具、有武器，但没有政府、法院，也没有警察，当然也不会存在作为法律制度一部分的产权。在这个假想的世界中，个体或家庭运用自己的能力来抵御他人对自己土地的侵犯。人们必须决定如何在生产和保卫这两种活动中分配自己资源。按照理性人的假设，行为人将遵循这样的原则：保护土地的边际成本与边际收益正好相等。这意味着在边际上用于防御目的的资源所产生的价值等于这些资源用于生产诸如种植庄稼和养殖牲畜之类的生产性目的的价值。或者通俗地说，也就是行为人多花点时间在土地周围巡逻放哨带来的财富增加值，应该等于他们花同样的时间种植庄稼或养殖牲畜会带来的财富增加值。相同的原理也可以应用到对其他事情的理解上，比方说是把生铁打造成刀剑等武器还是铸成锄头等生产工具。

这些事实描述了这样一个世界，在这个世界里种植庄稼和抵御侵害都是理性的。但对社会而言，这是有效率的吗？回想一下有关效率的定义，什么是帕累托效率呢？帕累托效率描述的是这样一种状态，在这种状态中，要使一个人的处境变好，必须以另一个人的处境变坏为代价。什么是帕累托改进呢？一个人的处境变好，没有任何人的处境变坏。将这种思想翻译成生产语言，也就是同样的投入可以生产出更大的产出。在描述的这个假想世界中，有没有帕累托改进的可能呢？换句话说，也就是能否找到一种机制使得用相同的资源而达到更大的产出呢？现实中就存在这样一种机制——作为法律制度的产权制度。为了建立一个在全社会共同遵守的产权制度，人们可以通过谈判，以缴纳税收的方式建立一个以强制力为后盾的第三方来确认、保护大家的产权。而这个第三方由于暴力规模经济的存在，提供保护所需要的成本要小于所有私人各自为战时的成本总和。在产权制度下，人们可以将原先用于防御的部分资源转而用于土地的耕种或养殖牲畜，每个人都能享受更多的财富和安全，从而增加整个社会的总产出。这样，产权制度实现了在人类原有状态下的帕累托改进，提高了资源利用效率。

同样，这样的思想实验同样可以通过谈判理论进行说明。首先，当国家诞生以前，在不存在产权制度的自然状态下，相当于谈判模型中交易双方各执己见时不合作的情况，在这种情况下，每一个人对自己的财产都有一个估价，也就是每一个人都具有自己的风险值。其次，国家诞生、产权制度建立后，相当于谈判理论中交易双方达成合作的情况。合作可以产生合作剩余，在这种情况下，合作剩余就是国家建立实施产权制度带来的社会总产出的增加量，再加上产权制度所带来的总成本与自然状态下人们保护财产所花费的总成本之间的差额。而这个合作剩余又可以称为社会剩余。再次，有关合作剩余的分配，在旧车交易的案例中，合作剩余的分配是在一个双方都同意的价格基础上实现的。而在产权起源的思想实验中，合作剩余的分配是由包括产权制度在内的社会契约来决定的。

为了更清晰、更直观地理解这种比较，假设全世界只有两个人：A 和 B。在自然状态下，每个人都种一些庄稼，同时也从对方那里偷一些粮食并防御自己的粮食被对方偷窃。每一方种植、偷窃及防御的能力是不同的，表 7.1 描述了双方在自然状态下的最终结果。

表 7.1　自然状态

农场主	种植的粮食	偷得的粮食	被偷的粮食	净消费的粮食
A	50	40	−10	80
B	150	10	−40	120
总计	200	50	−50	200

A 和 B 共生产 200 单位的粮食，但是偷窃使得粮食被重新分配。例如，A 从 B 那里偷窃了 40 单位的粮食，同时因 B 的偷窃丢失了 10 单位的粮食。在计算因偷窃产生的得失之后，最终 A 享有 80 单位的粮食，B 享有 120 单位的粮食。为了不再继续在自然状态下生存，A 和 B 决定达成一个合作的协议，界定各自的产权，并建立制止偷窃行为的执行机制。假设合作能使他们将更多的资源用于耕种，而将较少的资源用于防盗，所以总产量从 200 单位增加到 300 单位，这 100 单位构成社会的合作剩余。合作协议的签订，就类似于国家建立后的市民社会。在市民社会中就会存在一个分配合作剩余的机制，如政府的税收和补贴。当合作协议签订后，双方必须通过谈判来决定怎样分配合作剩余。一种合理的分配方法是给每一方相同的份额。所以，在市民社会中，每一方都得到合作剩余的一半，外加在自然状态下各自的净消费量，即双方的风险值。表 7.2 说明了这种情况。

表 7.2　市民社会

农场主	风险值	剩余的分享份额	净消费的粮食
A	80	50	130
B	120	50	170
总计	200	100	300

这个从法经济学角度解释产权起源的"思想实验"对现实世界中发生的产权诞生现象具有很强的解释力。

在现今这个不断变革、不断发展的世界中，产权的新形式不断地产生。譬如，在 20 世纪的美国，关于地下天然气和广播或无线电视信号的产权就得到了确认与发展。此外，过去的几十年间，有关于电脑软件、音乐、视频和互联网等电子信息的产权也得到了迅速的发展。而这些新的产权形式的诞生与刚刚所做的思想实验中的情形是非常相似的。例如，数字音乐像粮食一样可以被人偷窃。如果没有有效的产权制度保护，人们会在音乐盗版和防止盗版上投入非常多的资源。而这种资源的投入只是重新分配音乐作品的使用，并没有发明或制造音乐。因此，从某种意义上说，这就是一种资源浪费。而现在世界各国已纷纷制定了严格的保护数字音乐的法律。这些法律的执行极大地刺激了音乐的生产，提高了社会福利。

社会把产权创造成为一种法律权利来鼓励生产、阻止偷窃，并且减少保护产品被盗的各种成本。接下来，就将讨论财产法是如何通过产权制度来实现上述目的。

第八章　财产法的法经济学理论（二）

一、财产法的经济目标：促进稀缺资源的最优利用

（一）财产法的经济目标

资源利用是一个社会发挥现有资源潜力和创造新资源的主要途径。资源的最优利用并不是自动、顺利实现的。它需要具备一定的前提条件。其中关键是要使资源与其最佳使用者之间实现顺利结合。只有当资源与其最佳的使用者有机结合时，资源才能发挥出最大的效用。比方说，一个工具只有在具有高超使用技术的主体手中才能被充分利用，一个古董只有在鉴赏者手中才能充分体现其应有的价值。并且，资源多数具有多种、不同的使用方式，每一种方式都分别代表着不同的财产使用效率。从小处说，如铅笔的最佳用途是用来写字、画画，用铅笔做筷子夹菜显然不是铅笔的最佳利用。从大处说，不同的企业聚集着不同的财产，但是企业的财产利用效率高低不同，进而有着破产和兼并，使低效率利用的财产从破产和落后企业转移到高效率企业手中。

要成为资源的最佳使用者，需要具备两个基本条件，一是使用者具备资源最佳使用要求的技术。不具备必要的技术，就不知道如何使用资源，更谈不上最佳使用。比方说使用电脑需要知道电脑操作知识和操作技巧，开车需要掌握开车技能；二是资源使用者还要具备最佳使用要求的资本。资源的使用都需要一定的资本为基础，比方说开车首先要能买得起车，然后日常使用还要能够加得起汽油。

财产法不能直接作用于资源使用技术和资本的获得，财产法能发挥作用的地方就在于它可以促进资源和最佳使用者之间的结合，为这个结合创造良好的制度环境。也就是说，财产法假定社会主体都已经分别具备了一定的资源使用技术和资源使用资本，然后构建一种机制来推动资源向使用水平最高者手中流动和集中。由此，可以得到财产法的经济目标：所谓财产法的经济目标就是通过构建合理的财产法律制度以促进稀缺资源的最优利用。具体地说，也就是通过财产法的经济分析，说明财产法应当如何构建法律制度将产权分配给最有效率的使用主体，使产权指向的财产能够得到最佳利用，从而最大化社会福利水平。

（二）资源最佳利用的财产法函数

资源的最优利用是财产法的经济目标，那么哪些因素影响或者决定着资源最优利用的水平？这些因素又是如何影响着资源最优利用的？理清这些因素和其作用机制，然后围绕这些因素构建起有助于资源最优利用的财产法体系，就能够实现资源最优利用的目标。借助于产权经济学以及其他经济学进展的支持，财产法经济分析指出资源的最佳利用至少以以下因素有关：一是产权的具体形态，主要从产权主体的角度来分析不同的产权形态对于资源利用的作用。二是产权的赋予规则，即将产权分配给相关主体的规则。三是当产权确定以后，产权的冲突和保护。很明显，产权的冲突和保护对资源最佳利用具有决定性的影响。

分析上述这些因素对资源最佳利用的影响要注意两个问题：一是这些因素共同影响着资源的使用效率。也就是说资源的使用效率同时受上面这些因素的影响，只要其中一个方面没有构建起最优的制度安排，没有达到资源最佳使用的要求，资源利用的效率就会低下。因此，财产法必须构建一个完整的体系才能充分发挥促进资源最佳利用的作用，仅仅推进其中一个方面，其作用十分有限。二是尽管上述因素共同作用，但其中产权的具体形态起着基础性的核心作用。因为产权形态直接决定了其他各个方面。首先只有在产权的具体形态确定后才谈得上如何将这些产权赋予具体的主体，产权赋予规则才有用武之地；其次产权的冲突和保护也必须以产权确定为前提。更为重要的是，社会接受的产权具体形态种类、它们在社会中的分布状况直接构成了一个社会的经济基础，进而对资源的利用效率起着最关键的作用。综上，从财产法的角度，可以简单地总结出一个资源最佳利用的函数。资源的利用水平 =f（产权形态规则、产权赋予规则、产权冲突规则、产权保护规则）。围绕着这个函数，财产法的经济分析展示了财产法的经济逻辑，展示了经济分析具有将较为零散的财产法整合成为一个系统的能力。

二、产权形态与资源最佳利用

从产权主体的角度来划分不同的产权形态，是最为主要的产权形态刻画方式。产权的具体形态对于财产的利用具有基础性的影响。因此在产权形态选择上，财产法要构建起一个良好的基础，以有利于财产的最优利用。为阐述方便，以土地利用为例来说明不同的产权形态与土地的最优利用之间的关系。假设有一块土地，它的最佳用途是种庄稼，而不是饲养牲畜、挖塘养鱼或者打猎。那么，不同的产权形态对这块土地的最优利用具有什么影响呢？

（一）无产权状态

谈到无产权状态，自然就想到产权起源的思想实验。在这个思想实验中，假设了一个有人、有地，但没有国家、政府，自然也就没有产权制度的世界。通过分析最后得出，通过建立产权制度，与自然状态相比，人类社会福利获得了帕累托改进。那么现在再从资源最优利用的角度来分析在这个思想实验中、在无产权状态下，土地作为一种生产资源，是否获得了最优利用。在无产权的自然状态下，由于没有产权制度的保护，人们在从事生产活动的同时，还要分配一定的资源来抵御他人对自己土地的侵犯，这样就会导致土地没有办法得到充分利用。如在产权起源的思想实验中所说，建立了产权制度后，人们就可以将原先用于防卫的资源转而用于土地的耕种，土地得到了更优利用。因此，在无产权状态下，产生的第一个不利于财产最优利用的结果就是因为财产无法得到充分利用而造成的财产价值的耗散。

其次，在无产权状态下，由于没有产权的保护，人们对土地的权利就没有保障，也就是说人们对土地的占有、使用、收益的权利会随时遭到第三方的侵扰甚至剥夺。由此，人们就会在自己实际占有土地时，采用尽量掠夺土地肥力而不是对土地肥力进行长期投资的做法进行耕种，这就会导致无产权状态下第二个不利于财产最优利用的结果——财产的过度利用与没有未来投资。

最后，刚才假设人们利用土地的主要目的是进行耕种，也就是假设资源的利用主体是农民。但是，在无产权状态下，不仅是农民，具有其他技能的主体也可能会成为土地的实际占有者，比方说猎人等。而土地的其他用途显然不是土地的最佳用途。这就带来了无产权状态下第三个不利于财产最优利用的结果——技术上的非最优利用。

由此，可以总结，无产权状态对资源的最优利用通常会带来如下三个不利的后果：(1)财产价值的耗散；(2)财产的过度利用与没有未来投资；(3)财产技术上的非最优利用。

（二）私人产权状态

私人产权状态实际上对应于思想实验中国家建立、创设产权制度后的状态。人们通过谈判达成社会契约建立了产权制度，从而可以将原先用于防卫他人侵犯自己产权的资源转而用于土地的耕种，这样就克服了无产权状态下资源最优利用的第一个不利后果——财产价值的耗散。其次，由于这块土地的最佳用途是用于耕种，因此产权制度会自动将土体的产权配置给具有种植技能的主体，也就是农民。这样就克服了无产权状态下资源最优利用的第三个不利后果——

财产技术上的非最优利用。最后，由于建立了私人产权制度，主体会自动追求财产所能获得的长远利益。因为对财产利用所产生的所有成本或收益，无论是短期的或是长期的，都将由主体自己承担。这样，就克服了无产权状态下资源最优利用的第二个不利后果——财产的过度利用与没有未来投资。

由此，可以看到，建立国家以后，私人产权制与无产权制度相比较有明显的优势，可以克服无产权状态下资源最优利用的不利后果。但是，私人产权制度在具有优势的同时，也具有它自身的缺点。随着现代经济社会的不断发展，规模经济成为资源利用的一种有效方式，但是规模经济的天然内在要求就是大投入、大产出。以农业种植为例，就是要求大规模土地的连片种植，而这与通常较小的土地私人产权相冲突。这实际上是由于财产利用技术要求而导致的资源非最优利用。

（三）共有产权状态

所谓共有产权是指同一财产的产权由多个主体共同分享的产权。了解了无产权和私人产权的知识后，可以知道共有产权是处于私人产权和无产权状态之间的一种产权状态。因此，共有产权具有以下特点：（1）共有产权主体之外具有排他性。也就是说，非共有产权主体不享有共有财产的产权，都有义务尊重和不干涉共有产权的行使。（2）共有产权主体之间不具有排他性。因为财产的共有，数个产权主体都可以随时主张权利，而不能互相排他。正因为共有产权的这两个特点，无产权状态下资源最优利用的不利后果——财产价值耗散、财产的过度利用与没有未来投资、财产技术上的非最优利用在一定情况下都可能会出现，从而形成学术界有关共有产权的著名论断"公地悲剧"。

什么是公地悲剧呢？1968年英国著名学者哈丁在《科学》杂志上发表了一篇题名为《公地悲剧》的论文。在这篇论文中，他详细研究了作为共有产权代表的公共牧场的资源利用情况。在文章中，他分析道，在公共草地牧羊的牧羊人在决定自己的羊群数量时，每个牧羊人都会从自我利益最大化的角度出发来决定所饲养的羊群数量。在公共草地上，每多养一只羊会有两种效应：一是获得增加一只羊所带来的收入；二是加重草地的负担，并有可能使草地过度利用。由于草地的产权是共有产权状态，在共有产权主体之间不具有排他性。因此，每个牧羊人都会从自身利益最大化角度出发来决定羊群的数量，而不顾由于羊群的增加给草地带来的过度负担。在这样的逻辑指导下，最终所有的共有产权主体也就是所有的牧羊人都会加入增加羊群的行列。最后的结果就是由于羊群的数量不受限制，所以牧场被过度利用，资源状况迅速恶化，公地悲剧由此产生。

在现实生活中，过度砍伐的森林、过度捕捞的公海渔业资源以及污染严重的公共河流和空气，都是"公地悲剧"的典型例子。

因此，为了避免公地悲剧，共有产权的治理就成为关键。为了共同治理共有财产，共有产权主体之间必须就共有财产的最优利用达成一致协议，协调集体行动。那么通过什么方式才能使共有产权主体达成一致协议呢？通常来说，一般有三种方式：（1）自愿达成；（2）长期关系；（3）借助于权威。

首先来看自愿达成。顾名思义，所谓自愿达成是指共有产权主体就共有财产的最优利用自愿达成一致协议。这种方式一般适用在共有产权主体数量较少并且主体之间具有较多共同点的情况。一方面，由于主体数量较少，在谈判达成协议的过程中需要付出的协调成本就小。另一方面，主体之间具有较多共同点就使各方之间更容易沟通，从而最终达成协议的可能性也更大。比方说兴趣相投的朋友之间通常都更容易共同出资购买一些价格较高的物品来分享。

其次是长期关系。所谓长期关系是指共有产权主体围绕共有财产的利用建立了一种长期合作的关系，从而使其中任何一个主体的不当利用行为都会受到来自其他主体的可置信的惩罚，这样所有共有产权主体就有激励就共有财产的最优利用达成一致的协议。回顾博弈论的知识就知道，实际上这里所讲的长期关系就是讲博弈论时的、走出囚徒困境、促使博弈各方合作的无限次重复博弈所描述的情况（每一方在采取策略时，不仅要考虑到当期的收益，还要考虑到下一次或今后更多次博弈的收益。从而促使双方从一开始就采取合作策略）。

最后是借助于权威。所谓借助于权威是指共有产权主体在外部第三方权威的强制和威慑下就共有财产的最优利用达成一致协议的方式。实践生活中，这里所讲的权威通常体现为政府或者是社会组织，尤其是政府。政府是社会当中唯一的暴力合法使用者，在哈丁所讲的公地悲剧中，如果牧羊人无法通过自愿达成或者是长期关系这两种方式达成一致协议。那么政府就可以利用自己手中的强制力要求牧羊人就共有财产的最优利用达成一致协议，否则就会受到负面激励（惩罚）。而实践生活中，也可以发现，在协调集体行动、解决公共资源过度利用的许多场合下，政府通常都扮演着关键的角色。

（四）政府产权状态

所谓政府产权，实际上就是共有产权的一种，也就是财产为全体国民所有，产权的主体为全体国民。同时，全体国民并不实际行使产权，而是由政府作为全体国民的代表来具体行使产权。这种产权形态在社会主义国家是非常普遍的。与一般的共有产权比较，政府产权具有如下两个特点：（1）既然是共有产权，就存在一个治理问题。与一般的共有产权比较，在产权治理方面，政府产权具有一定的优势，也就是说政府可以利用自身的暴力优势对共有产权进行强制治理。这是普通共有产权所不具有的。（2）政府产权对产权的治理以多重委托代理关系为特点。也就是说，在国家层面，政府是全体国民的代理人，全体国民是委托人。在地方层面，地方政府又是中央政府的代理人，中央政府成为了委托人。这样，就会产生所熟知的委托代理的问题——委托人与代理人利益目标相冲突的情况，从而无法达到共有产权治理的初始目的。除了委托人与代理人利益目标相冲突的问题外，建立层层代理机构所需要的高昂的代理成本也是政府产权的一大劣势。

（五）产权形态与资源利用

由以上对各种产权形态的分析，可以得出如下结论：（1）可以看到在不同的产权形态下，资源利用具有不同的效率水平。除去无产权状态不具有任何社会期望的优势外，其他各种产权形态在具有优势的同时也具有劣势。但是这并不代表不同的产权形态之间具有天然的高低好坏之分，因为产权形态只是决定资源是否被最佳利用的一个因素，它必须和资源利用技术、资本水平等因素结合在一起才能最终决定资源的利用效率。（2）私人产权、共有产权、政府产权都为社会所需要，因为它们分别与一定的技术、资本水平相匹配，在一定的环境、条件下实现所指向财产的最优利用。所以，从整个社会角度来看，就有一个私人产权、共有产权、政府产权等的社会最优配置问题。（3）由此，作为法律制度的财产法，一是要分别确认这些产权形态及其基本制度安排。二是要建立动态的产权形态转换机制，以适应资源最佳利用的要求。

由以上分析可以知道，虽然资源的有效利用受到多重因素的影响，但财产法无疑在其中扮演着关键的角色。

三、产权赋予规则与资源最佳利用

（一）产权赋予的基本规则

产权赋予是资源利用的起点。把产权界定给使用效率最高的主体是法经济学关于产权赋予的基本原则，这就是产权赋予的效率原则。只有实现了这个，目标资源的最佳利用才有了客观基础。那么既有的产权赋予规则是否实现了这个目标呢？

目前，财产法有关产权赋予的基本规则主要有四个：

一是先占规则，也就是第一个占有财产的主体拥有该财产的所有权。比方说山上的野果，谁先摘到，就归谁享有；早期打猎，谁先发现猎物、捕获猎物，谁就享有猎物的产权。先占规则具有如下两点优势：（1）通常根据先占规则所确定的产权主体都是非常明确的。谁先占有财产通常都是非常容易确定的。（2）先占规则在一定程度上符合效率原则，也就是说先占者之所以能够先占财产，主要原因就是他对财产评价最高，他才会愿意投入资源来寻找、获取财产。这就符合了法经济学把产权赋予给使用效率最高主体的基本原则。但是先占规则也具有劣势，主要体现在三个方面：（1）可能会引发先占竞争，造成部分为先占行为投入的资源浪费。一方面在先占规则的指引下，主体为了获得财产的产权而展开互相竞争，纷纷投入大量的资源。但先占规则确定的结果却是唯一的，也就是最终只有最先获取财产的主体成为财产的真正所有人，而其他主体的前期投入都将浪费。另一方面，先占规则还可能引发恶意竞争，也就是在先占规则下，人们可能会为了占有财产而获取财产，而不是为了生产目的而获取财产。（2）有些先占并不符合效率原则。比方说像那些偶然发现财宝的人，在此之前他们并不具有先占财产的目的，也没有为搜寻财产投入任何资源。纯粹出于巧合而获得了稀缺的资源。从而，这样的先占就不符合效率原则。因此，世界上一些国家对此种情况就不适用先占规则。（3）先占的标准可能存在争议。什么样的行为才是有效的先占行为？由此，标准的不一致就减弱了先占原则的明确、清晰优势。比方说在打猎时，是先发现猎物者占有，还是先击中猎物者占有，还是先捕获受伤的猎物者占有。这就是一个有争议的问题。

二是附属规则。所谓附属规则，是指产权主体对于与其财产具有紧密联系的其他财产同时拥有产权的规则，如汽车的车主同时拥有汽车钥匙的产权。附属规则的优势在于：首先由于主物的产权是明确的，因此附属物的产权通常也是清晰明确的。其次，正因为主物和附属物之间存在着互补关系，因此将附属物的产权赋予给主物的产权主体就是符合效率原则的，因为此时主物的产权主体正是附属物的最有效率使用者。比方说汽车与汽车钥匙，两者只有结合在一起才能发挥财产的最佳利用。离开任何一方，要么是汽车无法启动，要么是钥匙毫无作用。那么附属规则的不足之处在于：（1）附属规则的适用范围有限，也就是附属规则只适用于财产之间存在附属关系的情形，其他的情形就无法适用。（2）如同先占规则中对先占的标准有争议一样，附属规则中对于什么是附属关系也存在争议。典型的就是地下矿藏与土地之间的关系。比如说某人买了一块地，地下发现了金矿，两者之间是不是附属关系呢？如果是相邻的两块地下发现了流动性财产比如说石油或者天然气，如何适用附属规则呢？此时，对于附属规则中附属关系的成立便存在争议。

三是创造规则。创造规则是四项产权赋予规则中应用最为广泛的一项规则，也是最为基本的一项产权赋予规则。所谓创造规则就是财产的创造者享有财产产权的规则。比方说一个木匠通过自己的劳动制作了各式各样的家具，那么根据创造规则，这批家具的产权就应该由这名木匠享有。一项新的电脑程序面市，那么这项电脑程序的产权也应当由其创造者享有。创造规则的优势与产权具有的功能基本上是一致的：一个就是它具有激励功能，通过赋予创造者以产权，能够激励主体更多地从事创造性活动，从而推动社会财富的增加；二是由于创造能够带来财产利益，那么就会激励主体更多地为未来进行投资，也就是有恒产者有恒心。创造规则的不足之处主要体现在两个方面：一是将产权唯一地赋予给创造者可能会导致垄断，这种情况在无形财产领域尤为明显。比方说在知识产权领域，赋予一项新药的发明专利就可能会造就专利持有人的垄断地位，从而导致垄断高价，损害社会福利。二是如同先占规则一样，也可能会存在创造资源浪费的问题。比方说多个不同的厂商为了一项新发明分别投入资源进行研发，但专利只会授予最早获得成功并申请专利的人。其他厂商的投入就是一种浪费。

四是公平规则。所谓公平规则是指基于公平的考虑通过赋予产权的方式对弱势群体给予特别保护的规则。比方说政府通过转移支付向社会低收入群体提供救济金、向妇女儿童提供一定的补助等。之所以在先占规则、附属规则、创造规则之外还存在一个公平规则，主要的原因就是公平规则具有其独特的价值。首先，通过公平规则对社会弱势群体给予特别的照顾，有助于整个社会的稳定与和谐。稳定是社会发展的前提，世界上从未有过一个国家是在动乱当中取得社会进步的。其次，根据边际效用递减理论，同样的产权在低收入的弱势群体手中就能获得更高的评价，带来更高的效用。而已经具有一定财富的人，同样的产权带给他的效用显然会较低。从这个角度上讲，公平规则下产权的赋予是一种社会福利的提升。但是公平规则的缺陷也是很明显的：公平规则的最大缺陷就是公平更多的时候体现为一种道德标准。而道德标准的一大特点就是比较模糊的，什么是公平？60岁以上的老人乘车免费公平吗？60岁以上的百万富翁和刚踏入社会一无所有的青年哪个更需要公平规则的特别保护呢？所以说，公平规则的最大缺陷就是其标准比较模糊，缺乏清晰的可操作性。

综合以上四种产权的赋予规则，可以知道，每一种规则都自有其优势，也有其劣势。在社会实践中，究竟采用哪种规则，要具体情况具体分析，而分析所依据的标准就是要看哪种规则能够最终使财产配置给使用效率最高的主体，那么就选择这种产权赋予规则。

（二）产权赋予的多头利益均衡规则

刚刚讲的产权赋予的四个原则被称为产权赋予的基本原则或者传统原则。在此基础之上，众多的法经济学者通过翔实的实证研究，提出了对现实社会生活中产权赋予现象有强大解释力的多头利益均衡规则或者称为产权的稳定自我实施原则。所谓产权赋予的多头利益均衡原则是指，在现实生活中产权赋予现象实际上是一个多主体参与的博弈过程，这个博弈过程具有四个构成要件：（1）稀缺性。也就是意欲建立产权的资源要有一定稀缺性，这样获取财产才有意义。（2）产权要求者要主动寻求权利。类似于诉讼法中的不告不理原则，否则也不会赋予产权。（3）产权确认者有动力确认权利。如果没有国家正式的产权确认，产权就无法得到保障。最后一个要件就是产权主体之外的其他主体，也就是相对于产权主体来说，产权的责任承担者必须承认产权主体的权利。由此，产权赋予的多头利益均衡原则认为只有当产权要求者、产权确认者以及产权的责任承担者三者之间在产权赋予的博弈过程中每一个主体所获的收益大于成本，此时这个博弈才会达到均衡。此时的均衡就是一个多头均衡状态。而均衡的结果就是赋予的产权会稳定、顺利地自我实施。

社会选择确定一项产权，其根本目的就是要求该产权被正式确定后能够顺利地自我实施，进而使该项权利所指向的财产能够被最优利用。如果相关主体在博弈过程中无法达到多头均衡状态，那么所赋予的产权就无法稳定实施。比方说，首先从产权要求者角度分析，如果产权要求者行使产权的成本大于其收益的话，那么作为理性人，他就根本不会行使这样的产权，从而使赋予的产权沦为空权利。其次，从产权确认者的角度分析，当产权的确认行为带来的成本大于收益时，迫于压力，他也不敢去确认该项权利。最后，从产权的责任承担者的角度分析，如果责任承担者认为该产权的赋予将导致他收益小于成本，他就会不断地对该项产权进行"挑战"，结果是为了实施该项产权，社会要付出大量的原本可以避免的资源来解决因产权而产生的纠纷，从而造成社会资源的浪费。

由此，产权赋予要遵循产权稳定自我实施的原则。也就是指与产权赋予相关的每一个主体从自身利益出发都要有内在动力自觉实施该项产权。而这个内在动力就来源于每一个主体自身的收益成本分析。当一项产权需要被赋予时，现实中可能有多种选择方案，那么哪一种方案能够最大化地产生产权稳定自我实施结果，就选择这种方案作为产权赋予的最终方案。

实际上法律确定的先占原则、附属原则和创造原则都隐含着产权稳定自我实施的意义。不论是先占、附属还是创造，其基本目的和欲求都是确保产权界定后能够被社会顺利承认和自我实施。先占、附属和创造作为构建"合法性"的内核，目的也是利用已经存在的社会共识来为产权如此界定和实施奠定基础，减少产权实施过程中的"障碍"。因此产权稳定自我实施原则与上述原则不仅不冲突，而且兼容互补。波斯纳的效率评价原则包含着产权获得者必须具备最高的使用效率以使产权行使收益最大化地超出行使成本的含义，也与产权稳定自我实施原则具有一致性。

（三）产权的确立和核证

当产权通过产权的赋予规则赋予给产权主体后，为了促使产权赋予的稳定与明确，还要建立相应的产权确立和核证制度来保障交易安全、促进资源的最优利用。假设某人一直以来有一个梦想，就是有朝一日能够当一个农场主，退休后在自己的农场里享受着悠闲的田园生活。某一天他积攒了足够的金钱，然后决定实现自己的这个梦想。在乡下发现了一片喜爱的土地，并且与住在那里的农民进行了接触。在讨论了土地的面积大小、肥力和水源等情况后，这个农民提出了一个很有吸引力的价格出售这片土地。最终，双方顺利地达成了交易，农民收了钱，该人也搬进了农场。两天后，当他还沉浸在实现自己梦想的喜悦中时，一个人敲开了房门，宣称自己是农场产权所有人，到这里来就是为了驱逐那个曾经居住在这里的可恶的租客！因此在确立了产权的赋予规则后，还要建立相应的产权确立和核证制度来保障交易安全、从而促进资源的最优利用。

产权确立和核证制度的根本目的是降低交易成本、保障交易安全。现代社会中发明了许多种方法来确立和核证产权。比方说大型的养殖厂会给自己所养的牛打上烙印。汽车生产厂家在生产汽车时，为了能够使消费者区别自己所买的汽车，会在汽车的大梁和发动机上冲压唯一的序列号。在古代，人们同样发明了许多产权的确立和核证的方法。比方说在中世纪的英格兰就曾经盛行一种很有趣的产权核证方法。由于当时技术条件还非常有限，长时间保存产权记录的方式还非常缺乏。实践中，在财产交易的时候，买卖双方的成年人就会痛打一名交易现场见证了整个交易过程的小孩，使这个小孩在他有生之年都会记住这一天，从而形成一个长期的产权交易的真实记录。

刚刚所说的这些方法都是从私人角度确立和核证产权的方法。在现代社会中，除了这些私人方法以外，政府也创设了产权的确立和核证方法，一些重要财产的登记制度。比方说，有关于土地、房产、汽车等财产，政府都确立了强制的财产产权登记制度。也就是说，这些财产如果没有经过政府登记，其产权是得不到法律的确认与保障的。从而，通过产权登记制度，进一步保障了重要财产的交易安全与资源的有效利用。

但是，在这里要注意一个问题。那就是虽然说产权的登记制度可以保障财产的交易安全与资源的有效利用。但是，现实生活中并不是每一项财产都需要通过登记来确立与核证它的产权。比方说消费者去菜市场买菜，就很少会质疑或者压根儿就没想过路边的菜贩子对他所销售的蔬菜是否拥有产权，又或者消费者去书店买书，通常也不会考虑书店所售卖的书是不是偷来的。为什么不为这些财产也建立如同房产、汽车一样的产权登记制度呢？原因就在于产权登记作为一项法律制度，它本身的创立、运行与实施是需要付出成本的。为这些财产规定产权登记制度，会影响这些财产的交易，阻碍财产的有效流转。由此，在产权的确认与核证的过程中，在是否建立正式的产权登记制度的问题上，社会就面临着一种权衡：一方面，建立产权登记制度，用来正式确认和核证产权，会减少未经登记的产权带来的不确定性、保障交易的安全。另一方面，产权登记制度具有很高的成本，对于一些价值较小的财产，进行产权登记的成本将会超过通过产权登记、降低交易风险，而所能获得收益。因此，在决定是否建立产权登记制度时，财产法必须在不确定的产权可能导致的交易风险与建立产权登记制度的成本之间进行权衡，最终确定是否为该项财产建立正式的产权登记制度。实践中的结果就是对于一些经济价值比较高的财产，比方说房产和汽车都建立了正式的产权登记制度，而对于那些经济价值比较小的财产，从成本收益的角度分析，就没有必要建立产权登记制度了，因为这不符合效率的原则。至此，从法经济学的角度就很好地解释了为什么现有的法律制度中只为重要财产建立登记制度的原因了。

四、产权冲突与资源最佳利用

（一）外部性：产权使用行为之间的冲突

产权的冲突是与产权的使用相伴而生，没有产权的使用，就不会有产权的冲突。所谓产权的使用，是指产权主体为了获得财产的经济利益而利用财产的行为。产权具有行为性，所谓产权的行为性是指产权的边界，也就是产权为主体划定了行为的范围，在这个范围内可以做什么，不可以做什么。如果主体的行为超过了这个边界，那么就会与他人的产权发生冲突，就会给他人带来成本或者收益。由外部性概念可知，这正是外部性的概念所描述的情况。传统理论认为外部性的产生是边际个人收益或者成本与边际社会收益或者成本不一致造成的。而从产权的角度衡量，外部性是由于相邻的两个产权互相冲突而造成的。由此，可将产权的冲突问题转化为外部性的解决问题。

（二）解决外部性问题的方式

在讲述科斯定理的时候，对于如何解决外部性问题，已经进行了详细的分析。对于如何解决外部性，科斯指出存在着多种选择方案：（1）市场自由谈判。科斯定理表明，如果交易成本为零或者足够低，权利的初始分配与资源的有效配置无关。也就是无论当事人哪一方享有产权，他们之间都可以自行通过谈判解决外部性问题，而无需政府干涉。由此，市场谈判成为解决外部性问题的一种有效方式。但是，我们知道，科斯谈判并不是始终有效，它的成立需要一个前提条件，那就是市场的交易成本要足够低，以至于不会阻碍私人谈判的顺利达成。但是，我们知道，现实世界中，许多情况下交易成本是非常高的。这也就限制了市场自由谈判方式的适用性。但这并不妨碍市场自由谈判作为解决外部性问题的一种有效方式。（2）传统的庇古方法，政府征税、管制等方式。也就是政府通过税收的方式，根据负外部性的大小，向负外部性的制造者征税。从而迫使他将自己制造的外部性内部化。而庇古税这种方式要发挥作用，也有一个前提，就是政府必须事先要能够预测负外部性的大小，从而确定应该征收的庇古税的税额。对于污染厂商来说，就是要事先能够预测污染所造成的损害的大小。但是由于信息不对称问题的存在，显然这是非常困难的。而管制这种方式也面临着同样的问题，如果不具有充分的信息，政府的管制措施也是很难发挥其应有作用的。（3）受到外部性影响的各方合并。如果发生产权冲突的各方合并，也能解决外部性问题。比方说在牧场主和农场主的例子中，如果有一种法律制度能够促使两人合并，也就不会存在两者因为牛吃庄稼而造成的产权冲突了。因为此时外部性内部化了。（4）长期关系。长期关系类似于无限次重复博弈，由于长期关系的存在，产权冲突的各方都有激励通过订立长期契约而消除外部性。

那么在这些相互竞争的制度方案中，应该如何选择呢？科斯认为，哪一种解决外部性的制度具有最小的交易成本，就应选择哪种制度。在这里需要再次强调的是，在现实世界中，没有哪种制度在任何时间、任何地点都是永远最优的制度。这些相互竞争的制度都有各自的优势与缺点，它们之间既是竞争也是互补的关系。针对不同的外部性，共同构成了一个克服外部性的制度体系。

五、产权保护与资源最佳利用

（一）产权保护规则

1. 主要方式

产权保护是确保资源利用的收益为产权主体享有的基本保障。缺乏产权保护的财产法体系，难以发挥促进资源最优利用的作用。财产法对于产权的保护主要有以下两种方式，一是赔偿，二是禁令。所谓赔偿是指由法院判决被告支付一定的金钱，用以弥补对原告产权的侵犯造成的损失。一般的标准是"足以使原告恢复原状"。禁令是指由法院颁布的一个限制被告行动的法令，即命令被告做什么或不做什么的法院命令。在这里，可以发现，赔偿是"向后看"的，这意味着它是给已经发生的损失提供补偿。而禁令是"向前看"的，这意味着它是阻止将来有可能发生的损害。

在法律实践中，赔偿一般是合同法和侵权法的救济方法，因此，赔偿也经常被称为"责任规则"；而禁令一般是财产法的救济方法，因此，禁令通常也被称为"产权规则"。举例来说，农场主因为在打猎时无意射中了一头牛而支付牧场主赔偿金，这时候适用的就是责任规则。但是如果牛损毁了农场主的庄稼，那么法院就可能一方面判定牧场主必须为过去所造成的损害支付赔偿金，同时颁布禁令要求牧场主在未来限制牛的侵害行为，这时法院所判定的赔偿金就是适用了责任规则，颁布禁令要求牧场主限制牛的侵害行为就是适用了产权规则。也就是说，此时它将责任规则与产权规则两者结合起来运用了。

为了更好地理解产权保护的这两个主要规则，还可以从权利的角度对他们进行解读。也就是说，如果想要获得产权规则下保护的权利，就只能通过市场交易的方式来获取它，因此就把这些权利称为"市场交易的权利"。而如果想要获得责任规则下保护的权利，就可以通过事后赔偿的方式来获取这项权利，而不用事先获得权利主体的同意。因此，又把这些权利称为"法庭定价交易的权利"。这两个形象的概念，对于理解产权规则和赔偿规则的适用范围将提供有益的帮助。

2. 适用范围

产权规则所对应的禁令，字面上理解似乎是一种绝对禁止。比方说，如果法院颁布禁令禁止牧场主的牛今后损毁农场主的庄稼，是不是就意味着牧场主就永远不能让自己的牛跑到农场中去呢？实际上并非如此，禁令并没有禁止牧场主的牛永远不得侵犯农场主的财产，只是表明在没有经过农场主同意时不得侵害农场主财产。牧场主可以通过谈判向农场主支付一定的金钱换得农场主的同意，农场主的同意就意味着其自愿不执行法庭的禁令。从这个意义上理解，禁令所保护的产权就相当于对产权的一个清晰界定，由于产权界定清晰，相对应的交易成本就比较低，因此双方就可以通过谈判来交易产权。由此，可以得到结论，在交易成本较低的情形下，对于产权的保护，应该采取产权规则。也就是说，此时的权利是"市场交易的权利"。

那么责任规则在何种情形下适用呢？责任规则对应的是产权保护的赔偿方式，可以考察赔偿所经常适用的情形，从而总结出它的适用范围。比方说交通事故，经常适用的是赔偿的方式，一辆机动车冲到路边的商店里造成了损害，就应该对它所造成的损害进行赔偿。那么在这样的情形下，能不能适用产权规则，采用禁令的方式呢？如果是禁令的方式，就要求事故的双方在事故发生前进行谈判来交易产权。很明显，这是不现实的。在此种情形下，交易成本高昂到谈判根本不可能发生，机动车驾驶人不可能事先预料到他会撞向哪家商店，商店老板也不可能知道他的商店什么时间有哪一辆车会撞进来。由此，可以得到结论，在交易成本较高阻碍谈判顺利达成的情形下，对于产权的保护，应该采取责任规则。也就是说，此时的权利是"法庭定价交易的权利"。

到这里，就清楚地说明了两种产权保护规则不同的适用范围。接下来要解决的问题就是对于这两种不同的产权保护规则，哪种更有效率呢？

（二）效率救济

资源的最优利用需要在产生收益之前进行投资，从投资到产生收益有一个过程。如果产权保护规则无法保障产权主体在资源产生收益时获取收益，那么产权主体就不会对资源利用进行最优投资，甚至不进行投资，资源最优利用就无从谈起。所以，产权保护的核心目的就是保障资源利用的投资收益为相应的产权主体所获得。最为理想的境界是实现侵权和非侵权之间的无差异。换句话说，也就是哪种产权保护规则能够以最小的成本获得最优的侵权预防或者最大的社会福利，哪种规则就更有效率。下面就以经典的污染作为例子，按照这个标准对产权规则和责任规则进行比较。

假设一家工厂在生产过程中会产生一定的粉尘污染，污染所造成的损害是0.4万元。为了消除这种污染，有两种方式可以选择。一种方式是工厂自己在烟囱上安装一个消尘器，这样做的成本是0.6万元；另一种方式是居住在工厂周围的居民可以自己安装防尘网来消除污染，这样做的成本是0.3万元。同时，假设，如果不安装消尘器，工厂的利润是2万元，不安装防尘网，居民的福利水平是1万元。

表8.1分析了在不同的产权保护规则下，双方的福利水平以及社会总的福利水平。

表8.1 产权保护规则效率比较

	产权规则			责任规则	
	停产	交易成本	交易成本	交易成本	交易成本
工厂收益	-2	1.7	1.4	1.7	0.16
居民收益	1	1	1	1	1
社会总收	-1	2.7	2.4	2.7	2.6

来具体分析一下：首先是产权规则，由于居民享有法庭颁布的不受污染的禁令，因此，一种情况是工厂遵守禁令不制造污染，在禁令的威慑下，它就不能生产。由此而造成的损失就是2万元。但是刚刚讲了，禁令的本质含义并不是为了禁止工厂不能污染，而是表明在没有经过居民同意的情况下不得制造污染。由此，如果交易成本足够低，工厂可以通过谈判向居民支付一定的金钱换得居民的同意，居民的同意就意味着其自愿不执行法庭的禁令。因此，除了停止生产这种选择外，工厂还可以与居民进行谈判，购买居民的同意。此种情形下工厂有两种选择：要么补偿居民因污染遭受的损失，即0.4万元；要么花钱为居民安装防尘网，而这样做的成本是0.3万元。两种方法使居民在污染和不污染之间效用无差别。工厂会选择哪一种方案？从成本最小化的角度衡量，显然是0.3万元的安装防尘网。此时工厂的收益是2-0.3=1.7万元，居民的收益是1万元，因为污染和不污染无差别。社会总福利是1.7+1=2.7万元。

刚刚这种情况，假设的是交易成本足够低，工厂和居民之间可以谈判达成协议。如果交易成本足够高，以至于阻碍工厂和居民之间达成协议呢？在这种情况下，工厂要生产就只有一种选择，那就是自行安装消尘器，这样做的成本是0.6万元，此时，工厂的收益是2-0.6=1.4万元，居民的收益不变是1万元，社会总福利是1.4+1=2.4万元。

这是在产权规则下工厂、居民以及社会总福利的情况。下面再来看责任规则是什么情况。在责任规则下，工厂要生产无需取得居民的同意，但是如果事后居民向法院起诉的话，那么工厂就必须进行赔偿。此时，工厂同样面临着两种选择，一就是赔偿居民因污染造成的损害，0.4万元；二是自己安装消尘器，成本0.6万元。按照成本最小化的原则，工厂宁愿赔偿。此时工厂的收益是

2-0.4=1.6万元，居民的收益是1万元，社会总福利是1.6+1=2.6万元。责任规则下，工厂要生产是不是就只有赔偿一种方式呢？显然不是，责任规则下，虽然工厂可以不必事先征得居民的同意进行生产，但是如果此时交易成本足够低，以至于双方通过谈判能够获取更小的成本的话，工厂就会更愿意采取谈判的方式，而不是由法院主持下的赔偿方式。那么如果此时交易成本足够低，双方能够谈判成功的话会出现什么结果呢？很明显，交易成本足够低的责任规则下的情形与交易成本足够低的禁令规则下的情形是一样的。工厂有两种选择：要么补偿居民因污染遭受的损失，即0.4万元；要么花钱为居民安装防尘网，成本是0.3万元。两种方法都可以使居民在污染和不污染之间效用无差别。很明显，工厂会选择为居民安装防尘网，成本为0.3万元。此时工厂的收益是2-0.3=1.7万元，居民的收益是1万元。社会总福利是1.7+1=2.7万元。

由此，可以得到如下的三个结论：（1）如果交易成本足够低，产权规则和责任规则都是有效率的规则。两者在效率方面无差异，都实现了资源的最优利用，并且社会福利最大化，为2.7万元。这从另一个方面再次证明了科斯定理的有效性，如果交易成本为零或者足够低，法律与资源的有效配置无关。同时，在此基础上还可以得到一个引申的结论，那就是（2）当交易成本为零或者足够低时，虽然产权规则和责任规则在效率方面无差异，并且都实现了资源的最优利用，社会福利也达到了最大化。但从成本最小化的角度考虑，在现实生活中，应该优先适用产权规则，而不是责任规则。主要原因就是责任规则下赔偿的实现需要法院的介入，与产权规则的禁令相比，责任规则具有更高的管理成本。（3）当交易成本较高时，产权规则和责任规则都不是社会所期望的最有效规则，但是责任规则的效率要高于产权规则。因此，在交易成本较高的情形下，应当选择责任规则作为产权的保护方式。

（三）产权保护的特殊情况

产权保护的终极目的是资源的最优利用，产权保护的责任规则和产权规则通常能够为现实占有财产的主体提供充分的产权保护。但是，在一些特殊情况下，如果财产脱离了主体的控制或者原主体无法对财产进行最优利用。那又应该如何处理呢？这里分别考察两种情况。

1. 产权链条的断裂——反向占有

举个例子，一个农民在自家房子后面的森林里发现了一块荒芜的土地，长满了杂草，看上去是一块无人耕种的土地。于是这个农民就开始对这块土地进行整修，并种上了庄稼。在随后的 20 年里，这个农民一直在这块土地上劳作，收获着自己的劳动果实而没有人干涉。突然有一天，一个绅士跑过来对这个农民说，这块地是我的，你应该退还给我。那么，此时，土地的产权应该归谁呢？

如果根据反向占有原则，农民将获得土地的产权。什么是反向占有呢？所谓反向占有就是指当占有者对财产的占有不利于原产权所有人的利益，而原产权所有人在法定的期限内并没有提出异议时，那么，当这个法定期限届满时，占有者就可以获得财产产权的制度。反向占有的经济优势就是它消除了产权的不确定性，通过将没有得到有效利用的财产从利用能力低的主体手中转移到利用能力高的主体手中，从而促进财产的最优利用。反向占有原则的确立阻止了有价值的资源被长期闲置。在这样的规则下，忽视自己财产利用的人就要承担丢失闲置财产产权的风险。这也正如一句法律谚语所说："如果你睡在自己的权利上，那么当你醒过来时，你就可能失去了权利。"

2. 窃贼能准许获得被盗财产的产权吗？

假设一天某人在校园里散步，一个骑着山地车的人经过，骑车人表示因为急需现金，因此愿把山地车以远低于市场的价格出卖，于是两人一拍即合。然而第二天当此人骑着山地车上路时，却被警察拦下，说这车是偷的。此时购买者能主张拥有这辆车的产权吗？对于这个问题，在不同的司法规则下有不同的回答。根据美国的规则，转让者通常只能转让自己的合法财产。因此，一个没有产权的人就不能将产权转让给购买者。在这个例子中，小偷不拥有自行车的产权，所以他不能将自行车的产权转让给你。根据美国的规则，你必须将自行车返还给原所有人。所以美国规则通常也被称为原主人规则。

而欧洲大多数国家则实行的是一种不同的、叫做善意取得的规则。当买方以"善意"购买获得财产时，他可以取得被偷财产的产权。因此如果根据欧洲的善意取得规则，你将可以获得自行车的产权。两种不同的规则在分配被盗财产风险方面具有完全相反的价值取向。美国的原主人规则将风险分配给购买者，欧洲的善意取得规则将风险分配给原产权所有人。由此，美国的原主人规则给买方激励去核实卖方是不是真正的产权所有人。而欧洲的善意取得规则给原产权所有人激励去保护自己的财产不被偷盗。从资源最优利用的角度看，两种规则中必定有一条更有效率。遗憾的是，现有的研究还没有能够证明哪一种规则更为有效。

然而，西班牙的实践可能提供了很好的经验借鉴。在西班牙，当小偷是从居民那里偷窃财物并卖给商店的时候，通常应用"美国的原主人规则"。换句话说，西班牙的商店不能够从小偷那里得到财产的产权。此时，采用原主人规则的理由就是，如果允许商店从小偷那里购买赃物而获得产权，会使赃物更易销售，而鼓励偷窃。而当小偷从商店那里偷得财物，并且将财物出售给另一个商店或居民的时候，通常应用"欧洲的善意取得规则"，也就说作为买方的商店或居民能够从小偷那里得到财产的产权。此时的理由在于，善意取得可以增加财产在市场中的流通和向消费者转移的便利性。

第九章 合同法的法经济学理论

在财产法的经济分析时已经讲了,法经济学部门法经济分析的基本逻辑与最大特点就是首先分析、说明该部门法具有什么样的经济目标。然后,围绕着这个经济目标,对部门法的相关法律制度分别进行分析,从而判断这些法律制度是否符合这个经济目标。在此基础上,最终提出应该如何选择和改进现有的法律制度。那么,在对合同法进行经济分析的时候,同样遵循这一基本逻辑。

一、合同法的经济目标:最大化交换效率

如前所述,财产法的经济目标是稀缺资源的最优利用。而评价稀缺资源是否得到最优利用的标准就是资源是否由最有效率的使用者所掌握。因此,财产法通过产权形态、产权赋予、产权冲突、产权保护四个方面说明了财产法是如何促进资源与最有效率的使用者相结合的。但是,财产法的资源配置功能在很多情况下,具有静态的特点。也就是说财产法重点关注的是资源配置的初始状态是不是有效率的。比方说产权的赋予规则——先占、附属、创造、公平等就重点关注产权的初始赋予是否给了最有效率的主体、是否符合效率原则。而现实世界中,社会是不断发展的,资源的利用技术也是不断进步的。因此,面对不断变化的客观环境,就不仅需要资源利用的静态最优,同时,还需要资源利用的动态最优。如何实现资源利用的动态最优呢?

在论述产权诞生的思想实验时,分析了谈判理论。谈判理论说明,自愿交易是实现资源利用动态最优的有效途径。通过交易,稀缺资源从利用效率低的主体手中向利用效率高的主体手中动态的流转。而合同,就是财产自愿交易的外在体现和法律体现。合同法通过构建自愿交易的法律制度,达到最大化交换效率的经济目标。

二、交换效率最大化的实现条件

合同法的经济目标是最大化交换效率,而在法经济学当中,自愿交易是以

谈判理论作为理论基础的。而谈判理论认为一个成功的谈判至少应包含如下三个步骤：（1）建立风险值；（2）决定合作剩余；（3）就合作剩余的分配达成一致。因此，可以用同样的三个步骤来说明实现交换效率最大化的条件。首先，交易双方对要交易的对象要有各自的估价，也就是要确立各自的风险值。其次，买方确立的风险值要大于卖方的风险值，也就是说要存在合作剩余。存在合作剩余，双方才愿意参与到交易中来。最后，双方就合作剩余的分配要能达成一致。这里所说的达成一致是指有关合作剩余的分配是双方自愿达成的，不以平均分配为必要条件。这种双方自愿的分配状态也被称为合作剩余的效率分配。当一个交易满足了以上三个条件以后，就具备了实现交换效率最大化的可能，但是如果满足了这三个条件，是不是就一定会实现交换效率最大化了呢？学习过科斯定理后我们知道，还有一个因素是影响通过交易实现资源有效配置的重要因素，那就是法经济学当中的一个核心概念，交易成本。科斯定理告诉我们，只有当交易成本为零或者足够低时，买卖双方才能通过谈判顺利达成交易。

综合以上因素，可以得到这样的结论，作为以最大化交换效率为经济目标的合同法，就应该发挥至少两个功能：（1）通过完善法律制度，实现交易成本的最小化；（2）通过完善法律制度，实现合作剩余的效率分配。其中，实现交易成本的最小化是第一目标，实现合作剩余的效率分配是第二目标。

合同法如何发挥这些功能呢？法经济学合同法理论认为，通过构建法律制度模拟完全竞争市场的制度条件就可以实现合同法的功能。为什么这么说呢？古典自由主义认为完全竞争的市场是一只看不见的手，在价格这个指挥棒的指引下，整个社会的资源通过交易会自动地达到效率配置。但是，完全竞争市场这只看不见的手要发挥作用，需要一些严格的前提条件，比方说完全理性、竞争充分、信息充分、市场结果只影响买者和卖者等。如果这些前提条件不满足，就会产生垄断、外部性、信息不充分等问题，从而导致市场失灵。市场一旦失灵，通过自愿的市场交易就无法达到资源的最优配置，更遑论交换效率的最大化了。因此，通过构建尽量模拟完全竞争市场的合同法律制度，为市场交易营造完全竞争的制度环境，就能实现合同法交易成本最小化、合作剩余效率分配的功能。

由此，可以按照完全竞争市场的一些标准来衡量合同法律制度。首先，完全竞争市场要求市场主体是理性的行为人，能够理解自己行为的后果，并按照理性最大化的原则进行决策。这样的要求反映到合同法当中，就要求合同主体同样也应该是理性的，那些不理解自己的行为、不能对自己行为后果负责的主体，比方说精神病患者、未成年人就不能成为合同的适格主体。其次，完全竞争市场要求市场主体的选择是自愿的，是主体真实的意思表示。而不是出于胁迫、强制等其他因素而做出的违背自己意愿的非真实意思表示。这样的要求反映到合同法当中,那就是因为胁迫、强制等其他因素而订立的合同,就有可能导致合同的无效或者被撤销。再次,完全竞争市场要求市场交易时,市场主体应该具有充分的信息。因此,如果合同订立过程中,当事人一方有欺骗或者故意误导等行为,就会对合同的有效性产生影响。最后,完全竞争市场要求市场结果只影响买者和卖者,如果市场交易对第三方造成成本或收益,就会产生外部性,导致个人收益或成本与社会收益或成本不一致,从而导致资源配置的无效率。因此,将这一要求反映到合同法中,也就是合同法只调整合同当事人,而不调整合同以外的主体。当合同具有外部性时,合同就有可能被宣布为无效或者被撤销。

由此,就从总体上说明了合同法可以通过尽量模拟完全竞争市场的制度条件,通过发挥交易成本最小化、合作剩余效率分配的功能,最终实现最大化交换效率的目标。接下来就从合同成立法律制度、合同信息、合同的履行、救济等几个方面来分别说明合同法是如何通过模拟完全竞争市场的制度条件,来实现最大化交换效率的目标的。

三、合同成立法律制度与交换效率最大化

(一)合同成立的经济标准

对于合同成立的概念,传统合同法理论认为一方发出要约,另一方做出承诺,两者意思表示一致,合同成立。但传统合同法理论对合同成立的标准更多的是注重形式上的要求,而忽视了合同成立的实质要求。法经济学有关合同成立的标准主要关注的是合同成立的实质要求。那么法经济学有关合同成立的标准是什么呢?这个标准肯定是服务于合同法的经济目标的。由合同法的经济目标可知,按照完全竞争市场的条件确立合同的成立标准就是法经济学合同成立的标准。

对于如何模拟完全竞争市场的制度条件,可以从实现交换效率最大化的角度来进行分析。要实现交换效率的最大化,如前所述市场交易至少要符合四个条件:(1)建立风险值;(2)存在合作剩余;(3)效率分配合作剩余;(4)交易成本足够低。这四个条件反映到合同成立的法律制度上,也就是要求:首先,在合同订立前,合同法要促使合同当事人之间进行最优化信息交换,使当事人之间通过充分的信息交流,确立各自的风险值,发现合作剩余,为订立合同创造空间。这就形成了合同法中的信息披露制度。其次,效率分配合作剩余。这

里所说的效率分配合作剩余是指当事人就合作剩余的分配是基于自己的真实意思表示而达成的一致。各方获得的份额可多可少，不以平分为必要。这就形成了如果合同不是基于当事人真实的意思表示，就会导致合同不成立的法律制度。再次，降低交易成本。合同法要构建法律制度尽量的降低交易成本以促使合同成立。也就是说，合同法要通过自身的作用，促使市场交易各方从不合作转为合作。

假设一个投资的案例，甲是一家风险投资公司，乙是一个创业者。甲非常有钱，想投一些非常有发展潜力的项目，而乙刚好就有这样的项目，但是苦于没有资金。假设甲看中了乙这个项目，决定投资1个亿给乙，拿到这1个亿后，乙如果是一个诚实善良的创业者，那么通过他艰苦勤奋的努力，可以使这1个亿增值变成2个亿。按照投资合同，甲乙双方将分享这1个亿的收益，一人5000万，同时甲的这1个亿的本金也将归还给甲。双方皆大欢喜，合作成功。将所描述的这种情况，通过博弈矩阵的方式表示出来，得到图9.1。

	合作		侵吞	
甲 投资	0.5	0.5	−1	1
甲 不投资	0	0	0	0

图9.1 没有合同制度约束的代理博弈

图9.1表明，如果甲投资，乙选择合作，双方将分享因投资带来的1个亿的利润，双方各得5000万。如果甲不投资，也就意味着不合作，没有签订投资合同，那么双方都没有收益。显然这不是社会所期望的结果。那么，是不是这5000万的投资回报就一定会促使甲决定投资呢？图9.1的第二列表明，当甲选择投资的时候，乙除了选择合作、老实创业以外，他还有一个什么选择？他还可以选择侵吞这1个亿。那么此时，双方的报酬就分别是甲损失1亿投资，乙不劳而获1亿收益。设想一下，如果此时甲预计到乙会在合作的5000万利润与侵吞的1个亿收益间选择侵吞的话，甲会怎么做？自然会选择不投资。由此，在自然状态下，合作将不会发生。但是，合同法的引入可以改变这一状态，从而促使双方由不合作转为合作。假设此时引入合同法，规定当乙选择侵吞时，他不仅不能获得这非法侵占的1亿资金，并且还要向投资人甲赔偿5000万。这会出现什么情况呢？将合同法引入后，双方所获报酬的变化表示在图9.2当中。

	乙 合作		侵吞	
甲 投资	0.5	0.5	0.5	−0.5
不投资	0	0	0	0

图 9.2　引入合同制度后的代理博弈

图 9.2 表明，当引入合同法后，合作与侵吞两个策略中乙将选择合作，从而社会所期望的双方合作的情况将出现。这说明了合同法可以通过降低交易成本的方式，促进合同的成立。

（二）合同的无效和调整

法经济学视野下的合同成立标准是按照完全竞争市场的条件所要求的标准。因此，凡是不符合完全竞争市场条件的情形，就有可能导致合同的无效或者调整。总体来说，实践当中，主要有以下几种情形：（1）主体无资格；（2）不真实的意思表示；（3）外部性。这里，重点关注不真实的意思表示和外部性这两种情形。

1. 不真实的意思表示

按照完全竞争市场条件，不真实的意思表示违反了主体选择自愿的要求，因此将导致合同的无效或调整。不真实的意思表示又可以分为欺诈和误述、强迫和威胁、因为自身原因陷入困境三种情形。这里主要分析强迫和威胁、因为自身原因陷入困境这两种情形。

（1）强迫和威胁。

所谓强迫和威胁是指合同当事人一方利用损害对方的人身或财产权利作为要挟，迫使对方与自己订立合同的行为。它与正常的市场交易的区别之处就在于，被胁迫方订立合同并非出于自己自愿。这就与完全竞争市场条件的要求不相符合。实践中的典型案例就是黑社会所谓的保护费合同，通过威胁损害商家的人身或财产权利，达到订立非法合同的目的。很显然，基于这样的一种威胁订立的合同是无效的。但是，在实践当中，除了这种威胁外，还存在着另外一种威胁。比方说，消费者去商店买东西，通常都会砍价，在砍价的过程中也存在着价格的威胁。那么在这种威胁下所订立的合同是不是也是无效合同呢？此时订立的合同不仅不是无效的合同，并且这样的威胁还会促进合同的订立。一方面，砍价的威胁与保护费的威胁两者最大的区别是砍价威胁下的合同可以创造合作剩余，是一种帕累托改进。而保护费威胁下的合同不会创造合作剩余，只是一种简单的财富转移。而促进合作剩余的产生，正是合同法实现交换效率最大化经济目标的条件之一。因此，砍价威胁下所订立的合同应该是合法有效的。另一方面，砍价本身也是一种积极的信息交换，而这种双方你来我往的信息交换，恰恰有利于当事人确定各自的风险值，从而促进合同的订立。这也是砍价威胁与保护费威胁的重要区别。

实践当中导致合同无效的强迫和威胁一般都是以损害对方当下的人身或财产权利作为要挟，但有的时候，强迫方也会以对方未来可以合理期待的利益作为威胁，强迫对方订立合同。例如曾经发生在美国的阿拉斯加捕鱼案。阿拉斯加是靠近北极圈、远离美国本土的一个州，一艘渔船在从美国本土出发前，渔船老板就与船员通过谈判签订了工资合同。通过长时间的航行，到达阿拉斯加渔场后，船员们突然提出涨工资否则不捕鱼的要求。于是，渔船老板在无可选择的情况下，同意了工人们的要求。那么在此种情况下所签订的工资合同是不是有效合同啊？很显然，此种情况下所签订的合同应是无效合同。根本的原因就在于船员以渔船老板合理期待的捕鱼利益作为威胁，强迫对方订立了合同，从而违反了完全竞争市场条件下交易应基于主体真实意思表示的要求。实践中，渔船返航后，当渔船老板拒绝支付上涨的工资，船员向法院起诉时，法院最终的判决也选择支持了渔船老板一方。

（2）因为自身原因陷入困境。

实践当中，有时候合同的订立不是因为对方的强迫和威胁，而是因为自身的原因使自己处于合同谈判弱势的一方，对方利用拥有的优势地位，获得了全部或大部分的合作剩余。那么，此种情形下处于弱势一方的当事人能否以合同订立不是基于自己真实的意思表示为由主张合同无效呢？假设一个人到沙漠中旅游，欣赏美好的大漠风光的同时，车子突然因为没油而抛锚。此时有人路过，愿意以远高于市场的价格卖油。怎么办呢？很明显，对方是利用了你所遭遇的特殊困境。那么，如果为了摆脱困境，此人暂时答应了对方看似无理的要求。事后是否可以以该买卖合同不是其真实意思表示为由主张这个合同无效呢？对于这个问题，法经济学合同法理论区别三种情况给出了不同的答案：

首先，偶然救助的情况。如果这个救助者是偶然经过的路人，那么法经济学理论支持此种情况下所签订的合同无效。法经济学对于合同成立标准是模拟完全竞争市场的条件。为什么要模拟完全竞争市场呢？因为完全竞争市场可以自动实现资源的有效配置，使社会福利最大化。换句话说，也就是法经济学重点是从整个社会的角度来考查法律制度的。因此，从社会整体的角度来看，因为自身的原因意外陷入困境的风险总是难以避免的,那么法律制度所能做的就是如何给予各方主体以适当的激励来预防这个风险。在偶然救助的情况,如果合同法支持此种情况下所签订的合同有效。那么,就会导致社会中的每一个可能会面临此种风险的主体采取过度预防的措施,从整个社会的角度来衡量,这就是一种社会资源的浪费。因此,在偶然救助的情况法经济学理论支持此时的合同是无效的。

其次,有意救助的情况。什么叫有意救助呢?假设有这样一个人,他住在沙漠附近,知道沙漠里经常会出现因为没油而车子抛锚的情况,所以他每天就载着一桶油,开着自己的车在沙漠里溜达,目的就是为了救助那些粗心忘了加满油的人。那么在这种情况下,法经济学理论认为此时所签订的汽油销售合同是有效的,但可以适当调整。为什么呢?因为在这种情况下,合同法支持合同有效,一方面可以补贴有意救助者所付出的较高成本,从而鼓励更多人来救助陷入困境的人。另一方面,通过判定合同有效,让被救助者支付高于市场价的一定金额来购买汽油,可以提高其预防水平,防范未来的风险。从而有利于社会整体预防。因此,在有意救助的情况,法经济学理论认为合同是有效的。

最后,专门救助的情况。如果此时路过的救助者不是一般普通的路人。而是当地政府为了救助在沙漠中陷入困境的旅游者而专门成立的救助队。那么法经济学理论认为此时的救助就应当是免费的。因为此时的救助从整个社会角度看,是一种公共产品。而公共产品的应有之义就是每一个纳税人在陷入困境时,都有权利要求政府提供救助服务,而无需另行付费,政府也有提供公共产品实行救助的义务。同样的情况,消防就是一个很好的例子。因此,在专门救助的情况下,法经济学理论认为此时的救助就应当是免费的。

2. 合同的外部性

合同法法经济学理论认为,合同法应该尽量模拟完全竞争的市场条件。因此,如同完全竞争要求市场结果只影响买者和卖者一样。合同法也只调整合同当事人,而不调整合同以外的主体。当合同产生外部性影响到合同以外的主体时,合同就有可能被宣布为无效或者被撤销。比方说国家合同法规定损害国家利益、社会公共利益、违反法律等强制性规定的合同都是无效的,原因就是基于这些合同所造成的外部成本大于合同所产生的合作剩余。如果合同造成了一定的外部成本,但是外部成本小于合同所产生的合作剩余呢?那么,从社会整体角度衡量,此时的合同就不能被宣布为无效了。但是合同各方要将这个外部成本内部化。

四、合同信息与交换效率最大化

信息是合同成立、履行的基础。信息不对称会产生逆向选择和道德风险等问题，从而导致市场失灵。合同法为了实现最大化交换效率，在模拟完全竞争市场条件时，存在一个如何最优化信息分配的问题。也就是说，由于信息本身就是一种稀缺资源，具有特殊的经济属性，那么在交易成本最小化和保护信息所有人合法权利之间如何取得最佳平衡，就是合同法必须面对的问题。

（一）信息不对称下的信息分配效率状态

合同法的经济目标是最大化交换效率，为了实现这个经济目标，合同法就应该促进信息在合同当事人间的效率分配。那么什么样的信息分配才是效率分配呢？法经济学理论告诉，促使资源向能够最优利用它的主体流转的信息分配就是效率分配。财产法法经济学理论表明资源的有效配置状态就是能够最优利用资源的主体拥有资源。而最优利用资源的主体往往也是对资源评价最高的主体。这种对资源的评价与最优利用实际上都是以主体掌握了资源利用信息为基础的。因此，能够促使资源向最优利用它的主体流转的信息效率分配状态，就是资源的利用者同时也是资源利用信息的拥有者。一方面，如果主体拥有资源而不掌握资源利用信息，那么资源在他手中就无法得到充分利用。另一方面，如果主体掌握资源利用信息但不拥有资源，那么他也没有可能对资源进行最佳利用。只有当资源的利用者同时拥有了资源和资源利用信息时，资源的最优利用才能最终实现。因此，信息的效率分配就对合同法提出了两方面要求：第一，合同法应当激励资源拥有者最大化获取资源如何最优使用的信息；第二，合同法应当最小化将资源和信息统一到一个主体的交易成本。按照这样的要求，法经济学合同法理论区别不同类型的信息，对信息的分配提出了自己的强有力的观点。

（二）不同信息类型的效率分配

1. 生产性信息

所谓生产性信息就是信息的拥有者能够利用这些信息创造出更多的社会财富。比方说各种专利和发明、药品的配方等。对于这些生产性信息，在资源进行交易时，合同法就应当允许信息所有者不予披露。这一方面因为如果法律强制披露生产性信息，会使不拥有信息一方免费获得信息，从而不用付出成本获得资源的更优利用方式。这样就会导致整个社会对生产性信息的投资不足，造成其产量过低，从而不利于资源的最优利用。另一方面，合同法规定不披露生产性信息，就将迫使资源拥有者通过各种途径与方式自己发现资源最优利用的信息，从而为更好地利用资源获取利益创造可能。因为如果其他主体获得了这项信息，那么其他主体就可以通过交易获得资源，从而为自己创利。相应的，资源拥有者就将失去获利的机会。因此，法经济学理论认为，对于生产性信息，在交易中，合同法应当允许信息所有者不予披露。

2. 分配性信息

所谓分配性信息是指在交易中，这种类型的信息只会导致财富由一方向另一方转移。分配性信息不会创造社会新财富，只会改变现有的财富分配状态。因此，对于基于分配性信息成立的合同，法经济学理论认为应当不予支持。在1812年号称美国第二次独立革命战争的英美战争期间，就曾发生过一个著名的案例。当时，英国封锁了美国南部的新奥尔良港，导致像烟草一类的出口商品价格暴跌。一个名叫奥肯的烟草商，出于一个偶然的机会获得了一份战争马上就要结束的机密情报。所以，他立刻打电话给一家烟草公司，提出要购买大量的烟草。而烟草公司并不知道即将停战的消息，所以他们以一个很低的价格签订了合同。第二天，新奥尔良发布公告战争结束，烟草的价格开始飞涨。烟草公司拒绝履行合同。奥肯将烟草公司告上法庭。而法庭最终的判决结果是，合同无效。为什么这样的合同会被宣布无效？奥肯之所以会签订这样一份烟草购买合同，并不是因为他发现了烟草这种资源的更新用途，而是基于一个偶然获得的信息：战争即将结束，烟草价格马上会上涨。因此，这样的一个信息就是一个典型的分配性信息，它不会通过合同的订立促进社会财富的增加。而只会造成简单的财富分配。因此，一方面法院宣告合同无效，不会损害社会现有财富，因为从社会整体角度来说，财富掌握在哪一个主体手中是没有区别的。另一方面如果法院支持合同成立，那么，就会激励社会为获取分配性信息而进行投资。而在分配性信息而不是生产性信息上的投资对于整个社会来说是一种资源浪费。并且，如果法院支持合同成立，就会促使其他主体比方说案例中的烟草公司为了防止自己的财富被获取分配性信息的一方攫取，而不得不增加投入以保护自己现有的财富。这种保护性投入的目的是用来阻止财富再分配，而不是为了发展社会生产。因此，这种保护性的投入又间接造成了社会资源的再浪费。由此，法经济学理论认为，合同法不应该为获取分配性信息创造激励，反而是应该阻止对获取分配性信息进行投入。这就很好地解释了为什么奥肯的烟草购买合同会被宣布无效。同时，也很好地解释了为什么法律会惩罚那些提前泄露城市规划信息的官员。因为这种分配性信息的泄露不会促进社会生产，只会鼓励那些房产商通过向官员行贿等手段提前获取这些内幕的分配性信息而获利。

五、合同的履行、救济与交换效率最大化

合同法的经济目标是最大化交换效率。通过自愿交易，使稀缺资源从利用效率低的主体手中向利用效率高的主体手中动态的流转，从而实现资源的有效配置。合同法这一经济目标的实现，是以合同顺利履行作为前提条件的。但是在现实生活中，合同经常会因为各种原因而没办法顺利履行，或者换句话说，履行合同所带来的社会收益比所付出的社会成本要小。那么，在这种情况下，从效率角度衡量，合同想要追求的效率交换结果就无法实现。这个时候，违约不履行合同或者说解除合同就成为社会的效率选择。

有关合同效率违约的理论是法经济学对合同法的主要贡献。针对合同的效率违约，法经济学发展出了一个效率违约模型，并以此为基础分析了各种违约救济方式对履约与违约决策的影响。正是因为在合同签订之后的各种情况变化可能使合同无法实现将资源配置到最佳使用者的手中，交换可能不再具有效率，所以合同法才需要构建一个机制来对签订后的合同是否履行进行区别，也就是说效率违约模型是一个筛选机制：继续履行依然能够实现资源效率交换目标的合同将得到履约支持，而继续履行将不能实现效率交换目标的合同将得到违约支持，从而保障社会实践中履行的合同都是社会所期望的那些有助于把资源配置给最佳使用者的合同。

（一）效率违约与最优信任

1. 效率违约

所谓效率违约是指当履行合同的社会成本超过履行合同产生的社会收益时当事人的违约选择。通俗地说，就是当违约带来的社会收益超过履约产生的社会收益时，当事人此时的违约行为就称为效率违约。为了更好地理解这个概念，这里通过一个例子来说明。甲是一个饭店老板，乙是一个装修公司。为了能够吸引更多的顾客，甲决定委托乙来对饭店进行装修。在这里，用 V 代表装修合

同对甲的价值，也就是装修完成后饭店给甲带来的价值，C 代表乙装修饭店所需花费的成本，P 是甲支付给乙的装修报酬，D 是在乙违约时需要向甲进行的赔偿，R 是甲的信任投资，什么是信任投资呢？所谓信任投资就是指为了提高合同履行的价值，当事人在合同未履行完毕前，提前进行的投资。比方说，甲为了庆祝自己饭店装修完成、开张第一天时可能带来的更多客源，提前采购了许多的食材，以备不时之需。这笔投资就被称为信任投资。

将以上的条件写入到表 9.1 中。

表 9.1 合同履约与违约的收益表

状态	甲方的收益	乙方的收益	社会收益
履约	V–P–R	P–C	V–R–C
违约	D–R	–D	–R

表 9.1 表明，在合同顺利履行的情况下，甲方的收益为 $V–P–R$，乙方的收益为 $P–C$，两者的联合收益也就是社会收益为 $V–R–C$。在违约的情形下，甲方的收益为 $D–R$，乙方的收益为 $–D$，此时的社会收益为 $D–R–D=–R$。那么什么是效率违约呢？根据效率违约，当违约带来的社会收益大于履约产生的社会收益的概念，此种情况下，效率违约将发生在违约的社会收益 $–R$> 履约产生的社会收益 $V–R–C$ 时，即式（1）$–R>V–R–C$，将这个条件进行整理可以得到，效率违约的条件为式（2）：$C>V$，式（2）表明当乙履约的成本大于合同对甲的价值时，乙的违约行为即为效率违约。

2. 预期违约赔偿与效率违约

效率违约的概念表明效率违约的衡量标准是从社会的角度衡量的。强调的是履约时和违约时各自社会收益的比较。社会是由单个的个体组成的，社会的效率决策离不开个体效率决策的支撑，那么，如何使个体的违约决策符合社会期望的效率违约抉择呢？在前述餐馆的例子中，对于乙方来说，当他在违约时所获得的收益 $–D$ 大于他在履约时所获的收益 $P–C$ 时，作为一个理性人，他就会选择违约。也就是式（3）$C>P+D$ 所表达的条件，式（3）表明，对乙方来说，当他履约时的成本要大于他所获得的报酬与给甲的赔偿金之和时，他就会选择违约。

如何使乙的这个违约条件与社会所期望的效率违约条件相一致呢？已知社会所期望的效率违约条件是 $C>V$，而乙的违约条件是 $C>P+D$。两个不等式的左边是相等的，由此，要想使乙的违约条件与社会所期望的效率违约条件相一致，只需使两个不等式的右边相等就可以了。由此，可以得到式（4）$V=P+D$，从赔偿角度来理解，也就是式（5）$D=V-P$。分析式（5）可以发现，此时合同的违约赔偿 D 恰好等于装修合同对甲的价值减去甲支付给乙的装修报酬，这两者之间的差是什么？由合作剩余的概念可知，这两者之间的差代表的就是甲方从合同当中所能获得的合作剩余。由此，要想使乙的违约条件与社会所期望的效率违约条件相一致，只需让合同的违约赔偿等于甲所获得的合作剩余即可。换句话说，也就是此时的违约赔偿，使甲方的收益，无论乙方是选择履约还是违约，都是无差异的。也把符合这样条件的违约赔偿称为预期违约赔偿。由此，可以得到结论一：预期违约赔偿给予了合同当事人进行效率违约的恰当激励。

预期违约赔偿具有激励合同当事人进行效率违约的功能。那么，合同法当中其他的赔偿制度是否也具有同样的功能呢？

（1）信任违约赔偿。

所谓信任违约赔偿是指乙方只赔偿甲方为合同履行进行的信任投资，也就是 $D=R$。信任赔偿的目的是使甲方的状态恢复到合同没有签订前的状态。那么，在信任赔偿制度下，乙方的违约决策能否符合效率违约标准吗？乙方的违约决策是基于式（3）$C>P+D$ 所表达的条件，将 $D=R$ 带入式（3）当中，得到式（6）$C>P+R$，也就是说当满足式（6）条件时，乙方将选择违约。而已知乙方效率违约的条件，是什么？$C>V$。由此，只需比较 V 与 $P+R$ 的大小，就可以知道信任违约赔偿制度的激励功能。由于 $V-P-R$ 是 >0 的，由此可以得到式（7）$C>V>P+R$。式（7）表明，在信任违约赔偿制度下，与效率违约标准比较，乙方将有更多的违约激励，从而导致过度违约。

（2）零赔偿。

除了预期违约赔偿、信任违约赔偿外，合同法当中还有另一种赔偿方式，零赔偿。所谓零赔偿是指当乙方违约时，无须进行任何赔偿。在此种情形下，乙方的违约条件就是当合同签订后，只要履约成本 $C>$ 合同报酬 P，他就会选择违约。为了比较这几种不同的赔偿制度的效率激励功能，可以将他们各自的违约条件综合在一块儿得到式（8）$C>V>P+R>P$，其中，$C>V$ 是预期违约赔偿；它可以达到效率违约的状态，$V>P+R$ 是信任违约赔偿，它导致过度违约；$P+R>P$ 描述的是零赔偿制度，很明显，此时的过度违约水平更高，偏离效率违约状态更远。由此，可以得到如下结论，以违约激励程度为标准，零赔偿大于信任违约赔偿，信任违约赔偿大于预期违约赔偿。其中只有预期违约赔偿实现了效率违约。

3. 最优信任投资约束下的预期违约赔偿

预期违约赔偿可以给乙方效率违约的激励，因此，在预期违约赔偿制度下，乙方的违约行为达到了效率标准。但是，合同是调整双方当事人权利义务的法律制度，因此，不仅要求乙方的违约行为应当达到效率标准，并且相对应的甲方的信任投资行为也应当达到效率标准。否则，甲方的信任投资要么浪费，要么投资不足。那么，在预期违约赔偿制度下，甲方的信任投资行为能够达到效率标准吗？为了回答这个问题，首先来确定什么是甲方的最优信任投资水平。

（1）信任投资的最优水平。

信任投资的目的是为了提高合同履行的价值。因此，所谓信任投资的最优水平，就是指能够使合同履行价值最大化的水平。由于合同的履行会面临确定和不确定两种情况，因此，信任投资的最优水平也相应地分为两种情况：

第一，合同履行确定的情况。当合同的履行确定时，甲方的最优信任投资水平就是最大化其合同履行价值的投资水平，也就是说，在这个投资水平下，合同价值 $V(R)$ 与信任投资 R 之间的差达到最大值，即式（9）$\text{Max}(V(R)-R)$。图9.3表示了这个最优信任投资水平。

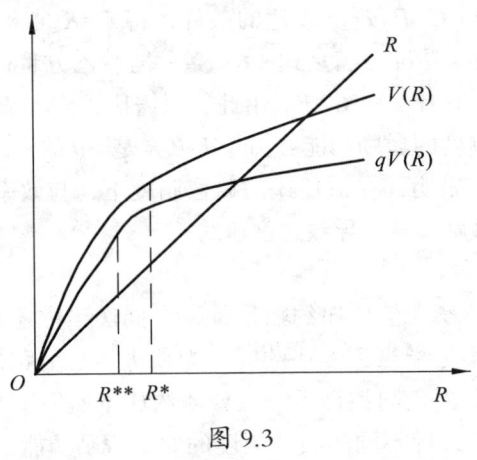

图 9.3

图9.3中横轴代表信任投资，纵轴代表金额。R 线是信任投资曲线，向上倾斜，$V(R)$ 是合同价值曲线。那么最优信任投资发生在哪一点？很明显，在 $V(R)$ 曲线与 R 曲线两者距离最大的这一点。也就是 R^* 这一点。在这一点，合同履行价值达到最大化。

第二，合同履行不确定的情况。当合同履行不确定时，就可能会出现两种结果，一种是合同最终得到履行，另一种就是合同没有履行，发生了效率违约。假设合同得到履行的情形是合同履行成本较低的情形，记为 Cl，这种情况发生

的概率是 q；合同发生效率违约的情形是合同履行成本较高的情形，记为 Ch，相应的这种情况发生的概率就是 $1-q$；由此，可以得到当合同履行不确定时，甲方信任投资的最优水平。合同履行不确定时甲方信任投资的最优水平就是最大化履约和违约时各自社会收益的和。把概率分别代入，可以得到式（10）$q(V(R)-R-Cl)+(1-q)(-R)$。整理后可得式（11）$q(V(R)-Cl)-R$，那么能够使这个社会收益最大化的投资水平，就是合同履行不确定时，甲方信任投资的最优水平。假设这一水平为 R^{**}，用 R^{**} 最大化式（11），由于 qCl 是常数，因此，R^{**} 最大化的实际就是 $qV(R)-R$。反映在图 8.4 中，也就是能够使 $qV(R)$ 曲线与 R 曲线两者距离最大的这一点，这一点就是 R^{**}。由 R^{**} 点所在的位置，可以发现，合同履行不确定时的最优信任投资水平要小于合同履行确定时的最优信任投资水平。

（2）甲方的信任投资选择。

在预期违约赔偿制度下，甲方的信任投资是有效率的吗？如果没有效率，那应该如何调整呢？在预期违约赔偿制度下，当乙方违约时，甲方将获得 $D=V(R)-R$ 的赔偿，这个赔偿使甲方的收益，无论乙方是选择履约还是违约，都是无差异的。那么，这也就意味着，此时无论甲事前进行多少信任投资，如果乙违约的话，甲都将获得赔偿。那么在这样的条件下，甲还会进行信任投资吗？显然不会。他将不会有最优信任投资的激励，而只有过度投资的激励。当甲的信任投资水平偏离社会最优水平时，乙的违约决策也会相应地偏离最优水平。由此可以得到结论，在预期违约赔偿制度下，甲方的信任投资是不符合效率标准的。

如果预期违约赔偿不能使甲方的信任投资达到效率状态，那应该如何调整呢？英美法系中确立的哈德利规则回答了这个问题。哈德利规则来源于 1854 年英国理财法院在哈德利诉巴克森德尔一案中的判决。原告哈德利是一个磨坊主，一天他磨坊中使用的蒸汽机的轮轴发生了故障，需要送到另一个城市的修理厂去修，由于没有了蒸汽机，磨坊只能停工。因此，为了减少损失，他委托一家运输公司在指定的时间里尽快将轮轴运走。而运输公司也同意了他的要求。但是，运输公司在实际的运输中却出现了疏忽，并没有及时将轮轴运走。这使得哈德利等了好几天后才收到新的轮轴。由此，哈德利将运输公司告上法庭，要求被告赔偿磨坊因停工造成的损失，共计为 300 多英镑，但法院最终没有采纳哈德利的主张，认为此时的赔偿应当是合同签订时双方当事人可以合理预见的水平。而磨坊的停业显然是运输公司在签订合同时，无法合理预见的。因此对于磨坊停业造成的损失，运输公司不应承担赔偿责任。最终法院判决运输公司赔偿 25

英镑。

由哈德利规则可以发现，哈德利规则实际上对合同履行时甲方的信任投资水平进行了限定。即原有的赔偿 $D=V(R)-R$，变为了式（12）$D=V(R^{**})-R$。式（12）说明了哈德利规则将甲的信任投资水平限定在其最优信任投资水平上。为什么呢？简单证明：在预期违约赔偿下，甲在进行信任投资时，他会进行合理的预期，也就是乙将以概率 q 履约，以概率 $1-q$ 违约。将这两个概率分别带入表8.2中甲的收益，可以得到试（13）$qV(R)-R-P+(1-q)V(R^{**})$ 最大化式（13），可以得到实际最大化的就是 $qV(R)-R$。这是个什么条件？这实际上就是合同履行不确定时甲的最优信任投资水平。因此，R^{**} 也就是此时的最优解。由此，可以得到结论二：基于最优信任投资水平的预期违约赔偿，不仅实现了效率违约，而且实现了最优信任投资。结论二说明了经过哈德利规则调整后的预期违约赔偿制度，为合同当事人双方都提供了行为最优的激励，不仅激励了甲方的最优信任投资，而且还激励了乙方的效率违约。此时的预期违约赔偿制度使合同双方的行为都达到了效率标准。

从另外一个角度看，哈德利规则还具有激励信息显示的功能。在哈德利规则下，因为合同当事人双方在签订合同时无法合理预见的损失将得不到赔偿。这就要求当事人如果想要自己的损失在对方违约时获得赔偿，就必须在合同签订时将相关信息进行披露，从而激励信息显示。比方说，在哈德利磨坊案例中，如果哈德利想要自己磨坊的停工损失获得运输公司的赔偿，那么在订立运输合同时，就应该将轮轴运输拖延将导致磨坊停工的信息告知对方，从而获得对方的赔偿。

（二）特定履约

合同救济除了赔偿方式外，还存在着两种重要的方式：特定履约和违约金。那么与赔偿方式比较，这两种方式能够实现合同的效率违约吗？它们各自有什么优缺点呢？首先来分析特定履约。

1. 特定履约与违约赔偿的比较

所谓特定履约，合同法当中又称为特定履行、实际履行等。它的本质含义是指要求合同违约方实际完成合同所约定的特定义务。通过一个例子对特定履约与违约赔偿各自的优势与不足进行比较。假设一个房屋买卖合同，卖方甲对房屋的评价及风险值是20万元，买方乙对房屋的风险值是25万元，由此，两者之间存在5万元的合作剩余。交易存在可能。通过谈判，双方最终决定以23

万元的价格成交,那么甲将获得合作剩余3万元,乙获得合作剩余2万元。但是在签订房屋买卖合同后,在合同履行时,新来了一个丙,他对房子的风险值是30万元。因此它愿意支付任何低于30万元的价格购买这个房子。当他得知甲乙已经就房子签订了23万元的销售合同时。他向甲提出了26万元的出价。很明显,将房子这个稀缺资源配置给评价最高的丙,是合同法追求的效率目标。那么,特定履约与违约赔偿这两种不同的制度安排,哪种能够实现这个效率目标呢?将两种不同的制度安排带给甲乙丙三人各自的合作剩余记录在表9.2中。

表9.2 合同履约与违约的收益表

	对房屋的评价	特定履约下的合作剩余分布	预期违约赔偿下的合作剩余分布
甲	20	3	4
乙	25	3	3
丙	30	4	4
		10	10

表9.2表明,在特定履约制度下,甲不能直接将房屋卖给丙,而是应该先将房子卖给乙,然后再由乙将房子卖给丙。这样他们各自获得的合作剩余为3、3、4,共计10万元。在违约赔偿制度下,甲可以将房子直接卖给丙,但是他要承担对乙的预期违约赔偿2万元。然后再将房子卖给丙。这样他们各自获得的合作剩余为4、2、4,同样共计10万元。

由此,可以得到结论一:特定履约与违约赔偿都可以实现合同法的效率目标,将资源配置到能够最优利用它的主体手中。结论二:在效率目标实现的前提下,两种制度带来的财富分配是不相同的。具体地说,在特定履约制度下,财富分配倾向于乙,即合同相对方。违约赔偿制度下,财富分配倾向于甲,即原财产所有人。

2. 特定履约的优势

特定履约如同违约赔偿一样可以实现合同法的效率目标,达到效率违约的结果。除此之外,与违约赔偿比较,特定履约还具有独特的优势。

(1) 保护当事人主观价值。

1962年发生在美国俄克拉荷马州的著名的匹威豪斯诉加兰德煤矿公司案就充分说明了这一点。匹威豪斯是一个农场主,他将他农场将近一半的土地租给了加兰德煤矿公司来开采煤矿。在租赁合同中,双方约定,合同结束时煤矿公司要将开挖的土地填平后才能归还。然而5年租赁结束后,煤矿公司拒绝履行自己的义务。理由就是平整土地带来的市场价值只有300美元，而付出的成本是29000美元。最后，法院判决被告煤矿公司胜诉。赔付原告匹威豪斯300美元而不用平整土地。法院的判决符合效率违约原则吗？效率违约的条件是$D=V-P$。这里的V是合同守约方的主观价值。只有违约赔偿等于合同守约方的主观价值减去合同报酬，也就是合作剩余时，预期违约赔偿才能够实现效率违约。而这里的300美元履约价值是市场价值而不是匹威豪斯的主观价值。所以，此时法院的判决并不是效率违约。那如何实现效率违约呢？在这个案例中，就应该首先确定匹威豪斯的主观价值，然后再据此确定违约赔偿金额。但主观价值如何确定呢？主观价值通常只为当事人自己知晓，外人是很难判断的。此时特定履约就可以解决这个难题。只需要求违约方按照合同签订时所规定的义务履行合同，就可以保护合同相对方的主观价值，而且这也同时实现了效率违约的目标。

（2）特定履约能够在效率的基础上实现公平。

在房屋买卖的例子中，特定履约与违约赔偿都可以实现效率违约，但两种制度的财富分配结果是不相同的。特定履约制度下，财富分配倾向于合同相对方乙，这就保证了乙与甲的合同先在权利，维护了交易安全与交易秩序。同时，与预期违约赔偿比较，财富分配也更为公平。因此，特定履约能够在效率的基础上实现公平。

（三）违约金

所谓违约金，是指合同当事人在合同中约定的，当合同违约时，违约方向守约方支付的赔偿金。在司法实践中，法院在处理合同违约案件时，一般都会首先检查合同签订时当事人双方是否已经约定了违约金条款。如果有约定，就会优先适用违约金条款。如果没有约定，才会采用特定履约、预期违约赔偿等其他违约救济方式。已经知道，特定履约与预期违约赔偿都可以实现效率违约。并且与预期违约赔偿比较，特定履约还具有保护当事人主观价值与实现公平分配的优势。那么违约金具有什么优势？

1. 违约金的优势

首先，违约金制度具有具体确定最优信任投资水平的功能。已经知道，预期违约赔偿制度只有在经过哈德利规则调整后，才能同时实现违约方的效率违约与守约方的最优信任投资，使合同双方的行为都达到效率标准。也就是说，哈德利规则通过使守约方任何超过最优信任投资水平的投资得不到赔偿，来激励守约方进行最优信任投资。但是，当事人在实践中是如何确定具体的最优信任投资水平呢？违约金制度就具有这样的功能。一方面，在合同签订时，违约金的确定即是合同当事人根据合同履行的价值来确定的。为了确定违约金的具体数额，合同当事人会进行充分的信息交流，从而根据获得的信息来决定自己具体的信任投资水平。另一方面，当违约发生时，违约金实际上也成为了守约方能够获得的最高赔偿，因为按照违约金的定义，守约方任何超过违约金金额的信任投资都不会得到赔偿。因此，如同哈德利规则一样，违约金制度也具有激励当事人进行最优信任投资的功能。并且，由于违约金的大小是事前清晰可知的，因此，与哈德利规则不同，违约金能够更具体地说明信任投资的最优水平，也就是要么低于违约金数额，要么等于违约金数额。

其次，违约金制度能够充分体现当事人的信息优势。哈德利规则是在违约事实已经发生后，由法院来根据事前的信任投资是否可以合理预见为标准，来判定当事人的信任投资水平是否为最优的规则。这就会带来两个弊端，一个是由于判断的主体是合同之外的第三方法院，因此就存在着一个信息不对称的问题，也就是说合同当中的许多信息，往往只是合同当事人知晓而无法向第三方证明的。获取这些信息就存在难度。第二就是哈德利规则是应用在违约事实已经发生后，这就需要耗费本可以避免的社会救济成本。而相对来说，违约金制度就不存在这些弊端。因为违约金是当事人在合同签订时就已经约定好的，因此，双方对此信息都非常了解。这就充分体现了当事人的信息优势。因此，违约金制度是比哈德利规则更有优势的制度安排，实践中，应当优先适用违约金制度。

2. 惩罚性违约金的适用与不适用

违约金制度具有很多的优势，因此，是不是可以这样认为，在签订合同时，双方约定的违约金越高越好呢？也就是说，为了更好地发挥违约金制度的优势，合同双方能不能规定惩罚性违约金呢？在司法实践当中，世界各国的合同法制度一般都不适用惩罚性违约金。比方说《中华人民共和国合同法》第一百一十四条就有相关的规定："当约定的违约金过分高于造成的损失的，当事人可以请求人民法院或者仲裁机构予以适当减少。"传统法学理论之所以不支持惩罚性违约金，主要原因就是传统理论认为合同法是调整平等当事人之间权利义务关系的法律，如果允许当事人一方可以通过过高的违约金惩罚相对方，那么两者之间就不再是平等的关系了。但是，法经济学理论却认为，在两种情况下，适用惩罚性违约金是符合效率目标的。

（1）履行保险。

所谓履行保险就是当合同的履行对于当事人具有特殊主观价值时，当事人支付高于普通市场价格以激励对方履行合同，当违约发生时，违约方需向守约方支付双方约定的高额赔偿金的情况。通过一个例子来说明此时惩罚性违约金的合理性。比方说一帮球迷雇佣租车公司大巴车去观看比赛，为了能够准时赶到比赛场地，球迷们支付了高于市场价格的租车费用，但同时与租车公司约定了惩罚性违约金。此时的惩罚性违约金就是符合效率标准的。为什么呢？如果大巴公司违约将带给球迷们无法弥补的损失，为了避免这个损失，一方面球迷支付高于市场价格的价格来租车，另一方面大巴公司如果违约就要支付高于一般赔偿水平的惩罚性违约金。而这个惩罚性违约金不仅反映了球迷们对包车合同履行的主观价值，更重要的是为了激励大巴公司更好地履约，比方说提前检查车况、提前规划路线以避免堵车等。因此，这时的惩罚性违约金实际上成为了合同履行的保险额外条款。当违约情况出现时，这样的惩罚性违约金就应当执行。

（2）显示履行能力。

所谓显示履行能力是指当当事人的合同履行能力受到合同相对方质疑时，为了成功地签订合同，该当事人主动承诺违约时将支付惩罚性违约金的情况。比方说一家新进入市场的公司，为了获得市场份额，公司主动提出在合同中写入惩罚性违约条款，如果不能按时按质完工，将承担高额违约金。这实际就是提供一个更高水平的履约保障。这样的惩罚性违约金就应当执行。

第十章　侵权法的法经济学理论

如前所述，财产法的经济目标是稀缺资源的最优利用，重点关注的是资源配置的初始状态是不是有效率，因此具有静态的特点。合同法追求的是资源配置的动态最优，通过谈判达成交易，从而促进资源的效率交换。但是，在现实社会生活中，却经常存在谈判无法达成的情况。

【例1】小王因为在宿舍里丢失了新买的苹果手机而心烦意乱。在工厂辛苦工作一天后，回到宿舍看到同屋的室友小张进来。小王怀疑是小张偷窃了自己的手机，两人发生了争执并且小王对小张进行了殴打，打断了小张的鼻梁。小张以打伤鼻子为由，起诉了小王。

【例2】三个猎人到树林里打猎。猎人们以相同的间隔四散排开，沿着相同的方向前进。走在中间的那个猎人惊起了一只鸟，那只鸟扑棱着翅膀飞起来。在这个猎人左右两边的猎手一起转向中间并开了火。鸟飞走了，但是中间的那个猎人被猎枪打伤了。他左右的两个猎人肯定有一个造成了这一事故，但是无法分辨到底谁是肇事者。受害人便把他们两个都告上了法庭。

从例1、2可以发现，如果将这里的赔偿看作是一种权利交易的话，这些交易都具有一个共同的特点，那就是与合同所代表的自愿交易相比较，案例中所描述的交易都是非自愿的交易。比方说例1中小张被打伤，例2中猎人的受伤，都是违背受害者自身意愿的。同时，两个案例中的伤害行为还具有一定的区别，那就是例1当中实施伤害行为的侵害者小王主观上是故意的，而例2当中开枪的猎人主观上只能认定为过失。因此，从侵权的角度来理解。例1就说明了一种所谓"故意侵权"的情况，因为侵害人对受害人是故意造成伤害。而这种故意侵权行为在现实生活中通常也被认定为犯罪，比方说违法殴打、非法监禁等。此时，受害人可以根据侵权法起诉侵害人对他造成的损失进行赔偿，或者，也可以由国家公诉机关根据刑法提起公诉。因为故意侵权和犯罪非常接近，所以，把它放在刑法的法经济学理论中进行分析。这里所关注的是因为过失导致的侵权行为，就如例2当中所描述的因为打猎发生的意外事故。由例2这个典型的侵权案例，可以总结出侵权法的经济本质。

一、侵权法的经济本质

对于市场主体的行为对他人造成成本或称伤害的问题,科斯早已表明通过谈判达成的自愿交易可以促使人们合作,共同解决问题。如在分析科斯定理时的例子,牧场主的牛和农场主的庄稼之间的侵害,化工厂排放的烟尘和居民的清洁空气之间的侵害。双方都是通过谈判达成了交易,实现了资源的有效配置。但是,例 2 中所举的三个猎人,为什么就不能通过谈判就打猎过程中可能发生的伤害达成自愿交易呢?假设一下,在去打猎之前,三个猎人拿着枪进行如下的谈判:今天大家去打猎,如果不小心误伤了其中的一方,打瞎一只眼,赔 1 万,打断一只手赔 2 万。下面就刚才的谈判签订一个协议。很明显,这样的协议是不可能成功签订的。首先,事故发生的概率是很小的,而协商的成本是很大的。其次,没有哪个人会同意以自己的身体器官或身体健康来作为标的与他人进行交易。所以,就侵权伤害而言,交易成本如此高昂,以至于事故各方无法通过谈判达成自愿交易。

但是,这是不是就意味着因为无法达成自愿的交易,就放弃打猎这种社会生产行为呢?肯定不是。正如科斯在《社会成本问题》中所反复强调的一样,侵害是具有相互性的。一种行为在带来侵害的同时,也会产生收益。正确的做法是要从社会角度来比较此时的成本与收益,如果收益大于成本就应该支持。由此,可以得到,打猎作为一种社会生产行为,其产生的收益是大于很少发生的伤害事故成本的。这个时候,应当允许在打猎过程中进行非自愿的强制交易行为。这即是侵权法的经济本质:高昂交易成本下的强制交易。

二、侵权法的经济目标:侵权行为的社会成本最小化

根据科斯定理,如果交易成本为零,那么只要权利界定清晰,无论初始权利配置给哪一方,通过当事人之间的自愿谈判都能够达到相同的资源有效配置的结果,因此政府的干预是不必要的;但是,如果交易成本不为零,那么权利的初始界定就很重要,因为它直接影响着资源配置效率,换句话说,也就是不同的制度安排会带来不同的效率结果,一种制度安排比另一种制度安排会带来更多的社会财富增加。因此,此时就应该将权利界定给能够最优利用资源的一方。侵权行为就属于这种情况,由于交易成本高昂,初始的权利界定就变得非常重要,如果初始界定不合理,后期又无法通过自愿谈判达成交易,无效率的权利初始界定就会最终导致资源配置的低效率。

第十章　侵权法的法经济学理论

侵权法上的权利界定，与财产法、合同法不同，是从反面来说的，是责任的界定，即是否要求侵害人承担责任，如果要求他承担责任，就说明产权被界定给受害人，相反，如果侵害人不承担责任，就说明产权被界定给了侵害人。具体来说，责任的界定包括严格责任、过错责任、无责任（免责）三大类型。如果是严格责任，则侵害人承担责任；如果是无责任，则侵害人不承担责任，而是由受害人自己承受损失；如果是过错责任，则只有当侵害人未尽到"合理注意"的义务时，才承担责任。

那么，侵权法又是根据什么原则来进行这些不同的初始权利界定的呢？科斯定理指出，应该将权利界定给能够最优利用资源的一方。对于侵权法来说，所谓最优利用资源的一方，也就是能够"实现社会资源最大产值"的一方。从反面来说，也就是实现社会损失或者说社会成本最小化的一方。侵权行为不同于市场交易行为，它往往不具有合作产生合作剩余的效果从而增加社会福利，相反，它与犯罪行为一样，更多的是降低社会福利。因此，如何尽可能地使侵权行为造成的社会成本最小化，就成为侵权法的经济目标。

有关侵权行为造成的社会成本最小化问题的分析，以法经济学著名代表人物卡拉布雷西的研究为代表。在他经典的《事故成本》一书中，他对该问题进行了详细的分析。如果不考虑诉讼成本、管理成本、保险费等因素，那么，使侵权行为的社会成本最小化，就等同于使事故的伤害成本和预防成本之和最小化。而这两者都与预防水平直接相关。其中，预防成本是预防水平的增函数，即预防水平越高，预防成本越高。伤害成本是预防水平的减函数，即预防水平越高，伤害成本越低。如果用 x 表示预防水平，用 w 表示每单位的预防成本（为了简化，假定 w 为常数），用 p 表示事故发生的概率，用 A 表示事故造成的损失（为了简化，假定 A 为常数），用 SC 表示事故的预期社会成本，那么预防成本就是 wx，预期伤害成本就是 $p(x)A$，预期社会成本就是：$SC=wx+p(x)A$。能够使 $wx+p(x)A$ 最小的预防水平，就是最有效率的预防水平，简称为有效预防水平。将以上条件描述在图 10.1 中。

可以发现，有效预防水平出现在图中 X^* 这一点。在 X^* 处，一单位预防投入所增加的预防成本与减少的伤害成本是相等的。

为了说明这一点，假设当事人目前的预防水平低于 X^* 这个有效预防水平，那么再增加预防投入所带来的预防成本就会小于所减少的伤害成本，这种预防投入的增加就是有效的；如果目前的预防水平高于 X^* 水平，那么再增加预防投入所导致的预防成本就会大于所减少的伤害成本，这种预防投入的增加就是没有效率的。只有在 X^* 处，预防投入产生的预防成本与减少的伤害成本是相等的。

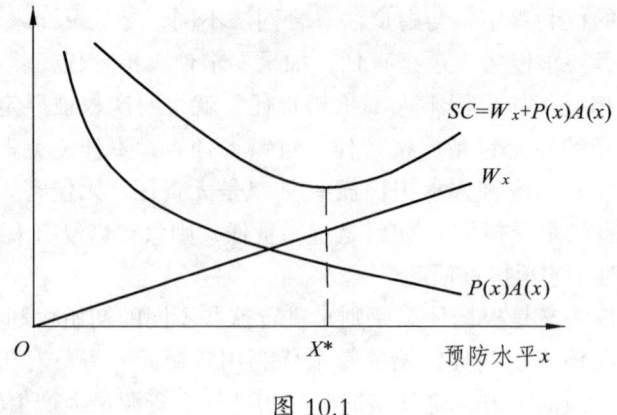

图 10.1

因此,侵权法在进行权利界定时,首先要考虑的就是通过何种机制来激励行为人的最优预防水平,从而实现侵权事故社会成本的最小化。

三、侵权责任的归责原则

通过比较预防投入的边际成本与边际收益,可以确定能够使侵权行为的社会成本最小化的有效预防水平,而要使该预防水平得以实现,就有赖于恰当的激励机制。这样的激励机制在侵权法中就体现为侵权责任的归责原则,包括无责任、过错责任、严格责任三种基本类型。它们各自具有不同的激励效果,适用于不同的情形。

1. 适用于单边预防的归责原则:无责任与严格责任原则

在无责任原则下,侵害人无须对损害进行赔偿,伤害成本完全由受害人承担。对于侵害人来说,如果采取预防措施提高预防水平,所产生的边际成本将由自己承担,而所产生的边际收益则与自己无关,那么他没有动力采取预防措施,对他来说最佳的选择就是使预防成本为零。而对于受害人来说,如果采取预防措施提高预防水平,所产生的边际成本将由自己承担,而所产生的边际收益也归自己,则他有动力采取预防措施,提高预防水平,一直达到边际成本与边际收益相等的有效预防水平。

在严格责任原则下,侵害人应当对损害进行赔偿,假定受害人的损失能够得到完全赔偿,那么伤害成本将完全由侵害人承担。对于侵害人来说,如果采取预防措施提高预防水平,所产生的边际成本将由自己承担,而所产生的边际收益也归自己,那么他有动力采取预防措施,提高预防水平,一直达到边际成本与边际收益相等的有效预防水平。而对于受害人来说，如果采取预防措施提高预防水平，所产生的边际成本将由自己承担，所产生的边际收益则与自己无关，则他没有动力采取预防措施，对他来说，最佳的选择就是使预防成本为零。

综上所述，无责任原则将导致侵害人没有动力采取预防措施，但是会激励受害人选择最有效的预防措施，达到使社会成本最小化的有效预防水平；相反，完全赔偿条件下的严格责任原则将导致受害人没有动力采取预防措施，但是会激励侵害人选择最有效的预防措施，达到使社会成本最小化的有效预防水平。这与直觉判断是一样的。因此，对于某种侵权行为，如果只有受害人努力采取预防措施才能够避免其发生，那么采用无责任原则将可以提供有效预防的激励机制；如果只有侵害人努力采取预防措施才能够避免其发生，那么采用完全赔偿条件下的严格责任原则将可以提供有效预防的激励机制。

这种只有一方当事人努力采取预防措施才能够避免伤害事故发生的情形，把它叫做"单边预防"，它适合采用无责任原则与严格责任原则。那么，什么样的情形是"单边预防"的情形呢？比方说食品安全事故，它就具有"单边预防"性质。如果由消费者采取预防措施防止食品安全事故的发生，边际成本显然远远高于边际收益，因为消费者很难对食品的质量、安全信息进行控制、鉴别。与生产者比较，消费者处于信息弱势的一方。而如果法律要求生产者采取预防措施，因为生产者掌握着更多的食品安全信息，并且对食品的质量也能直接的管控，所以，生产者采取预防措施的边际成本会远远低于边际收益。因此，食品安全事故的侵权责任一般采用严格责任。

2. 适用于双边预防的归责原则：过错责任原则

与"单边预防"相对应的另一种情形是"双边预防"，它需要双方当事人共同采取预防措施才能够避免伤害事故的发生。比方说交通事故，只有机动车驾驶人与行人共同预防才能有效减少事故的发生。因此，"双边预防"的情形就适宜采用过错责任原则。在司法实践中，比较过错原则是应用最为广泛的过错责任原则。所谓比较过错原则是指侵害人与受害人按照各自过错的比例承担责任的归责原则。按照这个原则，在双边预防下，不论是侵害人还是受害人都要按照法律的注意水平进行预防，否则就要承担责任。特别是当对方达到法定注意水平标准时，就将免除责任，而已方将承担全部责任。当双方都存在过错时，各自按各自的过错比例承担责任。假设法律要求的注意水平就是社会要求的最优预防水平，那么在比较过错原则下，侵害人、受害人都将采取最优的预防水平，从而实现社会成本最小化的效率结果。

那么在单边预防的情况下，能不能适用过错责任原则呢？在单边预防的情况下，由于事故的发生只有一方是有效的预防者，因此，如果适用过错责任原则，那么双方都会按照法定的注意水平进行预防投入。显然，其中无效预防的一方的预防投入就是一种资源浪费，从而无法实现社会成本最小化的效率结果。

在适用过错原则时，当事人的预防水平只要达到法定的注意水平就可以免除责任。并且，如果这个法定注意水平等于社会要求的最优预防水平，那么过错原则就是有效率的。那么，如何确定当事人的预防水平是否达到了法定的注意水平呢？

四、有效预防水平的确定标准与汉德公式

1. 汉德公式的概念和渊源

汉德公式的直接用途是分析过错责任原则下被告是否构成过失，其基本含义在于，通过将预防事故的成本与事故造成的损失进行比较，来确定被告是否尽到合理注意的义务。如果预防成本小于收益，那么采取措施预防事故的发生就是有效，当事人就有义务进行进一步的预防，如果他没有这样做，就构成过失。

汉德公式是由美国著名法官汉德在1947年美利坚合众国诉卡罗尔拖船公司案中确立的。在该案中，一家拖船公司拖航的驳船中，有一个驳船脱离泊位，顺水漂流后撞在一艘油轮上，驳船被撞坏并连同货物沉到水底。码头所有者起诉驳船所有者要求赔偿损失。汉德法官在分析驳船的主人是否存在过失时，出于推理的需要，使用了函数式，认为驳船主人的合理注意义务是三种变量的函数：（1）驳船脱离泊位的可能性，记为 P；（2）如果驳船脱离泊位，会造成的损害的大小，记为 L；（3）预防该事故的成本，记为 B。那么拖船公司是否承担责任就取决于 B 是否小于 P 乘以 L，也就是说此时拖船公司的预防成本是否小于事故造成的损失。如果小于，则应承担责任；如果大于，则不承担责任。从本案的实际情况来看，拖船公司的预防成本是小于事故造成的损失的。原因在于，驳船上本来安排有一个船工守护，但是该船工在此期间离开了驳船，事故发生时，驳船上没有船工，如果当时有船工在驳船上，本有可能提早发现问题，避免事故的发生。因此，汉德法官判定驳船的主人存在过失。在本案中，汉德法官创造性地使用了数学公式来表达其思想，为侵权案件中判断当事人是否有过错提供了较为客观的标准。

2. 汉德公式的法经济学表述

汉德公式考虑的是整体的成本和收益，法经济学将它进一步推进到边际成本和边际收益的分析层次。法经济学在进行变量分析时，使用的是"边际"分析的方法。具体到成本和收益，就是边际成本和边际收益。因此，法经济学将汉德公式按照边际的概念进行了简单的修正，即 B 为边际预防成本，P 为边际事故损失，L 为边际概率。如果此时边际预防成本小于边际损失，那就说明，增加一单位预防投入所带来的收益（减少的损失）大于这一单位预防投入所带来的成本，因此是有效率的，从而当事人应该进一步进行预防（有义务），如果没有这样做，就构成过失。相反，如果 $B>PL$，那么增加一单位预防投入所带来的成本高于收益，是无效率的，当事人不应采取预防措施（无此义务）。

经过"边际"分析修正的汉德公式，所要表达的是：在判断当事人是否达到法定主义水平时，只需判断此时当事人是否只需付出较低的成本就能达到大幅降低事故发生概率的结果。也就是说，在司法实践中，法官只需判断，当事人采取进一步预防措施的边际成本是否小于边际收益，如果是，那么他就负有采取该预防措施的合理注意义务；而如果他没有这样做，就构成过失。

3. 汉德公式的适用范围

"边际"化修正的汉德公式不仅可以用于分析过错责任，还可以用于分析严格责任。严格责任一般适用于危险程度较高而且由侵害人采取预防措施会更有效的情形。为什么由侵害人采取预防措施会更有效？是因为如果由他采取预防措施，边际成本远远低于边际收益。也就是说，只要他"稍稍"注意一些，再采取一些预防措施，就能大大降低（避免）伤害事故的发生。相反，如果由受害人采取更多的预防措施，则边际成本会远远高于边际收益。也就是说，严格责任与过错责任所遵循的经济学逻辑是一样的。此外，"边际"化的汉德公式还可以用于行政管制立法，比如通过比较降低开车速度给司机造成的损失与由此减少的交通事故损失，可以确定一条公路的有效时速限制，只需比较降低开车速度给司机造成的损失与由此减少的事故发生率所避免的交通事故损失两者的大小，如果司机的损失小于所能避免的交通事故的损失，这样的限速行为就是有效的。

在汉德公式具有广泛的应用范围的同时，也有一些学者提出了质疑。主要集中在汉德公式中各个变量的量化问题。如前所述汉德公式中包含三个变量，法经济学家在进行分析时，常常使用简化的方式，诸如假定预防成本为 × 美元、事故损失为 × 美元、概率为 ×，而在现实案件中，很多情况下这些变量不太容易被量化计算,比如事故发生的概率、事故造成的精神损害等。当这些变量不能被量化时,也就无法进行比较。这就为汉德公式的适用范围带来了质疑。但是,实际上,汉德公式的意义在于它所提供的分析思路。在司法实践中,对以上变量进行量化其实并无必要,在很多情形下,预防措施的边际成本与边际收益之间是如此的悬殊,以致根本无须量化就能够顺利地解决问题。例如,一个小孩爬到一个变压器上去玩,结果不小心触电身亡,对于变压器的所有人(电力公司)来说,采取更安全的预防措施,比如把输变电设施架得更高一些、防护更严密一些所需增加的成本不会太大,却能够大大降低一个损失巨大的事故的发生概率,预防措施的边际收益远远大于边际成本。这无须用量化的方式也可以证明电力公司具有采取更安全的预防措施的义务。

五、侵权损害赔偿

侵权法的经济目标是激励当事人最优的预防行为,实现侵权事故的社会成本最小化。这一目标的实现有赖于侵权责任的落实。侵权责任的具体承担方式有停止损害、排除妨碍、恢复原状、赔偿损失等多种方式,其中最主要的是支付损害赔偿金,包括补偿性赔偿金和惩罚性赔偿金。损害赔偿是否充分、合理,直接影响着侵权法的经济功能的实现。

(一)补偿性赔偿金

补偿性赔偿金是向受害人支付现金用于弥补其所受损害的制度安排。从法经济学角度来说,其作用就是使受害人恢复到未受到侵害时本应享有的效用水平。补偿性赔偿金的计算方式主要有两种:

1. 无差异方法

无差异方法主要适用于能够在市场上买到替代品的损害物的情形,其目标是使受害人觉得"受到侵害并得到赔偿"与"未受到侵害"没有差异。虽然说无差异方法可以实现对损害的完全赔偿,但是适用范围有限,对于那些没有市场替代品的特定物品的损害,以及不能恢复的人身损害,比如致人残疾或者死亡,无论如何赔偿,对受害人而言,也不可能恢复到未受损害时的效用水平上,因而无法实现"无差异"赔偿。

2. 等量风险方法

等量风险方法主要适用于损害物没有市场替代品的情形。等量风险方法是从风险防范的角度来计算赔偿金的,其原理来自于汉德公式,是汉德公式的变换形式,通过这种方法,可以对没有市场替代品的损害物品、不可恢复的人身损害、精神损害等进行估价。对于没有市场替代品的受损害物品、不可恢复的人身损害、精神损害等,没有办法从外部给出一个客观的估值,因为它们是一种主观感受,完全取决于受害人自己的心理判断。那么如何计算赔偿金才能达到与受害人的主观估价相一致?等量风险方法的核心思想就在于通过估算采取预防措施的边际成本和事故的边际概率,推算出在受害人心中,损害物所具有的价值,这也就是侵害人应当承担的赔偿金,从而实现充分补偿受害人的损害。假定,当事人为达到心目中认为最有效的防范水平即边际成本等于边际收益时所愿意付出的边际预防成本为 B,采取该防范措施后事故发生概率的下降值(边际概率)为 p,事故发生后给当事人造成的损失为 L,那么在最有效的预防水平下,边际预防成本 B 就应该等于避免的事故损失 pL,因此可以推导出 $L=B/p$。只要估算出 B 和 p,就可以估算出 L。而 L 为事故给当事人造成的损失(当事人对它的估价),要想充分补偿受害人,赔偿金的数额也应当与 L 的数值一致。例如,一个消费者如果向零售商购买一个价值 10 万元(B)的安全装置,就会使死亡的概率降低 1/1000(p),那么就说明他愿意为了使自己死亡的概率降低 1/1000 而付出 10 万元,由此可以推算出,在他心中自己的生命价值为 $L=B/p=1$ 亿元。

(二)惩罚性赔偿金

惩罚性赔偿金是在补偿性赔偿金之外向受害人支付的赔偿金。为什么要支付惩罚性赔偿金?如何计算其数额?法经济学对此进行了大量研究。总的来说,惩罚性赔偿金的基本作用在于弥补补偿性赔偿金的不足,而之所以会出现这些不足,原因是多方面的,比如:

1. 故意侵权行为

如果不考虑交易成本等因素,侵权行为涉及的成本和收益包括三项:侵害人从中获得的好处(行为收益)、受害人从中受到的损失(伤害成本)、双方付出的预防成本,如前所述,在侵权法的经济分析中,主要分析的是伤害成本和预防成本,侵害人的行为收益被忽略不计。原因就是分析的主要是非故意的侵权行为。但是,在现实世界中,在故意侵权的案件中,行为收益却是一个不能被忽略的因素。从实践来看,惩罚性赔偿金常常被用于故意侵权尤其是恶意欺诈的案件中。这类侵权行为常常伴随着一定的收益,如果从侵权行为中获得的

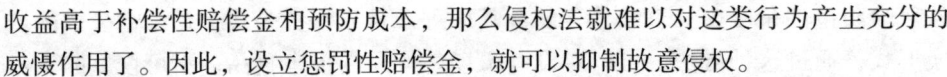

收益高于补偿性赔偿金和预防成本,那么侵权法就难以对这类行为产生充分的威慑作用了。因此,设立惩罚性赔偿金,就可以抑制故意侵权。

2. 赔偿不足

在侵权行为造成的损害中,有些损害由于技术上的原因,很难被纳入补偿性赔偿金。比如精神损害,它本身难以估算,而且适用范围也受到限制,通常只是限于直接利害关系人,因而需要借助惩罚性赔偿金来把这些损害内部化为侵害人的成本。

3. 逃脱责任

在现实中,并非所有受害者都去起诉,特别是在受害人众多的事故中。如果仅有部分受害人起诉获赔,那么外部成本的内部化将不充分,从而影响侵害人采取预防措施的动机,达不到有效预防水平,因此需要增加惩罚性赔偿金。在不少法经济学家看来,这是支持惩罚性赔偿金的一个强有力的理由,并针对此设计了惩罚性赔偿金的计算方法。那就是在补偿性赔偿金基础上附加一定的倍数,这个倍数就是逃脱概率的倒数。比方说,某一侵权事故造成 1000 名受害人,实际进行起诉并赔偿的有 200 名,那么逃脱概率就是 1/5,假如每个受害人的损失为 1 万元,那么应当判定侵害人支付的损害赔偿金总数额应当是 1 万元的 5 倍,即补偿性赔偿金 1 万元和惩罚性赔偿金 4 万元,共计 200×5=1000 万元。这样就可以保证侵权行为的外部成本充分内部化,从而激励侵害人采取有效的预防措施。

4. 鼓励事先交易

侵权的经济本质是高昂交易成本下的强制交易。但在有些情况下,侵害人与受害人之间可以事先进行交易,只不过侵害人未进行这种交易而是直接选择了侵权,比如从网上下载数字音乐、电影等侵犯知识产权的行为,原本是可以通过正常交易购买相关的权利,但实践中却选择了侵权。这时,如果让其承担惩罚性赔偿,可以促使侵害人选择交易方式,而且,事先交易也会比事后通过诉讼的方式解决耗费更少的社会成本。当然,这类行为主要发生在事先交易不存在实质性障碍以及交易成本不高的情形。

第十一章 刑法的法经济学理论

法经济学的发展历史表明，用经济学方法分析刑法问题可以追溯至18世纪意大利刑法学家贝卡利亚以及19世纪早期英国思想家边沁，如贝卡利亚提出的法律的目的在于"使大多数人得到最大幸福"的功利主义命题，奠定了以最小的牺牲换取最大幸福的刑罚理论基础。而边沁的名言"所有的惩罚都是恶……如果它应当被允许，那只是因为它有可能排除某种更大的恶"等无不闪耀着法学与经济学相结合的光芒。这一研究进路到20世纪60年代末时达到了一个新的高潮，代表人物就是芝加哥大学的教授、1992年诺贝尔经济学奖的获得者加里·贝克尔与现代法经济学奠基人之一的波斯纳法官。在他们的带领下，众多法经济学者对刑法当中的许多基本问题从法经济学角度进行了全面的梳理，揭示了刑法背后的经济学结构，从而打破了刑法学解释一直被常识和道德哲学所垄断的状况。

贝克尔有关犯罪经济学的研究，对法经济学影响巨大。他的核心思想可以归纳为两点：（1）基于偏好稳定、个人追求效用最大化和市场均衡假设的理性选择理论，不仅是理解人类市场行为的有力工具，还是理解人类非市场行为的有力武器。他在《犯罪的经济分析》一文中开创性地指出，犯罪分子的行为同人类市场行为一样，符合理性选择模型。（2）从社会福利最大化角度，犯罪行为是一种产生负外部性的活动，减少犯罪数量有利于社会福利改进，但同时，如同其他社会活动一样，消灭犯罪的行为也必须消耗掉稀缺的社会资源，比如警察、监狱、各种设备的支出。这时就存在一个资源投入产生的边际成本与带来的边际收益相等的问题。因此，贝克尔认为从整个社会的角度衡量，社会福利最大化的犯罪规模不是等于零，而是大于零。这就对传统的除恶务尽的理想口号提出了现实的挑战。

一、刑法的经济目标

1. "理性"罪犯模型

与经济学的基本假设相一致，刑法的经济分析首先认为罪犯也是理性人，也是在收益大于成本的情况下才有激励实施犯罪。因此犯罪的原因并不是如传统的刑法理论中的环境决定论所说的那么复杂，简单的原因就是因为犯罪带来的预期收益大于预期成本。进一步地，犯罪也可以被看作是一个"职业"，只要从事犯罪这个职业带来的预期收益高于其他合法职业的收益，社会中就会有人理性地选择从事犯罪这个职业。以理性人假设为基础，贝克尔创设出了自己的犯罪决策模型。假设从犯罪行为中获得的预期效用为 $E(U)$，P 为惩罚概率，Y 为犯罪预期收益，F 为惩罚带来的预期损失，也即是犯罪的预期惩罚成本。由此，可得：$E(U)=PU(Y-F)+(1-P)U(Y)$，式（1）。由式（1）可知，当 $E(U)>0$ 时，也就是通过犯罪行为获得的预期效用为正时，行为人就会选择实施犯罪。贝克尔的犯罪决策模型从成本收益角度简明扼要地解释了行为人的犯罪决策的形成，因此，迅速成为法经济学刑法理论中有关犯罪决策的基础模型。以此为基础，其他的一些法经济学家也相继发展出了各富特色的模型。米斯利的犯罪决策模型就是其中的佼佼者。假设潜在行为人通过犯罪获得的收益是 g，犯罪惩罚概率为 p，并且犯罪将受到罚金 f 或者监禁的刑罚，每一单位监禁时间设为 t，成本为 c，得到式（2）$g>p(f+ct)$。当式（2）成立时，行为人将实施犯罪。米斯利认为社会中每一个主体都面对这个公式，那么那些犯罪收益低于成本的主体将选择不实施犯罪，而那些犯罪收益大于成本的主体将选择实施犯罪。如图 11.1 所示，

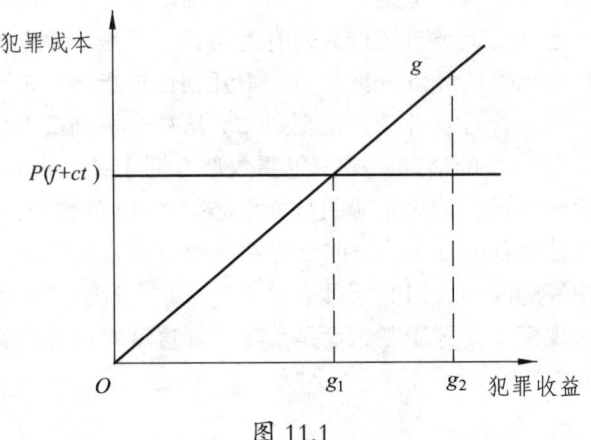

图 11.1

45 度线代表犯罪收益，水平线代表犯罪成本，g_1 是犯罪收益等于成本的临界点，高于该点即从 g_1 到 g_2 点的主体将实施犯罪，低于该点即从 0 点到 g_1, 点的主体不会实施犯罪。因此，社会要减少犯罪，最为直接的办法就是提高犯罪的成本曲线，使其能够覆盖掉所有可能的犯罪收益。

贝克尔和米斯利的犯罪决策模型说明，为了有效地减少犯罪，应当在犯罪的收益和成本这两个影响犯罪决策的关键因素上做文章，那么，犯罪的收益和成本各包括哪些内容呢？所谓犯罪收益是指罪犯从犯罪中获得的物质性和精神性的满足，比方说盗窃、抢劫获得的财物、大仇得报的兴奋、成就感等。而犯罪的成本包括：

（1）犯罪的物质性成本。犯罪很少是"无本生意"，许多犯罪需要支出大量甚至巨额的现金，比方说抢劫银行通常就需要购买枪支、车辆等作案工具，还要建立销售赃物的销售网点，这都需要大量的物质投入。

（2）犯罪的精神性成本。并非只有真正喜欢犯罪的人才会去实施犯罪，除了极少数的惯犯外，许多罪犯在从事犯罪时会产生恐惧感或负罪感，这些精神损失就是犯罪的精神性成本。

（3）犯罪的机会成本。所谓机会成本是指如果你选择了一种资源用于某种用途，这就意味着你同时放弃了这一资源的其他用途，而这个其他用途所产生的价值就构成了你当下使用这种资源的机会成本。比方说，大家现在学校读大学，如果除此之外，你还可以在外面工作，那么你放弃的这份工作所带给你的收入就是你读大学的机会成本。由此，可知，所谓犯罪的机会成本就是指罪犯将用于犯罪的资源从事合法职业所获得的收益。罪犯将这些资源用于犯罪就是一种成本或者称为资源浪费。

（4）预期惩罚成本。预期惩罚成本分为正式和非正式惩罚成本。正式惩罚成本体现为像监禁、权利或资格的剥夺以及罚金等；而非正式惩罚成本就体现为私人在司法过程中受到的各种不利影响。同时，预期惩罚成本还包括惩罚的附加值，比方说惩罚的耻辱效应，以及家庭、朋友对罪犯的否定态度以及社交网络的奔溃等。对于潜在的罪犯来说，预期惩罚成本等于惩罚概率与惩罚严厉程度的乘积。比方说，一项 20% 惩罚概率的 500 元的罚金，它的预期惩罚成本就是 100 元，而 50% 概率的 200 元罚金的预期惩罚成本也同样是 100 元。

2. 犯罪的社会成本和刑法的经济目标

犯罪的社会成本不同于刚刚讲的犯罪的预期成本，犯罪的预期成本是从罪犯个体角度来衡量的，而犯罪的社会成本是从整个社会的角度来衡量的。假设一个小偷盗窃路边汽车中的财物，假设盗窃财物的价值为 2000 元，因为盗窃导致汽车的损坏价值为 1000 元。那么这次盗窃导致的社会净损失就是 1000 元，为什么这里的被盗窃财物的价值 2000 元不计入社会净损失呢？因为这种财富简单的转移从社会整体角度衡量是不算作一种损失的。那么由此是不是就可以认为只要一种犯罪行为不造成任何破坏，它对社会来说就是无成本的呢？对这个问题的回答，应当是否定的。原因很明显，因为在刚刚计算社会净损失时，没有计算两类成本。一类是社会为了预防盗窃行为的发生所进行的投入，比方说购买防盗门、加装防盗窗等；另一类是政府也会因为社会中的犯罪行为而被迫雇佣警察、建造监狱等进行投入。与"天下无贼"的社会相比，这些私人支出和公共支出都属于纯粹的社会浪费。因此，从这个意义上讲，预防犯罪的支出就成为犯罪社会成本的重要组成部分。那么，由此就可得，在一个资源稀缺的社会，刑法的经济目标就是通过最小化犯罪的社会成本来形成对犯罪的最优威慑，而这里的犯罪的社会成本则等于犯罪的社会净损失与预防犯罪的社会成本之和。

3. 最佳威慑模型

既然刑法的经济目标是最小化犯罪的社会成本来形成对犯罪的最优威慑，那么对犯罪的最优威慑就应当在犯罪的社会净损失和预防犯罪的成本之间寻求均衡。图11.2描述了一个关于最优威慑的简单模型。

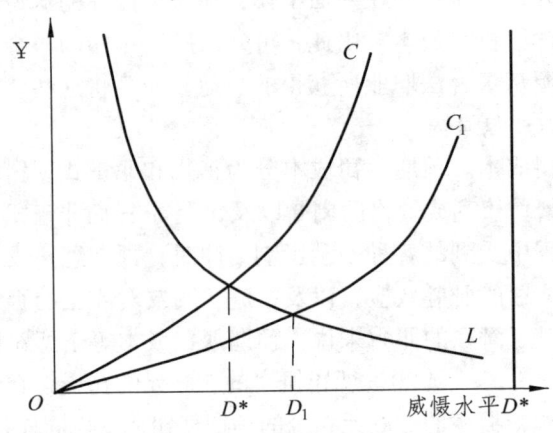

图 11.2　最佳威慑水平

图中纵轴表示投入的金额，横轴表示威慑水平，C曲线代表预防成本的边际变化，L曲线代表社会损失的边际变化。D^*向右的区域表示现有的社会资源与技术水平无法达到的威慑水平。由于威慑水平越高，所需预防成本也越高，因此曲线C是向上倾斜的，而随着威慑水平的提高，犯罪的社会净损失相反是越来越小的，因此曲线L是向下倾斜。那么社会最优的威慑会出现在哪一点呢？将出现在曲线L与曲线C相交对应于横轴的D点上，D点就代表社会所能达到的最优威慑水平。如果由于技术的进步导致预防成本的下降，那么曲线C就会

向右移动至曲线 $C1$，因为同样的预防投入带来更高的威慑水平，相应地，最佳威慑也会从 D 点移动至 $D1$ 点。

在按照社会成本水平确定最优的威慑水平后，在现实社会中，如何实现这个最优威慑水平呢？根据贝克尔的犯罪决策模型，一个主要的结论是：提高犯罪的预期惩罚成本可以有效抑制犯罪。而犯罪的预期惩罚成本等于惩罚的严厉程度与惩罚概率的乘积。因此提高犯罪的刑罚严厉程度和判罚概率就能够提高犯罪的预期惩罚成本，那么，在威慑水平保持稳定的条件下，可以选择将更多的资源用于提高惩罚的严厉程度，也可以选择将更多的资源用于提高惩罚的确定性。在这里，社会的目标是寻找一个威慑成本最小的均衡点。与此同时，国家用于威慑罪犯的资源投入也要受到财政预算的约束，因此，在威慑支出保持稳定的条件下，国家要么将更多的资源用于提高惩罚的严厉程度，要么将更多的资源用于提高惩罚的确定性，必须在这两者之间进行选择。这里，社会的目标是要寻找一个威慑水平最高的均衡点。

法经济学致力于寻求惩罚严厉程度与惩罚概率的最优组合，这个最优组合能够使最小的威慑支出发挥最高的威慑水平。具体说来，这个最优组合能够满足以下两个条件：（1）在威慑水平给定的情况下，最小化用于惩罚严厉程度与用于惩罚确定性的支出之和；（2）在威慑支出给定的情况下，最大化威慑水平。图11.3描述了一个关于惩罚严厉程度与惩罚概率的最佳组合的模型。

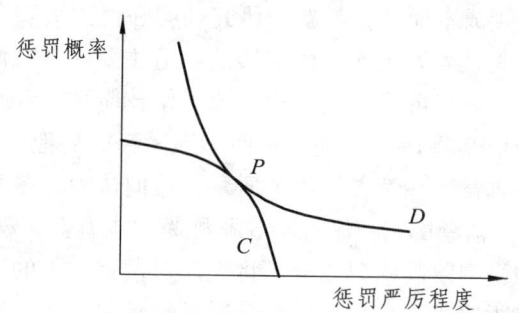

图 11.3　惩罚严厉程度与惩罚概率的最佳组合

横轴表示惩罚的严厉程度，纵轴表示惩罚的概率。曲线 D 是一条等威慑水平线，在这条曲线上任何一点所代表的威慑水平都是相等的。曲线 C 是一条等威慑支出线，也就是国家预算线，在这条曲线上任何一点所代表的威慑支出量都是相等的。两条曲线的切点 P 就定位了惩罚严厉程度与惩罚概率的最佳组合。

二、刑罚与威慑

判罚的严厉程度主要是通过对罪犯实施经济处罚和剥夺其自由来实现的。在现实社会中,这两种处罚方式就主要体现为罚金与监禁方式。如果假定判罚概率是既定的,那么社会对犯罪的威慑水平就取决于在罚金和监禁之间的权衡。

1. 罚金的威慑效应

罚金是通过剥夺犯罪人一定数额的金钱来发挥其对于犯罪人的威慑作用。与监禁相比,首先,罚金是一种执行成本相对低廉的刑罚,并且,在罪犯偿付能力的限度之内,罚金的执行成本随罚金数额增长的速度也低于监禁执行成本随监禁期限增长的速度。其次,罚金还可以使惩罚更为精确,尤其对于金钱性犯罪,只要使罚金等于(或略高于)犯罪的损失,就可以使惩罚获得一个有效率的结果。再次,罚金与监禁相比,一个更为重要的优势是罚金可以给国家创造财政收入。而监禁不仅不会创造财政收入,相反还要耗费国家为了实施监禁而支付的各种成本。这也是法经济学家往往更偏爱罚金的一个重要的理由。

2. 监禁的威慑效应

与罚金不同,监禁的社会成本要远远高于征收罚金的社会成本。监禁的社会成本包括直接的监狱建造、维护和管理人员的成本以及监禁人员生产力流失的机会成本。就直接成本而言,最新的研究表明在美国最安全的监狱,每年关押一个犯人的成本高达4万美元。而监禁的收益主要体现在两方面,一方面是"犯罪矫治",例如,监狱可能教会罪犯某项工作技能,或者通过教育使他们远离犯罪。这意味着监禁将让罪犯洗心革面,刑满释放后他们将不再实施犯罪。但是对监禁的这项收益一些学者提出了质疑,他们认为许多罪犯在监禁期间反而提高了犯罪技能。监禁的另一个社会收益称为"能力剥夺效应",所谓"能力剥夺效应"指行动受到限制的犯罪分子将无法对监狱之外的人实施犯罪。即使承认学者们对监狱改造罪犯功能的质疑,通过将犯罪分子关押起来同样可以降低犯罪率。美国近来的研究表明,当前正在监狱服刑的 2/3 的犯罪分子此前都有犯罪经历。另外,大概 25%~50% 的犯罪分子在刑满释放后很短的时间内通常又会被逮捕。根据布鲁金斯研究所的研究,暴力犯罪的罪犯如果不是被关押在监狱中而是释放在外,他们平均每年将要实施 12 次严重犯罪。

3. 死刑的威慑效应

学术史上有关死刑威慑效应的最著名的研究来自纽约州立大学的教授艾萨

克·埃里奇。埃里奇以贝克尔的犯罪决策模型为基础，对死刑的威慑效应进行了分析。埃里奇认为谋杀犯罪的预期成本取决于以下三个变量：犯罪被逮捕的概率、被证明谋杀犯罪成立的概率，以及罪名成立被执行的概率。他采用现代计量方法对美国1933年到1969年间发生的死刑案件进行了分析，发现谋杀犯罪与以上三个概率的度量显著负相关。换句话说，也就是以上三个概率越大，死刑案件的发生率越低。由此证明了死刑威慑效应的存在。在他的结论中，最具戏剧性的部分是，他认为每年新增加1个死刑执行，每年将会减少7到8例谋杀。当然，他的研究也受到了其他学者的挑战。目前，有关死刑威慑效应的法经济分析是法经济学研究中的一个热点领域。

三、刑事政策的法经济学评价

侵权法法经济学理论表明，当一种行为的收益大于它带来的成本时，应该容忍它的发生，但需要将成本内部化。这是指的侵权行为。犯罪行为与侵权行为最大的区别是侵权通常是基于过失，而犯罪行为大多数都是故意的侵害行为。但侵权法与刑法之间蕴含的经济道理从某种意义上来说却是相通的。在刑法当中，如果某些危害行为是有产出的，倘若产出足以弥补其社会损失，那么从经济学的角度看，这些危害行为就不应受到惩罚。典型的情形就是紧急避险和正当防卫。紧急避险和正当防卫之所以在传统刑法学理论中被称为"正当行为"，也正是基于这样的原因。如果危害行为的产出不足以补偿其社会损失，那么这些行为仍可能被视为犯罪，但犯罪的产出却可以成为减轻处罚的理由。此外，犯罪之后的产出还可以抵消一部分惩罚，刑法中关于自首和立功的规定就是激励罪犯在犯罪之后创造产出的制度。下面就从法经济学角度对刑法当中的一些具体制度进行逐一评价。

1. 紧急避险

如刚刚所说，紧急避险的抗辩只适用于有产出且产出明显超过其社会损失的危害行为。然而倘若一个人在快要饿死的时候偷走了一条价值昂贵的宠物狗并吃掉了它，那么这个人援引紧急避险的抗辩不一定能成功。理由就在于除非他身上没有足够的钱，或者宠物狗的主人不在场，否则他完全可以从主人那里通过交易买走这条狗。这一情形就表明，紧急避险还隐含了交易成本十分高昂以致无法完成交易的条件：即使危害行为的产出明显超过其社会损失，只要产出可以通过合法交易获得，紧急避险的抗辩仍然不能成立。

对紧急避险是否成立的争议一直是理论界的热点。比方说，如果杀死一个人可以拯救多个人的性命，那么谋杀可否作为紧急避险的抗辩？对于这个问题的回答，围绕着一个著名案例已经争论了一百多年，但至今也没有公认的答案。在1884年发生的女王诉杜德利和史蒂芬斯一案中，在一艘遭遇海难的船上，濒临死亡的3个英国船员杜德利、史蒂芬斯和布鲁克斯为了活命，选择杀死并吃掉同船身体最虚弱的17岁船舱服务员帕克；当时的情形是，受害人已经接近死亡，如果不被其他三人杀死，也会先于其他人而死于严重的饥渴。杜德利、史蒂芬斯和布鲁克斯被路过的商船解救后，被英国政府起诉犯下谋杀罪。三人向法庭提出紧急避险的抗辩，最终遭到法庭的否决。从社会的角度看，三个人的生命价值应当高于一个注定要死亡的人的生命价值，因此，杜德利、史蒂芬斯和布鲁克斯的行为应当符合紧急避险的逻辑，但法庭却做出了否定的判决。这个案例之所以广受争议，一方面因为它提出了谋杀可否作为紧急避险抗辩的法律难题，另一方面还因为它涉及了西方两大伦理学传统即功利主义和康德主义之间的激烈冲突。法庭对被告作出的有罪判决，似乎迎合了康德主义的道德律令。但是，换个案例，假设在"9·11"事件时，当被恐怖分子劫持的飞机在撞上世贸大楼造成数千人死亡前，军队是否可以发射导弹摧毁飞机，以100多人的生命为代价换取数千人的生命安全呢？

2. 正当防卫

现代社会发展到今天，国家已成为一个社会中唯一的暴力合法拥有者，无论是世界上哪个国家都会禁止私人使用暴力。但是，私人暴力实际上是一把双刃剑。一方面，从维护公共秩序、保障公共安全角度衡量，私人暴力可能会是一种侵犯手段；但另一方面，作为一种报复手段或防御手段，在特定的情况下，私人暴力也可能发挥重要的社会控制功能。这也是私人暴力有时不被视为犯罪的重要理由。比方说，决斗在中世纪的欧洲就是合法的，著名的俄国诗人普希金就因为爱情决斗而死。尽管决斗是一种典型的私人暴力的使用，但是决斗却可以避免冲突升级以及与司法程序相关的高昂费用。所以它也具有一定的社会控制功能。另外，以悬赏的方式抓获罪犯也是国家利用私人暴力的一种方式，比如古代社会的赏金猎人。因此，如果政府无力维持一只足够强大的警察力量，就会选择借助私人暴力来补充公共执法力量的不足。相反，国家的财政基础越雄厚，暴力资源越充足，就越有条件缩小私人暴力的合法范围。在当今社会，私人暴力可以合法使用的场合就仅限于正当防卫了。由于在一些特殊情况下，国家暴力很难阻止正在发生的犯罪行为，所以承认正当防卫的合法性就等于允许甚至鼓励受害人在紧急情况下以暴制暴。与紧急避险不同，正当防卫会引发暴力犯罪的竞争性投资。假设潜在罪犯预期到受害人会采取正当防卫措施，那么他就会选择，要么放弃犯罪，要么追加犯罪的投入，而追加犯罪的投入就可能置受害人于更加危险的处境。刑法赋予某些暴力犯罪的受害人以"无限防卫权"就会导致这种情形的发生，"无限防卫权"确实可以抑制犯罪，但同时也会激励某些罪犯进行更多、更严重的暴力。

3. 避险过当、防卫过当及报复性犯罪

传统刑法理论中的"避险过当"和"防卫过当"描述了危害行为的产出小于其社会损失的情形。虽然避险过当和防卫过当都会受到惩罚，但与同等程度的危害行为相比，处罚会轻得多。原因很明显，避险过当和防卫过当的产出可以抵消其一部分社会损失。与避险过当不同，防卫过当的产出除了保护行为人之外，还会威慑暴力侵犯，增加暴力侵犯的预期成本。就这点来说，报复性犯罪与防卫过当的情形相似。比方说，行为人将杀死自己亲属的嫌疑人打成重伤，这种犯罪行为就会威慑杀人行为。考虑到报复性犯罪情有可原并且在社会控制方面功不可没，法庭通常会酌情从轻发落。但是，刑法并没有给予报复性犯罪与防卫过当同等的待遇，没有规定对报复性犯罪"应当减轻或免除处罚"，这不难理解，复仇毕竟不同于防卫，复仇会引发新的暴力冲突，而这种社会风险是可以通过国家来避免的。

4. 自首和立功

自首和立功都属于罪犯在犯罪之后又创造产出的情形。无论是供认自己的罪行，还是揭发他人的罪行，都相当于给办案机关出售有价值的犯罪信息，从轻、减轻或者免除处罚就是办案机关支付的对价。在这个逻辑之下，法庭在决定对罪犯减轻处罚的幅度时，就必须评估犯罪信息的价值，比方说司法机关获取这些信息会在多大程度上提高破案率，或者在多大程度上能够降低罪犯的抓获成本和案件的侦破成本等。倘若不依靠这些信息，司法机关也能毫不费力地侦破案件并且抓获罪犯，那么罪犯提供的信息价值就不大，此时的减轻处罚就只应是象征性的。此外，从自首通常起因于事后的恐惧或忏悔来看，罪犯一旦决定自首，就不大可能再次犯罪，这使自首制度获得了额外的经济学理由。与自首制度主要在事后发挥作用不同，立功制度的激励效果甚至可以反馈至犯罪完成之前。为了保证在落网之后还有戴罪立功的机会，潜在的罪犯会尽力事先收集其他罪犯的犯罪信息，这样，立功制度就削弱了罪犯之间的相互信任，并因此有助于瓦解一些原本紧密团结的犯罪团伙。

5. 悔改

对那些已经真心悔改的罪犯从轻处罚同样也具有经济学的理由。首先，悔改是一种自我惩罚，因此可以抵消一部分公共惩罚。但更重要的理由却是，真心悔改的罪犯不太可能继续犯罪，因此，从社会角度衡量，监禁这些罪犯就已经没有必要了。然而，悔改就如同认识错误一样，是可以伪装的，法庭很难辨别罪犯的悔改是否出自真心。对于那些伪装的潜在罪犯来说，悔改导致的从轻处罚会明显降低他们实施犯罪的预期成本。因此，如果法庭承认悔改是一个有效抗辩，那么就不仅会削弱刑罚的威慑效果，还会激励控辩双方围绕这个情节耗费过多的资源，因此将提高刑事司法程序的成本。正因为如此，"确有悔改表现"在刑法中从来就不是从轻处罚的法定情节，而只是减刑和假释的必要条件。

6. 累犯

对累犯从重处罚是各国普遍采用的通常做法，比方说美国，就有"三犯出局"法。1994年，加利福尼亚州投票通过了美国第一部"三犯出局"法。主要是对12岁的Polly Klaas被谋杀的一种反应。Polly Klaas在一次睡袍聚会中被绑架，之后被一个刚假释的暴力犯罪分子杀害。目前，全美已有26个州通过了"三犯出局"法，它的具体内容就是要求当罪犯被第三次定罪时，惩罚程度必须大大提升。通常情况是，前两次犯罪是暴力或严重犯罪，但是第三次犯罪则无需为暴力或严重犯罪。这项法案的核心是认为三次犯罪就是"累犯"，并且明确显示嫌疑人不受正常法律制裁的威慑。因此，通常对第三次犯罪的典型判罚就是终身监禁。有证据表明"三犯出局"法在实践中效果显著。有学者对"三犯出局"法的威慑效应做了一个很精湛的计量经济分析，发现"三犯出局"使得已经两犯的那部分犯罪分子的犯罪率下降了17%~21%。

对于累犯从重处罚的经济学理由有很多，比方说与延长监禁初犯相比，可以合理地预期，延长监禁累犯能阻止更多的犯罪。累犯的行为记录表明了累犯具有更为强烈的犯罪偏好，这就表明他们更加重视犯罪的价值，在这个意义上对累犯从重处罚就类似于市场领域中的"价格歧视"，换句话说，也就是谁对犯罪评价更高，谁就应当为犯罪支付更高的价格。另外，一般来说，与初犯相比较，累犯的犯罪技术更加娴熟，犯罪成功率更高，累犯作案后更难以被抓获。因此，从刑法的威慑目标出发，这些因素都要求对累犯从重处罚。

第十二章　程序法的法经济学理论

财产法、合同法、侵权法的法经济学理论表明，财产法、合同法侧重的是创设权利和实现权利的制度途径，而侵权法则侧重为权利侵害建立一种法律的"价格"体系。这些部门法通过追求各自的经济目标共同促进整个社会资源的有效配置。传统法学理论认为程序法是实现权利救济的制度安排。程序法的功能就是为了实现实体法所构建的权利结构、同时落实实体法所形成的法律威慑。那么，从法经济学的视角应当如何来理解程序法呢？同样是遵循法经济学有关部门法经济分析的基本模式。首先设定该部门法的经济目标，然后围绕实现该经济目标，提出应该如何改进现有的法律制度。

一、程序法的经济目标

在法经济学看来，产权保护、合同履行是一个社会正常运行的前提。但是由于侵权等行为的存在，产权并不总是能获得有效保护；同样，由于合同界定本身的问题或者社会经济环境的不断变化，也不是所有的合同都能自始至终地自动履行，违反合同的情形也时常发生。实践中，一旦权利受到侵害或者合同得不到履行，那么当事人之间就会产生纠纷。有纠纷就要解决，此时程序法的作用就凸显出来。但是，实践中，会发现当纠纷产生之后，绝大多数纠纷都会以当事人和解或者一方放弃解决等方式自行化解，只有少数纠纷会寻求诉讼、仲裁等程序的救济。例如，一名消费者在家里发现很多蟑螂，就试图在网上购买能够灭蟑螂的灵丹妙药，最后发现网上有个卖家正在出售一种号称史上最强的消灭蟑螂的机器，宣称蟑螂杀灭率为100%。他立刻就购买了这种机器。几天后，他收到了对方寄来的货物，打开一看，里面是两块砖头。并附有一张说明书，说明书上写着：将蟑螂放在其中一块砖头上，然后用另一块砖头对其进行拍击，保证蟑螂杀灭率为100%。遇到这种情况怎么办？这名消费者可以选择和卖家协商退货、向工商部门举报，或者向法院起诉。在实践中，更为常见的情形是消费者忍气吞声自认倒霉或者和卖家协商退货，而不是向法院起诉。这是为什么呢？回答这个问题，首先要了解程序法的定义与功能。

1. 程序法的定义与功能

广义的程序法概念是指以"诉讼审判为主线,以其他非诉讼纠纷解决机制为外延的制度格局"。而这里所讲的非诉讼机制不仅包括调解、仲裁等方式,还包括当事人自行协商达成和解等手段。狭义的程序法则仅指民事诉讼法、刑事诉讼法和行政诉讼法这三大诉讼法,在这里要说明的是,由于刑事诉讼法和行政诉讼法的特殊性,这里所讲的程序法主要是指民事程序法。

程序法的功能主要体现在两方面:无论是正式的诉讼机制还是非诉讼纠纷解决机制,程序法的首要功能都是为了解决纠纷,使权利得到保护、合同得到履行。正如一句法谚所说:"无救济则无权利。"如果没有程序法的保障,人们就没有办法制止他人的侵权和违约,实体法所规定的各种权利也无法得到实现;另一方面,从社会福利的角度来看,程序法还具有威慑功能,从社会角度看,任何纠纷都是个体行为偏离社会要求的最优状态的结果,要通过纠正以及惩罚那些偏离社会最优的行为,使潜在的违规者明白其不当行为可能遭受的代价,从而威慑潜在违规者,使他们不敢再从事偏离法律和社会规范的行为,只有这样,人们的行为才可预期,社会才能有序运行。

2. 程序法的经济目标

从程序法所发挥的功能可以知道程序法的重要性,那么接下来的问题是,在社会实践中,程序法是不是自动就能发挥这些重要的功能呢?法经济学理论表明,任何社会活动都是需要付出成本的。作为纠纷解决机制的程序法也不例外,它也同样需要耗费成本。首先,管理成本。所谓管理成本是指为了建立诉讼纠纷解决机制,社会所投入的公共资源,比如建立法院、雇佣法官、购置设备等。同时,还包括当事人为了解决纠纷而选择参与诉讼所耗费的时间、费用和精力。这也就解释了刚刚讲的蟑螂灭绝器的例子中,为什么消费者会选择忍气吞声而不是向法院起诉。因为诉讼是需要成本的。其次,从程序法的纠纷解决和威慑功能看,任何纠纷解决都应当得到准确、及时的处理。但是,实践当中,错误的判决是经常发生的。这就会给纠纷当事人带来直接的损失,同时也会对今后类似的纠纷带来不当影响。这类成本就把它称为程序法的错误成本。由此,作为正义生产机制的程序法,要顺利发挥其纠纷解决和威慑的功能,至少要以耗费以上这两类成本作为代价。

接下来,必须解决的问题就是,从资源配置的角度看,一个社会是否要不计成本去解决社会中所产生的所有纠纷?对于这个问题,传统法学向来认为,社会正义是一个社会得以存续的底线,而"为正义斗争"就不应当计较成本和代价。但什么是社会正义？博登海默认为正义有着一张"普洛透斯"式的脸，变幻无常，纯粹的、绝对的公正不可能存在。同时，传统法学也承认，受制于证据的局限，错误的判决在实践中是无法根除的。因此，从社会角度衡量，理性的选择应当是以最小的成本来实现程序法纠纷解决的功能。换句话说，也就是如波斯纳所言，所谓程序法的经济目标就是最小化纠纷解决的管理成本和错误成本之和。就像美国法律界的一个笑话所说，一个顾客向律师说："我要正义。"律师回答："那你要买多少呢？"接下来，围绕着这个经济目标，从一个完整诉讼程序所包含的三个步骤：起诉、判决、执行，来具体分析相关制度安排是否实现了程序法的经济目标。

二、起诉的经济分析

1. 纠纷解决机制的选择

在进行起诉的经济分析之前，有必要首先回答一个诉讼程序能够得以开始的一个前置问题，那就是纠纷解决机制的选择问题。根据程序法的广义定义，当一个纠纷产生后，当事人面临的第一个问题是选择通过何种方式来解决这个纠纷，他既可以选择诉讼方式来解决这个纠纷，也可以选择非诉讼方式比方说协商、调解等方式来解决纠纷。如果他选择非诉讼解决方式，那么作为诉讼程序步骤之一的起诉根本就不会发生了。如果假定最终纠纷解决的结果都是一样的，那么通常来说非诉讼方式的成本要比诉讼方式的成本要低。原因很明显，因为非诉讼方式不需要国家强制力为后盾，而国家强制力的实现需要付出较高的管理成本。所以从成本最小化的角度来说，实践中，应当多鼓励当事人使用非诉讼方式来解决纠纷。这也是符合社会效率原则的。

既然诉讼是成本最高的纠纷解决机制，为了节约社会成本，可不可以放弃这种纠纷解决机制呢？对于这个问题的回答应该是否定的。虽然在众多的纠纷解决机制中诉讼方式是成本最高的解决方式。但是，诉讼具有一个其他方式所不具有的特征，那就是可信的维权威胁。也就是说诉讼方式的运行与纠纷解决结果是以国家强制力为基础的。这个国家强制力在整个社会中就营造了一种可信的预期，表明受到侵害的权利最终能够通过诉讼获得保护和救济，从而成为当事人应对潜在侵害的一种可信威胁。从这个意义上说，诉讼就成为所谓维护社会正义的最后一道防线。如果放弃诉讼方式，那么其他纠纷解决机制也将失去支撑，社会的整个纠纷解决体系就将最终崩溃。所以，虽然在社会众多的纠纷解决机制中，诉讼是成本最高的纠纷解决机制，鼓励实践中更多的使用非诉

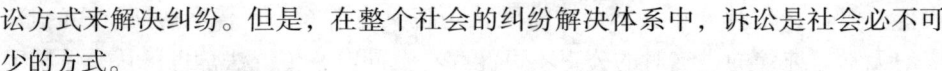

讼方式来解决纠纷。但是，在整个社会的纠纷解决体系中，诉讼是社会必不可少的方式。

2. 起诉决策

（1）当事人的起诉决策。

如前所述，诉讼是一项成本高昂的社会活动。因此，当事人在决定是否提起诉讼时就会衡量所投入的时间、金钱、精力等成本是否值得。而当事人参与诉讼所获得的收益就是胜诉所能带来的利益改进。最终，理性的当事人会权衡诉讼成本、诉讼收益和胜诉概率来确定是否提起诉讼，只有当诉讼所带来的预期收益大于诉讼成本，当事人才会提起诉讼。假定 D 为胜诉后可得的收益。Pp 为胜诉的概率，Cp 为当事人为诉讼所付出的成本。那么当事人最终决定起诉就需要满足式（1）$PpD>Cp$ 所表达的条件。

（2）起诉的社会决策。

式（1）表达的是当事人从自身成本收益衡量所决定的起诉决策。那么从整个社会角度衡量，这个起诉决策是否符合整体社会利益呢？分析个体的决策行为是否与社会决策行为一致，实际上就是分析个体的成本收益与社会的成本收益是否一致。如果不一致的话，就说明个体的决策发生了偏离，就应当采取措施进行纠正。在个体的起诉决策中，从社会角度衡量，至少有两个成本是没有被个体所考虑的：一是被告参与诉讼所耗费的成本，二是国家运行诉讼机制的成本。同时，原告在决策时也不会考虑自己的起诉行为所产生的正的外部性，也就是自己的起诉行为是否有助于诉讼机制发挥其应有的社会功能，比方说纠纷解决和威慑的功能。

以侵权民事诉讼为例，假设该案件中采用的是严格责任原则，也就是无论侵害人是否有过错，都要承担赔偿责任。那么如果预计到受害人会起诉的话，侵害人将进行预防，假定预防成本为 x，预防投入将使侵权事件的发生概率从 Pn 下降到 Pc，D 为受害人的损失，Cp 为原告的诉讼成本，Cd 为被告的诉讼成本，Cs 为国家建立运行诉讼制度的成本。那么，当侵权事件发生后，根据原告的起诉决策的不同，社会成本也会相应的出现两种不同的情况：一是如果原告提起诉讼，被告进行预防。那么此时的社会总成本即式（2）$x+Pc(D+Cp+Cd+Cs)$ 二是如果原告不起诉，相应的被告也就不会预防，此时的社会总成本为式（3）$(Pn-Pc)D$。那么，符合社会利益的起诉在什么条件下会发生呢？当式（2）所代表的社会成本小于式（3）所代表的社会成本时，这时的起诉才是社会所期望的。也就是式（4）所表达的条件 $x+Pc(D+Cp+Cd+Cs)<(Pn-Pc)D$。式（4）

表明只有当侵害人的预防成本加上所有的诉讼成本，小于预期的侵权损害降低水平时，此时的起诉决策才是符合社会整体利益的。这个起诉条件不仅考虑了包括原被告、国家所有主体的诉讼成本，还考虑到了诉讼行为所产生的正的外部性，也就是通过发挥诉讼行为解决纠纷和威慑的社会功能，达到降低损害发生概率的目的。

但是，通过比较表达起诉社会决策的式（4）与表达当事人起诉决策的式（1）可以发现，在式（1）当中，当事人在进行起诉决策时，只考虑到自身的诉讼成本，而没有考虑到式（4）当中所涵盖的其他因素。因此，实践中就会出现两种情况：要么起诉过多，要么起诉过少。而这两种情况都是偏离社会最优水平的。这就需要采取一定的措施来进行纠正，一方面通过设置较高的起诉费门槛来抑制过多的起诉，另一方面对于起诉过少的情况，应当给予一定的补贴来激励起诉。实践当中，起诉费成为调节起诉数量的重要工具。但是，起诉费却如同一把双刃剑一样，一是，它可以对产生的纠纷进行筛选、过滤，不让所有的社会纠纷都涌入诉讼渠道；二是它可能会对预防具有反作用，导致整个社会威慑不足。

换句话说，也就是当起诉费过高时，由于诉讼成本过高，当事人在诉讼时就不得不考虑他将要付出的高昂成本，那么，那些觉得自己败诉风险较大而收益不够高的当事人就会放弃通过诉讼获得救济的权利，转而寻求其他合法或非法的救济途径。而如果起诉费较低，就会激励当事人纷纷选择诉讼途径来解决社会中产生的纠纷，这就会使得一些"鸡毛蒜皮"的小事也可能被诉诸法院，造成诉讼爆炸。这不仅浪费了司法资源，更挤压了亟待法院解决的更为重要案件的空间，法院有可能不得不将精力用于应付过多的细小争议，从而分散了处理"重要"案件的时间和精力。因此，合理的诉讼费标准，应当根据一个地区具体的经济发展水平和法治水平来设置。

三、判决与和解

当原告起诉后，纠纷解决即正式进入了诉讼途径。此时，被告有两个选择，要么应诉，要么不应诉自动承担败诉的结果。作为理性人，通常被告都会选择应诉。如果被告选择应诉的话，那么接下来当事人双方都将面临一个新的选择——是双方和解解决纠纷还是等待法官判决来解决纠纷。从纠纷解决成本最小化的程序法的经济目标出发，如果两种方式最终能够得到相同的结果，那么应当优先选择和解而不是判决。原因很简单：首先，和解显然比判决节约了成本,因为和解不需要法官的审理,能节省诉讼资源,使法院快速处理更多争议。同时,当事人也可以节省时间、减少诉讼开支。其次,和解能减少当事人之间的对抗情绪,有利于社会秩序的稳定。所以从社会角度衡量,应当鼓励和解而不是判决。但是在实践中,会发现相当多的案件是通过诉讼这种成本更高的方式来解决纠纷的,那么如何促使人们选择和解这种成本更优的方式呢?和解和判决决策是首先进入程序法经济分析视野的一个研究领域。围绕这个主题,法经济学发展出了许多具有很强说服力的模型,乐观模型即为其中的一个经典模型。

1. 乐观模型

乐观模型认为当事人在纠纷解决过程中之所以会选择判决而不是和解,主要原因在于诉讼过程中,双方当事人对各自的胜诉概率具有不同的乐观预期。假设 S 为和解的收益,Pp 为原告对自己胜诉概率的预期,Pd 为被告对原告胜诉的概率预期。D 为原告通过诉讼能够获得的赔偿,Cp 为原告的诉讼成本,Cd 为被告的诉讼成本。由此,可得,原告和解的条件为式(5)$S \geq PpD-Cp$,被告的和解条件为式(6)$S \leq PdD+Cd$。那么,当式(7)$PdD+Cd \geq PpD-Cp$ 时,也就是被告和解的最高出价高于原告可接受的最低出价时,双方的和解成为可能。由谈判理论可知,式(7)所表达的条件实际就是要求双方的和解谈判要存在合作剩余,这样双方才会加入到谈判中来。将式(7)稍作变换,将成本和概率放到一块儿,就可得当事人和解的条件式(8)$D(Pp-Pd) \leq Cp+Cd$。由式(8)可以得到如下结论:(1)当原被告对原告胜诉的预期概率相等时,也就是 $Pp=Pd$ 时,双方将达成和解。(2)当被告对原告胜诉的预期概率大于原告对自己胜诉的预期概率时,也就是 $Pp<Pd$ 时,双方将达成和解。

由和解的条件式(8),反向推导,就可得导致判决的条件式(9)$D(Pp-Pd)>Cp+Cd$。式(9)说明:当原告认为自己胜诉的预期概率 Pp 越大,而被告认为原告胜诉的预期概率 Pd 越小,也就是被告对自己胜诉的可能性更为乐观时,那么诉讼产生判决结果的可能性就越大,和解的可能性就越小。换句话说,也就是当原被告双方都对自己胜诉有更为乐观的预期时,和解的可能性变小,判决的可能性变大。这也是为什么该模型被称为乐观模型的原因。

式(9)的结论同时也为在实践中如何避免诉讼、达成和解指明了制度路径。式(9)表明,一旦双方当事人都高估自己胜诉的概率,那么和解很难达成,但双方都过于乐观却表明至少有一方是错误地估计了自己的胜诉概率,也就是说其中一方所掌握的信息很可能是错误的。比如在一个侵权案件中,作为受害者的原告通常对自己的损失有较为准确的信息，而对被告的过错却并不清楚；与原告相反，作为侵害者的被告更清楚自己的过错情况但却不清楚原告的具体损失。如果原告高估了被告的过错而被告低估了原告的损失，那么很可能因为出价差距过大而达不成和解。而为避免原被告双方不合理的过于乐观的预期导致和解难以达成，就应该建立制度来促使当事人双方交流信息，使双方对案件本身形成一个更准确、更全面的认识。实践中，不少国家都建立了证据交换制度来强制当事人双方披露相关信息，比如美国在20世纪后半期，就逐渐发展出了较为完善的证据开示制度。这些制度的建立，就可以促进和解的达成从而避免诉讼。

2. 负值诉讼

负值诉讼是程序法经济分析中一个非常有趣的概念。所谓负值诉讼是指当事人提起的从表面上看诉讼的预期收益低于诉讼成本的诉讼。从理性人的角度衡量，当事人提起这样的诉讼是不理性的。那么为什么他还要提起这样的诉讼呢？乐观模型对此做出了解释。由乐观模型已知，当当事人双方的和解谈判存在合作剩余，也就是被告的和解出价高于原告可接受的出价时，双方的和解成为可能。假定原被告双方通过和解谈判平分合作剩余，此时，和解条件转化为式（10）$S=(PpD+PdD+Cd-Cp)/2$。那么，负值诉讼出现在什么情况呢？由负值诉讼的定义可知，负值诉讼将出现在当事人双方认为诉讼无价值时，由此，可得负值诉讼的和解条件式（11）$S=(Cd-Cp)/2$。式（11）表明，当被告的诉讼成本 Cd 大于原告的诉讼成本 Cp 时，被告将选择 $S=(Cd-Cp)/2$ 的和解出价与原告进行和解。那么，从原告角度出发，原告提起负值诉讼的条件是什么呢？作为理性人，当原告通过诉讼获得的预期收益高于其诉讼成本时，原告将提起负值诉讼，也即是式（12）$S=(Cd-Cp)/2>Cp$ 所表达的条件。将式（12）稍作整理，可得式（13）$Cd>3Cp$。式（13）表明，当诉讼对于被告来说意味着很高的成本时（3倍原告的成本），而对于原告来说只需支付一个起诉费时，原告将提起负值诉讼。

以上是有关负值诉讼发起条件的客观分析。那么，在实践中，负值诉讼的社会合意性又如何呢？应该是肯定它还是否定这种特殊的诉讼类型呢？对于这些问题的回答，应当分情况区别对待：首先，对于没有实际受到伤害的原告利用负值诉讼的特点进行的"合法讹诈"行为，应当进行否定。比方说，在一些大型工程项目的建设过程中，会涉及很多利益关系主体，可能会产生争议。如果争议的相对方事前已知该大型工程的建设合同规定该工程必须在某一个特定时间前完工。并且如果法律规定一方起诉的话，工程建设必须停工，那么这些相对方即使没有实际受到侵害,也会有激励提起负值诉讼。因为他们会预计到由于停工会给施工方造成巨大的成本,施工方将选择和解而不是判决来解决纠纷。那么,对于这种看似负值诉讼实为"合法讹诈"的行为,就应当进行否定。

其次,对于实际受到伤害的原告提起的表面上看预期收益小于诉讼成本的负值诉讼,应当具体情况具体分析。这类案件实践中最为典型的就是曾经引起广泛争议的所谓"一元钱官司"。"一元钱官司"在实践中发生的情形主要有两类,一类是精神损害赔偿。比方说 2000 年,《安徽商报》刊登了一篇《口香糖与牛皮糖》的讽刺文章,报道明星王志文在拍电视剧时,与当地出租车司机发生纠纷后大打出手。文章评论说:"王志文的坏脾气好像牛皮糖一样,嚼不烂、忍更乱。"于是王志文就向上海法院起诉,称报道失实,对自己的名誉造成不良影响,要求法院判处《安徽商报》登报道歉,并赔偿精神损失费一元。另外一类案件则涉及社会公益或"集团诉讼"的概念,比如曾经有一名律师因火车站售票处比国家规定多收了五毛钱的火车票价,而将广铁客运集团起诉到法院,要求广铁客运集团在湖南、广东两省的主要媒体上赔礼道歉,并退还多收票款五毛钱。

从表面上看,"一元钱官司"诉讼收益低,但诉讼成本却很高,原告需支付律师费、起诉费、交通费等,从经济上看是得不偿失的。那么,从社会角度衡量,是否应当对"一元钱官司"持否定态度呢?对于这类"一元钱官司",应当具体情况具体分析。首先,在精神损害赔偿中,诉讼收益应当以当事人自己的价值判断为准。如同合同法法经济学理论中的效率违约概念所表明的一样,合同是否属于效率违约,应当以当事人的主观价值为衡量标准。一些在外人看起来不经济的诉讼在当事人看来却很可能是很"值得、划算"的。因此,不能简单地对这类案件加以否定。其次,在涉及社会公益或"集团诉讼""一元钱官司"中,也不能以诉讼标的的市场价值过低为理由,来轻易地否定这类案件的积极意义。因为在实践中,可以发现这类案件往往涉及一些垄断行业,而原告提起的诉讼通常具有"放大价值",其争议事实具有普遍性和重复性。实际上这类案件是以单个案件的高诉讼成本支出来换取整个社会诉讼成本的降低。因此,这类案件具有很强的正外部性。从社会合意性角度,应当肯定而不是否定它。

四、执 行

起诉的经济分析表明只有当诉讼所带来的预期收益大于诉讼成本时,当事人才会提起诉讼。不过这样的决策通常是建立在法院的判决能够得到严格执行的基础上。如果社会耗费巨额成本的法院判决最终却得不到法院执行,那么当事人就必然会重新评估诉讼的价值。从而影响到诉讼社会功能的发挥。在这里，重点分析实践中执行难导致的一个突出现象——"拍卖判决书"。例：廖氏六兄弟诉肇庆市银叶食品有限公司案。2005年，因为银叶公司拖欠廖氏六兄弟26万元货款，廖氏兄弟将其告上法庭，法院判决被告应在10日内偿还原告26万元货款。但在肇庆市鼎湖区人民法院查封、扣押银叶公司的机器设备时，却发现银叶公司已在2003年年底被转让给他人。之后，廖氏兄弟的执行申请和重审请求均被法院驳回。为此，廖氏兄弟于2007年在广州街头以5万元的价格"拍卖法院判决书"。在广东省人大、省高院的关注下，肇庆市中级人民法院重新开庭审理，廖氏兄弟在2008年10月收到了再审胜诉的判决书。判决纠正了一审法院的判决，确认2005年7月扣押的财产为银叶公司所有。之后，廖氏兄弟向鼎湖区法院申请执行，法院当即作出执行裁定书，并在2009年1月查封了被执行人的房屋。但到2010年，廖氏兄弟依然未能获得执行款。2010年他们又在广州市区以8万元人民币"拍卖"法院判决书。

对于案例中所描述的拍卖判决书的现象学界有两种对立的看法，一种观点认为，判决书买卖是私人合法债权的让与，拍卖判决书有利于保护私有财产、分担执行风险、节约司法资源、避免执行难；另一种观点认为，拍卖判决书的行为有损司法权威、衍生司法腐败、应当禁止"拍卖判决书"的行为。

对于"拍卖判决书"的现象，应当从该现象产生的根源进行分析。拍卖判决书现象之所以会产生是因为执行难的存在，实践中虽然判决已经做出，但被执行人以各种理由拖延执行而司法机关又不去强制执行或者强制执行存有各种除外理由。如果反对判决书的拍卖，那么对于出卖人来说，由于其无法通过正常的司法途径实现其债权，那么，最终他可能就不得不放弃司法救济，转而采取私力救济或者非法途径。如果支持判决书的拍卖，那就需要进一步追问，为什么会有人去购买"判决书"呢？从理性人的角度出发，在一个买卖交易中，只有存在合作剩余，才会有人参与交易。也就是说买方肯定有更强的手段执行判决。而一个社会中还有其他什么方式比司法手段还更强有力呢？另外，如果判决书买卖合法化，还将产生一系列问题，比方说判决书买方借何名义向被执行人证明其债权的合法性？如果买方要取得合法的执行地位，就需要要么卖方出具的债权转让凭证并得到法院的证明，要么买方要向法院提起确认（或者变更）权利的诉讼，而这些都将耗费大量的社会成本。因此，对于判决书买卖现象，不应当将焦点集中于是否支持或反对判决书买卖的行为，而应该考虑的是如何加强司法机关的执行力度，从根本上解决执行难的问题。这才是治标治本的方法所在。

第十三章 反垄断法的法经济学理论

一、管制的基本概念

(一) 什么是管制

1. 管制的定义

管制（regulation）是政府机构施加给（通常是）私人（公司）经济行为的控制。管制既包括国家以经济管理的名义进行的干预，也包括对企业之价格、销售、生产决策等采取的限制等，实际上就对应着微观管制和宏观管制两者。管制是政府对私人主体所施加的约束和限制，管制的主体是广义的政府，而管制的对象主要是企业。

2. 管制的分类

从不同的角度可以把管制分为不同的类型。从管制的手段来看，可分为直接管制和间接管制。间接管制是政府主要利用法律的手段进行的管制，比如利用反垄断法、消费者权益保护法、产品质量法等对企业行为的管制。直接管制是由行政机关直接用行政手段进行的管制。

从内容上，管制可分为经济管制和社会管制。经济管制主要是政府对于经济方面的管制，尤其是对于企业、产业的管制，包括对电信、电力、银行、证券、保险等的管制，是现代社会中十分常见的管制。这些管制的主要内容包括价格管制、质量管制、进入管制、投资管制等。如工商总局就是专门从事经济管制的政府部门。经济管制又可以分为微观管制和宏观管制，微观管制是主要针对企业所实施的管制，如反垄断中的价格管制等，而宏观管制主要是利用财政政策、货币政策等宏观调控手段对宏观经济进行的管制，如中国人民银行就属于中国专门执掌货币政策的政府管制机构。社会管制主要是对环境、健康、卫生、生产安全等所实施的管制，如中国的食品药品监管局、安全监管总局、环保总局等皆属于主要从事社会管制的政府部门。

3. 进行管制的经济原因

微观经济学已经证明，在完全竞争的市场条件下，市场将出清，达到一般均衡，生产和消费皆实现帕累托效率，整个市场达到帕累托最优。此时，政府只需要充当"守夜人"的角色，不存在对政府管制的需要。但是完全竞争的假设是不现实的。市场总是不完全的，在不完全竞争的市场中，帕累托效率就无法达到，出现"市场失灵"。导致市场失灵的因素大致包括外部性、不完全信息、公共物品和垄断。市场失灵为政府管制提供了根据和理由。也正因为如此，现实中的政府不会是一个简单的"守夜人"，干预市场并克服市场失灵是它的重要任务之一。

（二）管制的起源与变迁

1. 管制的起源及其发展

现代意义上的管制最早出现在19世纪70年代的美国。1877年，美国具有里程碑式的案件——马恩诉伊利诺伊州案判决揭晓，促使伊利诺伊州政府开始着手对粮食价格的管制。该案确立了美国法律中的一个重要原则，即财产的使用具有公共影响的时候，它的使用便附着了公共利益。出于对公共利益的维护，财产的这种使用必须接受政府的管制。该案判决所确立的规则为美国政府的经济管制提供了最初的法理基础。

与此同时，美国的铁路业迅速发展，也出现了铁路对消费者实行价格歧视等现象。消费者因此呼吁政府加以管制。在此背景下，美国于1887年出台了《州际商业法》，并为此专门成立了相应的管制机构，对铁路价格进行管制。

此后，美国政府的管制活动继续增多，到了20世纪30年代，形成了一次管制浪潮。1934年，在著名的内伯亚诉纽约州的案件中，美国最高法院对经济管制给予了更为宽泛的定义，认为即使是非公共领域，出于公共福利的需要，政府仍然能够进行管制，这为政府的管制行为扫除了宪法障碍。此一时期，美国政府对于广播、电力、天然气、运输等皆开始实施管制。30年代的大萧条更让美国政府对银行、证券和其他经济活动实施了极为广泛的管制。

到了50年代，美国扩大了在能源方面的管制。此后管制逐渐发展成为国际性趋势，许多市场经济国家都在众多领域引入了政府管制。到了20世纪70年代，政府管制几乎达到了一个顶峰。不过，也正是从此时开始，管制发生了巨大变化，一股放松管制的浪潮从发达国家开始并蔓延到其他国家，这时候的政府管制不仅开始缩小范围，而且出现了许多新的政府管制方式，管制思想和理念也发生了一些变化。

2. 管制与放松管制

在政府管制随着经济发展不断增多的同时，管制方式也在不断地更新。但是，到了20世纪70年代，人们开始反思政府管制。因为人们发现，管制并没有像想象的那么有效率，甚至，也存在着政府失灵的情况，管制很可能是没有效率的，甚至是成本高昂的。

管制失灵包括两个方面：(1)政府的管制可能是没有效率的，即政府管制并没有实现纠正市场失灵的管制目标；(2)政府管制可能代价太高。具体而言，一是政府为了执行相应的管制行为，必须建立相应的机构，由此产生了人员工资成本、行政机关运转费用等成本，并且这种行政成本常常存在着一种扩大的趋势；二是政府管制有可能导致被管制企业的无效率，导致管制期待的效果无法实现。

更值得警惕的是，政府在管制中可能被俘虏，由于政府也是"经济人"，公共选择理论已经成功地说明，利益集团对政府政策有着重大影响，政府的管制完全可能被利益集团左右，从而使管制背离了所标榜的公共利益目标。并且管制也可能引发寻租行为，造成社会福利净损失。

同时，放松管制也有一定的经济背景。一是20世纪70年代之后以信息和其他高科技为中心的技术创新突飞猛进，某些行业技术变革的发生让以前政府管制的理由难以继续成立；二是全球贸易的增长和全球市场的发展，产品和要素开始在各国之间频繁流动。

在上述背景下，从美国开始的放松管制浪潮首先波及英国、日本，继而波及其他国家，形成了全球范围内的放松管制。当然，放松管制不仅仅是在管制领域的缩小，也伴随着管制方式的变革和创新。同时，放松管制并非一种绝对的趋势，实际上，放松管制的同时也可能伴随着某些领域管制的加强。不过总的来说，放松管制取得了很大的成就，它增强了企业的活力，并使得市场更为繁荣，也减少了管制的行政成本和寻租等造成的社会福利净损失。

(三) 管制理论

1. 管制公共利益理论

管制公共利益理论是基于市场失灵而产生。垄断、外部性、不完全信息等的存在使市场失灵，为政府管制提供了理由。管制的目标是提高社会福利、纠正资源配置的无效率。管制公共利益理论强调，政府应基于公共利益的需要对市场失灵进行管制，促使市场的有效运行。

管制公共利益理论本来是一个规范性的理论，即它阐明什么情况下应该进行政府管制，但是公共利益理论却运用规范化分析推出了一个实证理论，也被称为实证理论的规范分析（NPT）。管制公共利益理论首先说明了在市场失灵时应当进行管制，同时也表明，在市场失灵的时候，公众会有要求政府进行管制的需求，因为只有这样才能纠正市场的低效率，提高公共福利，这样就导出了管制何时产生的实证理论。

管制公共利益理论与一些经验事实是符合的。不过，该理论缺乏对于公众促使管制发生机制的描述，同时也没有阐释清楚管制者是如何采取适当行为进行有效管制的。这是对管制公共利益理论的第一个批评。

管制公共利益理论面临的第二个，也是最为致命的批评是，现实中存在大量能够反驳它的事实依据，这成为管制公共利益理论几十年来缺少支持的主要原因。比如既不存在自然垄断也不存在外部性的出租车业就一直存在价格和进入管制，这在中国亦然。而有的管制，则完全可能是基于利益集团的游说而进行的，因为这样减少了这些行业的竞争，维护了这些企业的利益。

管制公共利益面临的第三个批评是针对自然垄断行业管制的。管制实际上可能并不能有效地约束自然垄断企业的定价行为。如凡是中国的手机用户都感到了管制带来的高价格，而在早些年，安装固定电话还需要所谓的初装费，这些都是管制无效的明证。

2. 管制俘虏理论

正是由于管制公共利益理论似乎与事实有较大出入，促使了管制俘虏理论的产生。管制的发展历史也表明，管制似乎并不是与市场失灵紧密联系在一起的，甚至于管制常常是有利于厂商而不是公共利益，管制常常是提高和维护了厂商的高额利润，牺牲了消费者利益。

管制俘虏理论认为，管制实际上是体现了企业对管制的需求，是那些追求垄断利润的企业推动政府实施了管制，在管制中政府逐渐被企业所控制，导致政府被"俘虏"，所以政府管制最终维护的不是公共利益，而是维护和保护了企业的高额利润。这完全动摇了政府管制的内在基础。

这种理论与管制的实践常常比较符合，比管制公共利益理论更有现实说服力。但是，该理论仍然只是对于经验事实的总结，并没有提出一个真正的理论，也没有解释政府为什么被俘虏。另外，虽然现实中有许多证据支持该理论，但同样有一些事实与之相反，比如一些交叉补贴和对小企业的优惠。

3. 管制经济理论

管制公共利益理论和管制俘虏理论虽然都在一定程度上反映了现实管制实

践，但是它们都只不过是对现实的一种假设和陈述，而且现实中还存在着许多和它们不相符合的管制现象。并且它们其实也并没有对管制现实提出自己的解释，因而从根本上说谈不上是一种完全的理论，管制经济理论的出现改变了上述局面。

管制经济理论由施蒂格勒1971年的经典论文《经济管制理论》始创，后经其他学者的发展而成熟。该理论从一些基本的假设前提出发，运用经济学的基本范畴和供求标准分析方法来分析管制的产生，力图解释管制的产生原因，这是管制理论的一个重大进步。施蒂格勒假设，强制力是政府的根本资源，同时各个管制机构都是"经济人"，都追求效用最大化。同样追求利润最大化的利益集团会通过游说政府来实现改善处境和获取利益的目的。管制经济理论表明：（1）由于生产者能够进行良好的组织并有更充分的财力，它们常常能够对政府进行游说并施加更多影响，从而政府管制的结果常常是有利于生产者的。（2）但是即使在有利于生产者的管制政策中，由于消费者集团的影响，所以价格仍然是在生产者利润最大化水平之下。（3）管制可能更多地存在于相对竞争或相对垄断的产业。（4）在市场失灵的情况下，管制更有可能存在，因为此时某些利益集团相对于其他利益集团的损失而言较大，它们会对立法产生更大影响。

虽然管制经济理论相对于之前的理论有很大进步，然而它假设利益集团能够直接影响政府的管制政策，但是政府的管制政策显然是受到各种因素的影响，决策过程十分复杂，利益集团到底是如何做到这一点的，以及是否能够做到这一点，该理论都未给予充分说明。另外，现实生活中仍然有与管制经济理论不相符合的管制实践，尤其是一些行业的放松管制。

4. 可竞争市场理论

可竞争市场理论是美国经济学家鲍莫尔（Baumol）以及潘泽（Panzar），威利格（Willing）等人发展起来的。1981年，Baumol在就任美国经济学会主席的演讲中首次阐述了可竞争市场理论，之后，Baumol，Panzar和Willing出版了《可竞争市场与产业结构理论》一书，标志着系统的可竞争市场理论的形成。可竞争市场理论认为，在可竞争市场上是不存在超额利润的，即使在寡头垄断甚至在完全垄断市场结构下也是如此。因为任何超额利润都会吸引潜在进入者的进入，进入企业制定低于垄断价格的价格仍然能够获得正常利润甚至超额利润，因而垄断企业便有了降价的压力。垄断企业为防止其他企业进入，必须降低价格，使其价格成为一种可维持性定价。可竞争理论认为，垄断企业在可竞争市场上不会产生生产和管理的低效率问题，其原因和前面一样，如果存在低效率则会吸引其他高效率企业的进入。因此，从长期来看，垄断企业最终会达到生产和管理要求的最优效率水平。从可竞争市场理论得出的管制建议是，政府应该放松进入管制，允许新企业进入市场与垄断企业竞争，此时便可能形成一种可竞争的市场结构，从而实现经济高效率。

毫无疑问，可竞争市场理论对于政府管制的思路和措施选择有着重大影响，它提出了一种全新的视角和解决思路，即如果市场都是竞争的或者可竞争的，那么依靠潜在竞争力促使社会资源的优化配置和垄断企业高效率，政府管制就成为多余的了。不过，现实世界中，企业进出任何一个行业都需要很大的成本，而垄断企业也可以采取许多策略性行为，破坏市场的可竞争性。并且该理论也没有对可竞争市场需要的条件达成一致，因而可竞争市场理论并未对政府管制造成致命的冲击，但可竞争市场理论毕竟为放松管制提供了理论说明。

5. 管制激励理论

传统的管制理论都假定管制者与被管制者之间的信息是充分的，然而在具体的管制实践中，管制者与被管制者之间、管制者与公众之间的信息不对称却是常态。从 20 世纪 80 年代中期开始，Baron 和 Myerson（1982）将微观经济学理论中的新理论引入管制理论，Laffont 和 Tirole（1993）将激励理论和博弈论应用于激励性管制理论分析，管制经济学达到了一个发展高峰。激励性管制理论放松了信息充分的假设，着重研究如何在信息不对称条件下在管制者与被管制者之间进行激励机制框架的设计，解决由管制者与被管制者之间的信息不对称所引发的逆向选择、道德风险、竞争不足以及设租、寻租等问题。

日本著名的管制经济学家植草益（1992）认为，所谓激励性管制，就是在保持原有管制结构的条件下，激励受管制企业提高内部效率，也就是给予受管制企业以竞争压力和提高生产或经营效率的正面诱因。激励管制关键是要设计一种管制合同，从激励强度看，激励管制合同包括强激励型和弱激励型两种。强激励型合同是指在边际上企业承受较高比例的成本，企业利润的多少与企业成本的高低密切相关，企业得到的总货币补偿量随企业实际成本的变化而变化，成本越高，企业的净收益越低。弱激励型合同是指企业的利润不受成本变动的影响，企业的成本将完全得到补偿，同时企业降低成本的收益不完全归企业所有，而是将部分转移给政府和消费者。现代西方国家实行的激励性管制种类很多，常见的主要类型有价格上限管制、特许投标管制、利润分享管制、联合回报率管制、区域间竞争管制以及菜单管制等。激励性管制理论对于中国的政府管制有相当的借鉴作用。

二、竞争与反垄断

（一）市场竞争与反垄断

1. 垄断及其与竞争的关系

在新古典经济学体系中，垄断与完全竞争是相对立的，它意味着厂商能够控制价格。垄断可从结构和行为两个方面来理解。通常而言，称一个市场为垄断市场即是针对市场结构而言，它意味着市场上供给主体较少，它可能是垄断竞争，也可能是寡头甚至完全垄断的。垄断行为是指市场主体的一致行动，它们通过串通、默契、制定垄断价格等来谋求垄断利润。

经济学给出了一些衡量垄断水平的指标，常用的包括产业集中度和勒纳指数。产业集中度是指同一产业内前若干家企业的销售收入（或产量等）占整个产业的比重，比重越高则垄断程度越高。勒纳指数是由垄断企业所定的价格比其边际成本高多少来定义的，可表示为 $LI=(P-MC)/P$，此处 P 为价格，MC 为边际成本。

经济学的基本观念是认为完全竞争是一个理想的市场结构，垄断破坏了市场的完全竞争性，使得市场无法实现最优的资源配置，导致消费者福利和社会福利的损失。垄断成为和竞争对立的一种经济现象，因此反垄断成为了必然结论。但是，后来经济学家们发现，垄断也并非全无是处，实际上在规模经济情况下，垄断可能是较好的选择。并且垄断也并非没有动力促进技术进步，有时候垄断反而促进了技术进步，因为垄断可以为技术研发提供充分的财力基础和良好的研究条件。同时，可竞争市场理论的提出更是让人们加深了对于垄断与竞争关系的认识，垄断并非与竞争天然水火不容，在可竞争的市场条件下，垄断仍然是有效率的。从现实来说，竞争可能导致垄断，它们二者完全可能相互转化。同时，垄断竞争与寡头竞争也可能是非常激烈的，这些市场为消费者提供了差别性商品，似乎比完全竞争同一产品更有利于消费者选择。正是由于这些市场存在的激烈竞争，它们的效率常常也是非常高的。

2. 哈佛学派、芝加哥学派与反垄断主张

哈佛学派和芝加哥学派是产业组织研究中的两个著名学派，他们都对竞争与垄断这个问题进行了深入研究，他们的研究成果也深深地影响了美国的反垄断实践。

从 20 世纪 30 年代开始，哈佛大学就有学者对市场竞争过程的组织结构、竞争行为方式和市场竞争结果进行经验研究。后经许多学者的努力，逐步形成

了以哈佛学者为中心的哈佛学派。哈佛学派以新古典经济学的价格理论为基础，以实证研究为主要手段，对特定市场从结构、行为、绩效三个方面进行分析，形成了市场结构（structure）、市场行为（conduct）、市场绩效（performance）的分析框架（SCP分析）。他们认为，结构、行为、绩效之间存在着因果关系，市场结构决定企业行为，企业行为决定市场绩效。因此，市场结构在他们的研究中处于核心地位。如果市场是高度集中的，他们认为这将破坏市场的竞争性，使得企业获得高额利润，但市场将产生低绩效，他们于是提出了"集中度—利润率"的假说。在实践中，哈佛学派的主张在第二次世界大战后得到了推崇，推动当时的美国政府积极推行反垄断政策。

芝加哥大学的经济学历来有着自由主义传统，在反垄断问题上同样如此。芝加哥学派不认同哈佛学派"结构—行为—绩效"的因果链。高集中度市场上的企业高利润到底是来自垄断势力还是来自垄断企业的高效率，是两大学派争论的焦点所在。芝加哥学派不认为市场结构是市场绩效的决定因素，强调高集中度市场上的企业常常有着高效率，高效率主要源自规模经济、先进技术和完善的管理等因素。因此，市场集中度高未必市场绩效不高，只要市场绩效良好，则政府就没有必要进行管制和反垄断。芝加哥学派还进行了一些实证研究批判哈佛学派的"集中度—利润率"假说。芝加哥学派坚信自由竞争的市场才是效率的最佳保证，他们对于政府过多的干预表示忧虑和怀疑，他们认为市场中并不存在哈佛学派认为的那么多垄断，强调大公司的高利润常常都是高效率的结果，所以他们主张放松反垄断法的实施和政府管制，这些主张在20世纪70年代以后被美国政府采纳。

（二）美国的反垄断法律

1. 美国反垄断立法的发展过程

反垄断的立法源自美国。19世纪后期美国铁路飞速发展，但铁路部门一直存在着许多严重的问题，如运价混乱、价格歧视、差别对待等，公众对此很为不满，要求政府进行管制。1883年，第一部反垄断法在亚拉巴马州通过。1887年，美国国会通过了对铁路部门实行调控的法案，即《州际贸易法》。1890年，美国又通过了著名的《谢尔曼法》，其主要目的是控制经济垄断权力，消除竞争限制。《谢尔曼法》共有八条，其核心是第一和第二条，包括认定任何阻碍州际商业活动或同国外的商业活动的契约，或者其他造成垄断的企业合并或营业的阴谋都是非法的，力图在贸易中进行垄断的图谋亦是非法的，等等。《谢尔曼法》的颁布是一个里程碑，它被认为是现代反垄断立法的开端。

但是在《谢尔曼法》颁布之后，美国许多公司仍然得以合并，公司规模不断扩张，垄断的趋势仍在继续。鉴于此，美国于1914年颁布了两部重要的反垄断法律，即《联邦贸易委员会法》和《克莱顿反托拉斯法》，由此形成了美国反垄断领域的三大法案，成为美国反垄断法体系的主体，这些法律一直到今天仍然具有法律效力。同时，美国还建立了联邦贸易委员会，专门负责这些法律的实施。为强化《克莱顿反托拉斯法》，美国国会又于1936年通过了《罗宾逊—帕特曼法》，明文禁止各种形式的价格歧视行为；1950年通过了《塞勒—基弗维尔法》，严格控制可能削弱竞争的企业合并行为；此后，美国又根据形势陆续通过了一些反垄断方面的法律，使得内容更加具体化，也更加完备。

2. 反托拉斯法的实施原则

反托拉斯法的实施原则主要由美国逐步发展并充实其内容，美国的法院在这些原则的形成和实施过程中发挥了重要作用。这些原则被实践证明基本上是比较有效的，同时这些原则也随着经济情势的变迁而有所变化。

（1）本身违法原则和合理性原则。

1898年，美国联邦第六区上诉法院在美国诉艾迪斯顿管材与钢铁公司案中形成了"本身违法原则"。只要法院认定企业行为是非法的，其恶意串通事实本身就足以构成追究企业责任的理由，这甚至无须原告证明其行为给竞争带来或将带来什么影响。本身违法原则确立了一些不能豁免的反竞争行为，如价格操纵、市场瓜分、某些联合抵制和搭配销售等，它对于企业的垄断行为起到了威慑作用。本身违法原则比较容易确认，也简化了手续，缩短了对于限制竞争行为的认定时间和过程，节约了社会资源，但是它可能导致过分限制企业行为，最终反而与促进竞争的目的相违背。

1911年，美国最高法院又确立了合理性原则。这一原则规定，在决定解散垄断公司的时候必须采取谨慎的态度，认真权衡利弊，减少消极影响。合理性原则认为，只有被认为是不合理的限制竞争行为才应该属于被禁止之列。这样，合理性原则便给了企业一个较大的活动空间。

本身违法原则在反托拉斯法的实施中主要适用于调整企业的市场行为，对违反竞争的行为予以追究，而合理性原则主要适用于调整市场结构。不过，对两个原则的适用也有一个演变过程，有时候更多适用前一原则，有时候则更多适用后一原则。

（2）效率原则。

如前所述，芝加哥学派的产业组织理论对反垄断的理论和实践产生了重大影响。由于美国反托拉斯法条文具有很大的模糊性，法院的"自由裁量"余地相当大，在如何判断合理竞争与垄断行为的问题上产生模糊时，常常就会遵循效率原则来进行处理。芝加哥学派认为，反托拉斯法应该以效率为目标，以效率原则来评价企业及其行为。企业行为只要符合效率原则就应该被认为是合理的，而不论它是否会损害其他竞争者。所以，效率原则认为不能对于任何表面看起来有限制竞争之虞的行为都加以禁止。

（3）豁免原则。

这是对反托拉斯的特殊规定，指对特殊行业或者特殊企业免于反托拉斯诉讼。在美国，这些产业和商业活动包括劳动工会、农资公司、联合研究与开发等。这些都是基于特定理由而给予的例外规定。

3. 反垄断法的效率评价

大多数经济学家都认为，反垄断法的主要目标在于提高效率。反垄断法要通过促进和维护竞争来使资源更有效地配置，并使市场最大限度地发挥作用，但并不是要保护任何一个竞争者。在维护竞争和反垄断方面反垄断法确实做出了积极的贡献，在发挥市场作用、促进效率方面其同样功不可没。但反垄断法也面临着一些问题，反垄断法一方面可能制止了许多不正当竞争行为和限制竞争的行为，但它同时也可能限制了竞争。而且，对于不同原因造成的垄断不加区分地进行限制，也很可能造成对企业的不当打击，最终限制了企业发展。反垄断法最终也必然面临一种矛盾，即政府要努力促进和依赖市场竞争，但市场竞争优胜劣汰的自然结果就是优胜者将获得一定程度的垄断。反垄断法要在二者中间取得一种平衡，但平衡又是动态变化的，受多种因素的影响，由此也就显得有些难以把握。

三、自然垄断与政府管制

（一）自然垄断的基本理论

当面对一定规模的市场，单个企业的平均生产成本随着产量的增加而持续下降，产量越大则成本越低，那么单个企业生产会导致成本最低，此时就出现了自然垄断现象。自然垄断的基本特征就是生产函数呈现规模报酬递增状态，自然垄断的市场常常只能容纳这样一家企业进行生产。虽然由一家企业生产形成了垄断，但由一家企业生产能够获得最低的平均成本。规模经济是自然垄断的基本特征之一。

随着研究的深入,学者们又提出了自然垄断的范围经济和成本劣可加性特性。成本劣可加性是指单一企业生产能够比多家企业生产这些产品获得更低的总成本。当企业以任意组合方式生产两种或者多种产品的成本能够低于两家或者多家企业各自生产一种产品的成本时,便产生了范围经济。规模经济只是解释了单一产品情况下的自然垄断,用范围经济则可以解释多种产品情况下的自然垄断。

更进一步的研究认为,严格的成本劣可加性才是自然垄断的充要条件,规模经济并不一定能够导致成本劣可加性。在单一产品情形下,规模经济虽然是平均成本下降的充分条件,但却不是必要条件。无论是单一产品还是多产品,只要成本函数在相关的全部产量范围内是严格劣可加的,就必然会导致自然垄断,而此时由单一企业进行生产是成本最低的。就多产品生产而言,即使规模经济和范围经济一起也不能必然推导出成本劣可加性,因而即使存在规模经济和范围经济也未必一定是自然垄断。成本劣可加性概念的提出可以说大大深化了对于自然垄断的认识,标志着理论研究把单一产品领域和多产品领域的自然垄断结合起来加以研究。

(二)自然垄断的价格管制

1. 自然垄断企业的价格制定原则

对自然垄断的管制手段一般是对价格水平、服务质量以及市场准入进行管制。其中价格管制是关键。对于自然垄断企业的价格制定,有三种定价原则,即边际成本定价原则、平均成本定价原则和垄断定价原则。

(1)边际成本定价原则。

按照社会最优福利的要求,企业的定价应该遵循边际成本等于价格,即 $P=MC$。但如果按照边际成本定价原则定价,由于自然垄断企业常常伴随着巨大的固定投入,无法弥补企业所投入的固定成本,造成企业的亏损,因而边际成本定价原则虽然是一种理想的定价模式,现实中却难以执行。

(2)平均成本定价原则。

它是将自然垄断企业的固定成本分摊在其所生产的产品上,从而弥补其投入的固定成本,使得企业达到财务上的平衡,不至于亏损。这种定价方式比前一种更可行,但存在着对企业激励不足的问题。

(3)垄断定价原则。

它是企业从自身利益最大化出发,最终的定价最高,消费者福利和社会福利损失最大的一种方式,所以政府都对这种定价加以管制。

2. 自然垄断的价格管制

自然垄断的价格管制大致包括两种管制方式,即公平报酬率管制(ROR)和完全成本分摊管制(FDC)。

(1)公平报酬率管制。

公平报酬率管制是根据整个社会平均或正常的投资利润率以及自然垄断企业为提供一定数量产品所付出的成本来确定一个公平的投资报酬率,并以此来确定企业的产品价格。企业投资包括企业生产、经营过程中的固定资本、流动资本及其他资本。如果企业所有资本为 V,确定的资本公平报酬率为 P,则企业的公平报酬率定价为 $P=V/Q$,其中 Q 为产品数量。

公平报酬率管制是以平均成本定价为分析基础所做的一种现实选择,是平均成本定价模式的进一步深化,其优点在于能保障企业财务收支的平衡,不至于使自然垄断企业亏损。不过,这种管制方法存在一些问题:首先,它必须确定什么样的报酬率是一个公平的报酬率。这并不是一件容易的事情,不同行业、不同时段甚至不同经济形势下都不一样,而且,公平报酬率的制定过程中也可能导致利益集团的寻租行为,造成社会福利净损失。其次,制定公平的报酬率时必须清楚自然垄断企业的成本和资本投入以及产出效益等信息,但对于管制者而言,这些都未必是清楚的。最后,这种价格管制中常常伴随着所谓的"A–J效应",即在这种管制之下,企业过多地使用资本,因为收益决定于资本的总规模。而劳动的利用则不足,无法导致成本最低的生产方案,内部效率低下。

(2)完全成本分摊管制。

完全成本分摊的基本思路是将自然垄断企业生产经营中所发生的所有成本分摊到其所生产的产品上,这样可使得企业的成本得以弥补,维持企业运转。这也是管制实践中常用的一种价格管制方法。

完全成本分摊的具体方法有多种,其中最主要的是对公共成本加以分摊,但这一部分成本较难很清晰地分摊到每一单位产品上。一种分摊方法是将所有公共成本全部平均地分摊到每一单位产品上,另一种分摊方法是一次性收取一定的固定费用,之后便不在产品上分摊公共成本。除了这两种之外,还可以有许多处于这两者之间的分摊方法,具体上主要是分摊比例高低不同而已,本质上并无差别。

如果根据单位产品来分摊公共成本,是一个从理论上来说精确而简易的方法。但是,在实践操作中,如何确定产品的单位和如何具体确定分摊的产品总量都是一个问题。对于不同的产品其计量单位是不同的，如果产品能够用如吨、瓦等单位来进行计量，则可按照这些已经为大家所公认的计量单位来进行分摊，但如果没有这些已经公认的计量单位，则可按照价格进行加成，分摊公共成本。另外一个问题是，如何确定到底多少产品分摊公共成本。产品通常是在一定期限内生产的，而投入的公共成本也是在未来一定期限内逐步折旧，因而确定分摊产品的数量或者确定分摊期限也是一个现实问题。不同的选择显然会对消费者造成不同的影响。而这些都只能根据具体情势而选择一个比较合适的分摊方式。

收取规定费用进行分摊的方法也被称为两部类收费，这和厂商在价格歧视时所使用的两部类收费制完全一样。这种收费实际上是将定额和从量收费结合起来。对于消费者而言，必须首先付出一个固定的价格，然后在此基础之上按照消费的产品的数量多少再行付费。这种收费在消费者支付固定费用之后颇类似于按照边际成本定价进行收费，但它又保证了企业不至于亏损。不过这种付费方式有可能使得一部分消费者退出市场，不再消费该种产品，这样将减少消费者福利。

一个比较折中的收费方法是让消费者支付一定数额的固定费用，但同时也在产品价格上分摊部分公共成本。这种定价方式降低了消费门槛，使得本来退出消费的部分消费者重新消费该产品。

总的来说，完全成本分摊定价虽然使得企业弥补了它的生产经营成本，但是这种方法无法激励企业降低成本，刺激企业改善技术，也难以激励企业提高产品质量，造成常见的服务质量低下，同时这种定价也难以做到社会福利最大化。

3. 对自然垄断价格管制的替代：激励性管制

传统的价格管制方法都存在一个问题，就是对自然垄断企业的激励不足，造成企业效率低下。因此，人们希望找到既能够保持原有价格管制的好处，同时又能够给予企业以一定激励的管制方法，激励性管制便应运而生。激励性管制主要包括价格上限管制、特许投标制度和区域间竞争理论等。

（1）价格上限管制。

价格上限管制本不是一件新事物，在许多特殊情况下，政府都会采取价格上限管制，如战争期间和物资紧缺时期，这种价格上限管制导致的排队现象和低效率一直以来饱受批评。如中国在短缺年代进行的价格管制同样产生了上述问题，出现"排队""走后门"等现象。所以，对于自然垄断的管制，显然不能简单地沿袭以前的价格上限管制方法。作为对公平报酬率管制的替代，新型的价格上限管制是由英国的李特查尔德教授于 1983 年提出的，他当时受英国政府的委托而提出了这种新的价格上限管制，其目的是希望既能合理控制垄断企业的产品价格，又能够节约管制费用，给被管制企业以提高效率的激励。他认为，对自然垄断的管制需要分清楚高额利润的三种来源，即高效率、垄断和好运气，并将价格上涨率与零售价格指数、生产效率增长率挂钩。

以 RPI 表示零售物价指数，也即通货膨胀率，X 表示由管制者确定的在一定时期内的生产效率增长率，则价格上限系数 PCI=RPI $-X$。比如，零售物价指数为 9%，管制当局确定的企业生产效率增长率为 5%，则价格上限系数为 4%，也即价格上浮的上限为 4%。

这种新型的价格上限管制方式在英、美和日本等国受到了重视和较多运用。这种方式能够给企业一定自由度，同时它也减少了管制机构所必需的信息，降低了管制成本，并给了企业降低成本方面的激励。

不过，这种新型的价格上限管制也有它的问题，一是在设定 X 的值时必须掌握相当的信息，但管制机构未必具备这些条件；二是 X 值的经常变动会削弱其激励作用；三是管制机构在 X 值的设定过程中仍然可能存在寻租和被俘虏的问题。

（2）特许投标制度与进入管制。

在自然垄断行业中，由于存在成本劣可加性，满足一定社会需求的产量只需要一家企业即以足够提供，多家企业竞争反而是无效的，此时政府需要对产业的进入进行一定的管制。虽然，政府利用行政或者法律手段阻止非特许企业的进入是一件轻易的事情，但这样容易让在位企业独享高额利润，效率低下。

1968 年，德姆塞茨发表《为什么要管制公用事业》的文章，提出特许投标理论。该理论认为，可在企业是否有权进入自然垄断行业上进行特许投标，即在企业进入行业之前引入竞争，最终获胜者可独享特许经营权，中标企业以最低价格提供商品或服务，这种特许经营权同时是有期限的，期限满之后再行竞争下一期特许经营权。这种方式在事前就让企业进行了充分的竞争，使得最终选择的企业具有较高的效率，而合同也约束企业提供一定价格水平下的产品，如果在事前竞争充分，则仍然达到了通过竞争获得高效的结果。

特许投标制在一些领域内取得了良好的效果，但是，它也并非灵丹妙药。在初期投资规模大的行业中，第二次投标时的资产处理、如何防止在位企业的阻碍进入行为、政府对中标企业合同的执行和监督等都是特许投标制度存在的问题。

在市场进入管制方面,现在还出现了非对称管制。在垄断行业中,原来的在位企业已经有了较为充分的发展,实力比较强大。但对于新进入企业而言,实力通常相对弱小,尤其原企业是多元化经营,新进入企业则只提供特定领域的产品或服务,此时原有企业很容易利用交叉补贴的方法排挤新企业。这种情况下可对原企业实行较为严格的管制,对新企业则不加管制或者非常弱的管制,即非对称的管制,以创造一个实质上更公平的竞争环境。但是,这种管制方法也受到了许多经济学家的批评,认为反垄断是保护竞争,而不是保护竞争者,关键问题不在于看企业行为是否有害于其他竞争者,而在于看是否利于效率的提高。

(3)区域间竞争理论。

如果在一国之内,自然垄断企业在不同区域内形成不同规模的自然垄断需求时,政府可利用这些不同区域之间垄断企业的竞争达到政府管制的目标,借以提高效率,此即区域间竞争理论,也被称为标尺竞争理论。

区域间竞争理论是首先由英国提出并使用的,区域间竞争理论对价格的管制是以被管制企业以外的其他同类企业的成本等指标为基础来确定的,它利用了区域间垄断企业的成本差异,通过参考绩效比较好的企业的经营状况作为制定标尺的基础,同时综合考虑到不同区域之间的差异,切合实际地制定管制价格。因而如果企业能够通过自身努力提高效率,则可以使得自己在依照标尺而制定的价格下有更多的盈利,这样将能够激励企业努力降低成本,实现对企业的激励性管制。

这种激励性管制的实施需要一定的条件。管制当局必须能够了解各区域不同垄断企业的成本和经营信息,然后才能够找到一个比较合理的标尺,并进而依据不同地区的实际情况制定各地区的管制价格。同时,区域间竞争理论的使用必须存在着需求条件、费用条件等大致相似的多家企业,并能够保证在政府管制实施过程中各个企业无法进行合谋行为,否则政府管制效果将被抵消。

四、中国反垄断法的经济分析

(一)中国反垄断立法的基本现状

美国的反垄断立法已经有一百多年的历史,相比之下,中国反垄断立法的历史相当的短。管制垄断是典型的经济管制,在计划经济时代,由于完全缺少市场,不存在也不需要反垄断法。改革开放后,随着市场经济的发展,中国的反垄断立法才逐渐得到关注。1994年，反垄断立法首次被列入全国人大常委会立法规划，之后又分别于1998、2003和2005年三次被列入全国人大常委会的立法规划，但由于涉及行政垄断、部门利益协调等多方面原因，反垄断法迟迟未能出台。

"不正当竞争"一词的含义和"垄断"是不一样的。不正当竞争有广义和狭义之分。广义上，它包含了垄断、限制竞争和其他违反商业道德行为在内的所有破坏竞争的行为。狭义的不正当竞争则是除垄断和限制竞争行为以外的破坏竞争的行为。1993年制定《中华人民共和国反不正当竞争法》的主要目的是解反垄断的燃眉之急，将部分垄断行为视为不正当竞争行为而做出了相应的规定。《中华人民共和国反不正当竞争法》中，以列举的方式一共规定了11种不正当竞争行为，其中本质上属于垄断或限制竞争行为的共有5种，包括了：公用企业以及其他法定垄断企业滥用优势力量行为、政府限制竞争行为、低于成本价销售行为、搭售以及在销售时施加不合理的交易条件、串通招投标行为。

《中华人民共和国反不正当竞争法》规定的5种行为远远无法涵盖反垄断所应该包含的所有内容，特别是其中欠缺关于行政垄断的规定，而这恰恰是中国非常重要的反垄断问题之一。并且，中国现有关于反垄断法的执行机构也需要进一步规范。《中华人民共和国反不正当竞争法》的执行机构是工商行政管理部门，《中华人民共和国价格法》的执行机构是物价部门，由于两部法有重复规定的地方，出现了对同一类行为多头管理的现象。因此，中国的反垄断立法迫在眉睫。2007年8月30日《中华人民共和国反垄断法》公布通过，2008年8月1日施行，中国的反垄断立法进入了新阶段。

（二）中国反垄断立法的指向：结构还是行为？

1. 垄断的双重性质

新古典经济学发现，在垄断市场上，垄断厂商根据边际成本等于边际收益的原则进行生产，由此会导致市场均衡价格高于完全竞争市场上的均衡价格，而均衡生产数量则小于完全竞争市场上的均衡数量，导致消费者剩余减少，垄断厂商获得了垄断利润。垄断不仅损害了消费者，而且还造成了社会福利的净损失，这部分损失无论消费者还是厂商都无法得到，因而垄断造成了效率损失。这是反对垄断的基本根据。

研究还发现，由于垄断厂商缺乏外部竞争压力，它的行为可能偏离利润最大化或者成本最小化目标，使得成本增加，导致非效率。并且垄断还可能造成寻租活动，由于垄断厂商能够获得垄断利润，为了谋求和维持这种垄断地位，它们可能投入相应的成本来进行寻租，从而进一步造成社会福利净损失。进一步地，垄断的不足还体现为，向消费者提供了低质量的产品和不文明的服务，缺少改进产品质量的激励，产品无法多样化以满足消费者的多样需求。垄断者还可能利用自己的优势地位损害其他竞争者利益，损害公平竞争的市场秩序。

但是研究同时也明确指出垄断具有有利于社会的一面。在存在规模经济的情况下，垄断或许是一种比较好的选择；同时垄断也可能产生范围经济效应；垄断由于有比较充实的财力和人力基础，有能力进行一些比较高端的技术创新，反而促进了技术的进步。尤其在市场进入壁垒很小的情况下，即使是市场集中度很高，垄断企业仍然有很大的压力，其效率可能仍然是非常高的。因此，垄断并不是天然的"坏"，垄断更可能是中性的，它可能会导致低效率，可能会损害社会福利，但也可能是高效率的，能够更好地促进技术进步，使社会获得高效率，这些特征在那些通过市场竞争而获取垄断优势的企业身上体现得尤其明显。

因此，对垄断的管制，从本质上就体现为一种权衡，在垄断带来的效率提升激励和抑制竞争之间的权衡，而这个权衡又深受不同社会时期和条件的影响，从而使反垄断立法呈现出时紧时松、时宽时窄、立法重心不断变化的现象。那么，在中国这样一个转型社会中，反垄断立法又应当以什么为基本的立法取向呢？

2. 中国反垄断法的立法取向

反垄断立法的基本取向在历史上有一个发展变化过程。哈佛学派和芝加哥学派的思想对美国的反垄断立法和实践产生了极为重大的影响。哈佛学派从结构、行为、绩效三个方面分析特定市场，强调市场结构决定企业行为、企业行为决定市场绩效的逻辑。因此，如果市场是高度集中的，则这种高度集中的市场结构本身就会破坏市场的竞争性，导致市场的低效率。这种主张在第二次世界大战后得到了美国政府的采纳并被广为推行。

但是到了20世纪70年代后期以后，哈佛学派的主流地位遭到了芝加哥学派的冲击。芝加哥学派认为集中的市场结构并不一定会导致市场的低效率，通过竞争导致的市场结构集中，表明的是市场中高效率者的胜利，对这种高效率的企业进行反垄断诉讼反而会损害市场效率。芝加哥学派的观点此后得到了美国政府的采纳，开始对集中的市场结构采取更为宽容的态度，将反垄断的对象重点转向垄断行为和限制竞争行为。

中国的反垄断立法也面临同样的基本取向问题，即是将反垄断矛头指向市场结构还是市场行为。对此问题的回答应该建立在中国的经济发展现实和对反垄断立法发达国家经验进行借鉴的基础上。历史上，美国政府采纳芝加哥学派的思想有着重要的经济背景。20世纪80年代以后，美国日益受到日本等国家企业的冲击，国际竞争压力增大。因此，严格执行反垄断法，反对企业的高市场份额、分拆企业会使美国企业、产业的国际竞争力下降，因而其采取了容忍高集中度市场结构的做法。

对应来看，中国虽然有少数企业进入了世界500强，但是企业的整体国际竞争力相对于美国、欧洲发达国家的大企业而言还很弱。因此，如果过分地反对集中的市场结构可能对企业的壮大和国际竞争力提升会造成伤害。更何况通过市场竞争而产生的市场集中，是市场优胜劣汰的必然结果，这种企业本来具有高效率，只要这种企业的行为不具有垄断性或者限制竞争，那么市场应该保留这种高效率的企业存在，否则反而会打击了高效率者，保护了低效率者。反垄断的核心目的是促进和维持市场的高效率，而不是为市场中的每一个竞争者提供保护。因此，管制垄断行为而不是市场结构应当是中国反垄断立法的基本取向。

（三）中国的行政垄断问题

1. 中国的行政垄断及其表现

行政垄断的广泛存在更要求中国的反垄断立法采取管制垄断行为的基本立法取向。中华人民共和国成立后的一段时间，政府一直实行计划经济，政企不分。改革开放以来，越来越多的企业成为真正意义上的企业，但是由于体制的惯性，许多行业和企业仍然保留了浓厚的行政色彩。一些政府部门更是转型缓慢，不断利用手中权力，人为制造垄断，形成了行政垄断在中国广泛存在的局面。

中国行政垄断大致体现为以下几种形式：

（1）地区垄断，也常称为横向垄断或块块分割，是地方行政部门为本地区利益滥用行政权力、排斥其他地区竞争对手的一种行为。表现是：地方政府利用行政手段强制消费本地产品、禁止销售外地商品、对外地产品设置不正当关卡或者行政性收费、实行差别待遇等。地区垄断不仅表现在政府行政权力的滥用上，也体现在了司法权力的滥用上。

（2）行业垄断，也常称为部门垄断或条条分割。计划经济体制下中国对行业经济实行归口行政管理，因而存在许多的行业管理部门，这些部门习惯利用行政方式来管理经济事务，形成了思维和制度惯性，并且因此产生了深厚的行业和部门利益。在转型过程中，这些部门为集团利益所驱动，容易生成利用行政权力排斥、限制其他竞争对手，甚至完全禁止竞争对手存在等行为，行业垄断色彩非常浓厚。

（3）政企不分，滥用行政权力和滥用优势地位。中国国有垄断企业较明显地存在着政企不分的现象，虽然国有企业改革已经使得这种现象有所改观，但政企不分依然根深蒂固。政企不分的一个不良后果是企业利用主管部门的权力为自己谋求垄断利益，排斥、打击其他竞争者，甚至形成了既是游戏规则制定者又是游戏参与者的局面。国有垄断企业的另外一个垄断表现是，这些企业滥用优势地位，排斥其他竞争者和侵害消费者利益，出现如搭售、强制购买低质量产品或服务等现象，严重损害市场效率。

2. 中国行政垄断的危害

行政垄断对中国的经济效率和市场建设的危害是非常大的。主要表现在以下几个方面：（1）地区分割造成全国统一市场的形成受到极大的负面影响。有研究发现，中国的省际贸易障碍甚至比欧盟之间以及美国和加拿大之间的贸易障碍都要高。由此造成要素无法在全国范围内配置，导致许多省内的低效率企业被保护下来，高效率企业无法扩张市场，无法通过市场形成优胜劣汰的机制。相关实证研究也表明，中国的地区分割确实带来了巨大的效率损失。（2）行政垄断破坏了公平的市场竞争环境，保护了低效率，阻碍了市场机制发挥优胜劣汰的作用，阻碍了市场效率的提高。（3）行政垄断侵害了其他竞争者和消费者的利益，造成社会福利净损失。行政垄断者常常不正当利用公权力为垄断企业谋取垄断利益，排挤、打击其他竞争者，而且还常常利用其垄断的优势地位，采取制定高价、搭售、强制购买、提供低质量商品或服务等行为损害消费者利益。（4）行政垄断容易引起寻租行为及社会不公。行政垄断的利益本质上是通过公权力的滥用而获得的，这极容易引发各种寻租和腐败，不仅造成社会福利的损失，而且加剧社会不公。

3. 管制行政垄断

管制行政垄断是中国反垄断立法迫切且核心的问题。必须对现有立法进行完善，对行政垄断做出更为系统和细致的规定。（1）必须对各种行政垄断现象做出比较科学的分类和界定。行政垄断是一个并不十分精确的概念，在未来的反垄断立法中可以采用概括和列举混合的方式来进行规定，一方面用列举突出重点，另一方面由于行政垄断的多样性和可能发生的变化，用一般性规定可以弥补列举规定的不足。（2）必须明确行政垄断的主体，有的行政性垄断可能是由地方政府进行的,有的可能是行业主管政府部门实施的,有的则可能由垄断性企业和政府一起实施,尤其一些政企不分的行政性垄断,更加涉及这个问题。(3)必须对相应的行为规定明确的、可实施的责任。以行政责任为主要责任形式,不过由于行政性垄断的主体及其行为的复杂性,也决定了对责任的规定是一个很复杂的问题。(4)反垄断法的机构设置问题,由于行政垄断的特殊性,如果反垄断法的机构不具有很强的独立性和较高的地位,则很难保证执法的公正性、权威性和彻底性。

(四)中国环境保护法的经济分析

环境保护是经济发展中面临的一个严峻问题,也是一个全球性问题。中国在改革开放以来经济发展十分迅速,但环境污染却日益严重。环境问题已经成为制约中国经济持续发展的一个关键问题。因此,中国制定了《中华人民共和国环境保护法》《中华人民共和国海洋环境保护法》《中华人民共和国大气污染防治法》《中华人民共和国水污染防治法》《中华人民共和国固体废物污染环境防治法》《中华人民共和国环境噪声污染防治法》等一系列环境保护法律来控制污染。对环境的管制是一种典型的社会管制。

环境保护的法律规范主要包括三个方面:一是民事法律对环境问题的规范。这主要体现在《中华人民共和国民法通则》《中华人民共和国环境保护法》等的相关规定上,主要是对污染环境而造成他人人身或财产损害的民事责任进行了规定,也即规定了环境侵权私法上的责任。二是经济法或者行政法对环境问题的管制。这是环境保护法律中最为重要的一部分,多数环境立法属于这方面,由此建立了中国环境保护方面的许多制度,如环境影响评价制度、现场检查制度、排污费制度、排污申报登记制度等。三是刑法对污染环境的制裁。刑事制裁是最严厉的法律制裁措施,主要包括如重大环境污染事故罪、环境监管失职罪、非法处置进口的固体废物罪等。

民事法律对环境问题的规范主要限定在污染对人身和财产权利侵害上,着眼于对损害的赔偿和救济。经济法和行政法对环境的管制则更多地着眼于环境污染对社会造成的危害,是环境保护法律体系的主体。刑法对环境问题的规范主要是对造成重大社会危害的极端污染行为进行制裁。三种不同类型的法律共同组成了环境保护法律体系。

1. 环境民事法律的经济分析

环境侵权是因产业活动、生活活动或其他人为原因导致自然环境的污染和破坏,对他人人身权和财产权造成损害,依法应承担民事责任的一种特殊侵权行为。环境污染的民事法律主要处理环境污染给民事主体所带来的负外部性问题,主要是对环境侵权的归责原则、构成要件、赔偿、救济方式等进行了规定。

(1) 环境侵权的责任原则。

环境污染是一种典型的负外部性行为,如果放任污染对他人造成损害,则必然导致环境被过度污染,社会福利水平急剧下降。因此,要进行外部性内部化,强制环境污染主体承担相应的责任,才能保证将污染控制在社会最优水平。

侵权人根据什么原则承担环境侵权损害赔偿责任,是采取过错责任原则还是无过错责任原则?对于这个问题,法学界一致主张应实行无过错责任原则。中国关于环境侵权损害赔偿立法也采用无过错责任原则。如《中华人民共和国民法通则》第一百二十四条将环境侵权作为一种特殊的侵权行为而适用无过错责任原则,《中华人民共和国环境保护法》第四十一条及其他一些环境法律也都确立了环境侵权损害赔偿的无过错责任原则,均未将故意或过失作为环境侵权民事责任的构成要件。环境侵权适用无过错责任原则已在世界范围内普遍实行。

经济分析从最优预防视角深入分析了无过错原则的内在逻辑及其不足。侵权法的规范目标是使得事故损失、预防成本及行政费用最小化。预防和控制环境污染的目标同样如此。在过错责任原则下,要使环境侵权人进行最优的预防投入,就必须规定一个最优的过失标准,但是由于信息的不完全,要找到这个标准,要么是非常困难的,要么是成本高昂的,所以高昂管理成本使过错责任原则难以实施。与之相对比,无过错责任原则是使具有信息优势的侵权人自行决策并进行预防,使其有动力进行最优的预防投入,从而实现侵害损失、预防成本和行政成本三者之和最小化的目标。

不过,无过错责任原则虽然能够促使环境侵权人实施最优预防,但是无过错责任原则无法激励双边预防情况下的受害人预防。也就是说,当环境侵权是双边预防情形时,要求侵权人和受害人同时进行预防,此时无过错责任原则就不能实现效率预防目标,因为无过错责任原则下受害方不预防仍然能够获得完全的赔偿,而且也无须承担任何责任。法学理论基于公平理念赋予了受害人更多的利益,但却忽视了受害人对环境污染的预防问题。因此,在双边预防的情形下,要明确受害人的责任,一方面提高其预防动力,另一方面提高其减少污染后续损失的水平。由于环境侵权中双边预防的情形并不普遍,法律可以采取列举的方式进行特别规定,以完善环境侵权责任规则。

(2) 环境侵权的救济方式。

按照《中华人民共和国民法通则》第一百三十四条的规定,民事责任的救济方式共有10种。其中能够适用于环境侵权救济的只有5种,即停止侵害、排除妨碍、消除危险、恢复原状、赔偿损失。这些救济方式可以分为预防性救济方式,即排除妨碍、停止侵害、消除危险,以及补偿性救济方式,即恢复原状、赔偿损失。损害赔偿和排除侵害是核心的救济方式。

排除侵害类似于英美法中的禁令,根据财产法经济分析理论,只有当交易成本足够低时才适用禁令方式进行救济,相反当交易成本高昂时适用赔偿方式进行救济。环境侵权往往涉及数量众多的被害人,交易成本高昂,主要适用赔偿的救济方式。更重要的是,排除侵害(禁令)的广泛适用,将对现代工业造成毁灭性的打击,因而只能对那些对生产活动影响不大或者生产活动本身价值不大的污染企业采取排除侵害(禁令)的方式进行救济。

与普通侵权法具有较高发生不确定性相比,有些环境侵权的发生是确定的。如一旦决定电厂建设位置,那么电厂对周围环境造成污染将是确定的事情,能改变的只是污染水平的变化。如电厂可以使用硫化装置减少二氧化硫的排放量。那么,对于未来确定发生的环境侵权行为,采取什么样的救济方式呢?

这个问题实际上是永久性赔偿和暂时性赔偿之间的权衡。永久性赔偿中包含了对未来侵权可能造成的全部损失的赔偿,暂时性赔偿则只对已经发生的损失进行赔偿。永久性赔偿能够一次性解决问题,但是由于未来的不确定性,因而很容易导致新的纠纷,而且评估的准确性也很容易打折扣。更为关键的缺陷是,永久性赔偿使得污染者不再有动力进行预防了。因为永久性赔偿一次性确定了被告支付给原告的赔偿额,因而以后被告无论怎么制造污染都不再负有责任,被告也就没有动力持续减轻污染,不会主动为了减轻污染而改进技术,不再进行预防,从而导致污染水平超过社会最优水平。暂时性赔偿能够更为精确,并且能够有效威慑污染者的污染行为,促使其采用先进技术最大化降低污染损害,因而能够使得污染量保持在最优的水平上。所以,对于那些确定造成未来环境损害的污染,更好的救济方式是暂时性赔偿。

(3)环境管制手段的经济分析。

环境污染给个人造成的损害由民事法律进行规范,给社会带来的负外部性则由行政法来管制调整。管制方式有直接污染管制、制定污染标准、征收排污费、排污权交易等方式。

直接进行污染管制的具体方法也很多,比如直接以行政手段强制某些类型的污染企业必须停产、关闭,也可以要求停止生产某些严重污染环境的商品,如某些剧毒农药,还可以规定商品应该符合一定的环境技术标准,如规定汽车尾气排放量等。直接关闭污染源的效果可能会比较明显,能够在短时期内就减少污染排放量，不过这种方法只适用于比较特殊的情况，不具有普遍的适用性。我国常常针对一些小型的、技术落后的、污染量大的企业实施这种管制方法。

制定排放标准也是政府常常采用的管制方法，这种管制方法的有效需要政府拥有比较充分的信息，否则政策要么给经济带来过大的负面影响，要么仍然未能控制住污染的排放。而且，制定排污标准的管制方法是强制性的，它无法给排污者带来减少污染的内在激励，再加上标准的一致性以及政府对排放标准的执行问题，都会减弱这种管制方法的效果。

即使制定了相关的排污标准，如果任由污染制造者排放污染而不付费，则仍然会导致污染水平超过社会最优水平。征收排污费是进一步的管制方式，迫使污染者进行外部性内部化。如果排污者每年给社会带来的损失是100万元，就对其征收100万元的排污费，即按照实际排放的污染量进行评估并收取排污费。利用征收排污费的方式来控制污染相比直接管制，最大的优点在于能够给予排污者以减少污染的激励，促使其在技术许可的条件下投入最优的预防成本更新生产技术、工艺以减少污染。中国目前按照污染要素不同，将排污费由原来的超标收费制度改革为排污即收费制度，或排污即收费和超标收费并行的制度。但是排污费制度要求有较高的信息成本和监管成本，为使其很好地发挥作用，必须加大对环境保护机构的投入力度，在监测技术和人员上使中国的环境保护机构适应污染不断扩大的局面。

排污权交易是一种较新的污染管制方法，其核心在于利用市场机制来控制污染。在该制度下，任何人排污都必须获得政府的排污许可，否则禁止排污。政府确定一个社会最优的污染总量，并以此为基础印制许可证分发给企业，许可证明确规定了可以排放的污染量。企业拿到排污许可证之后可在额度内排污，如果企业没有用完这些额度，可以到排污许可证交易市场出售这些排污权。其他需要更多污染排放的企业则在这个市场上购买排污许可，扩大自己的生产规模。排污权交易制度下，政府能够根据社会边际成本和边际收益相等的原则确定最优的污染排放总量，控制住了社会的污染总量。与制定污染标准的管制方法相比，政府不必获得制定标准时所需要的某些信息，减少了制度运行成本。而且，利用排污权交易制度还能够以最低的成本实现污染总量的减少。对于那些减少污染边际成本高的企业，它们宁愿到市场上买进排污权，而那些能够以更低的成本减少污染的企业则会在排污权市场上卖出排污权，通过市场机制的作用，能够非常好地使得各个企业都在减少单位污染的边际成本等于单位排污权价格的点生产，从而能够以最低的成本实现社会排污总量最优的目标。

第十四章 公司法的法经济学理论

一、公司与公司法

(一) 公司的概念及其基本制度安排

公司是公司法理论体系的逻辑起点，公司本质是评价公司法律制度的标尺与根据，对公司本质的理解与认同直接引导着公司法的走向，因而它是公司法理论体系的一个重要组成部分。

在汉语中，"公"含有无私、共同的意思，"司"则是指主持、管理，二者合在一起就是众人无私地从事或者主持其共同事务的意思。这是"公司"二字的字面意思。现代社会中公司是营利性的企业法人组织。公司的首要目标是追求营利，具有营利性质。其次，公司具有社会性，是社会基本的经济组织。公司的营利性与社会性之间的规范和协调是公司法的一个重要内容。

公司的基本制度安排包括三个方面的内容：有限责任、资本联合与两权分离。在有限责任下，股份公司在财产权利结构上产生了质的飞跃，单个资本发展成为联合资本。资本财产的所有权与经营权分离，为生产力的发展提供了更大的空间。股份公司的股东不再亲自参与公司的日常管理，为减少管理层的机会主义行为，股东大会、董事会、监事会（或独立董事）作为相互制衡的治理安排而出现。

(二) 公司法的基本构成

公司法是一个广义的概念，是对公司的设立、组织与管理有实质影响的法律、法规的总称。从法律条文来看，包括公司法、证券法、破产法、外资企业法等。本章分析的主要对象是公司法，略微涉及其他相关法律。

1993年12月29我国颁布的第一部《中华人民共和国公司法》(以下简称《公司法》)，自1994年7月1日实施后，分别于1999年、2004年进行了两次修正，2005年进行了较大修订，2013年《公司法》再次进行了第三次修正。修订后的《公司法》共13章218条，分为总则，有限责任公司的设立和组织机构，有限责任公司的股权转让，股份有限公司的设立和组织机构，股份有限公司的股份发行和转让，公司董事、监事、高级管理人员的资格和义务，公司债券，公司财务、会计，公司合并、分立、增资、减资，公司解散和清算，外国公司的分支机构，法律责任和附则13章。修订后的《公司法》调整了公司设立和公司资本制度，完善了公司法人治理结构，充实了职工民主管理和保护职工权益的内容，健全了对股东尤其是中小股东的保护机制，严格了公司股东的责任。

（三）公司治理结构与公司法的演进

狭义地说，公司治理是指有关公司股东会、董事会、监事会（独立董事）的功能和结构等方面的制度安排。广义地讲，公司治理是指有关公司控制权（包括剩余控制权与剩余索取权）分配的一整套法律、文化和制度性安排。经济合作与发展组织（1999）在《公司治理原则》中给出的定义是："公司治理是一种据以对公司进行管理和控制的体系。它明确规定了公司各个参与者的责任和权利分布，并且清楚地说明了决策公司事务所应遵循的规则和程序。同时，它还提供一种结构，使之用以设置公司目标，也提供了达到这些目标和监控营运的手段。"

公司治理首先旨在解决两权分离下所有者与经营者之间的委托—代理问题。解决委托—代理问题，并不是要求代理人工作不出偏差，而是要求他能够像为自己工作那样努力尽心。一般来说，其具体治理措施包括：(1)内部治理。包括大股东监督、董事会干预、独立董事督促等。(2)外部治理。包括经理革命、市场收购、代理权竞争等。(3)内外部之间的治理，主要指注册会计师等中介机构的监督。(4)经理人员报酬计划。

现代公司治理还是公司不同主体之间的利益平衡机制。公司治理是"在股东、债权人、职工、关联企业、顾客等企业权益人之间有关经营与权利的配置机制"。公司的所有权结构与控制权结构决定了公司运营的内部环境。(1)在资本结构比较分散的情况下，主要是如何防止经理的内部人控制。(2)在资本结构相对集中的情况下，企业由控股股东控制，其主要问题是如何协调控股股东与中小股东的冲突。(3)对于国有控股企业，目标则是有效地监督、激励企业家以实现国有企业的保值增值，保护中小股东的利益。此时公司治理结构的重点是制衡内部人与实际控制人对企业的控制。

公司法是公司治理理念的制度化。随着社会发展，世界上绝大多数国家和地区在公司立法上先后由简单的"股东至上"主义向"股东至上基础上兼顾各个主体利益"过渡。当然，由于生产力的发展水平以及各国的历史文化传统等方面的差异，各个国家"兼顾不同主体利益"原则的确立时间与保护程度有所不同。

各国的公司立法，普遍遵循股东平等的公平原则。然而传统的公平仅仅指股东间的形式平等：同股同权、同股同利，形成了大股东的"暴政"。随着实践中问题的逐步暴露，人们认识到表面的平等形成的是事实上的不平等。为促进不同股东之间的公平，于是主张对大股东的权利进行限制，给予小股东以特殊保护。累积投票权、派生诉讼制度、投票代理权、共同治理等制度的建立，是这方面的制度体现。

二、企业理论

（一）交易费用理论

1937年科斯发表了《企业的性质》一文，开创了现代企业理论。科斯在对组织效率进行分析时引入了交易费用概念，指出了企业与市场这两种不同组织的优势互补和替代关系。他强调，作为价格机制的替代物是企业的本质。利用价格机制是有成本的，发现所有的相对价格需要付出高昂的成本，因此通过形成一个组织，并允许某个权威（一个"企业家"）来支配资源，就能节约某些市场运行成本。由此，科斯成功回答了企业理论的第一个主要问题：企业为什么会出现？

在没有交易成本的完美世界里，交易可以通过市场自由达成，不需要企业组织来协调各要素之间的交易。因而，企业必须（也必然）出现在交易成本为正的世界里。当市场交易成本太高时，企业这种市场组织方式就可以利用权威减少、节约和规避利用市场进行交易的成本，因而企业是对市场的一种替代。"企业将倾向于扩张直到在企业内部组织一笔额外交易的成本，等于通过在公开市场上完成同一笔交易的成本或在另一个企业中组织同样交易的成本为止。"这就是企业家权威的限度和企业的边界。由此科斯回答了企业理论的第二个重要问题：企业边界是如何确定的？

企业作为一个契约集合，是用一组长期契约替代了市场上的一系列契约，由于这种契约具有不完全性，所以企业契约才会赋予某个签约人以"权威"，令其有权在一定限度内指挥其他人。张五常（1983）补充、发展了科斯的企业理论，认为企业对市场的替代是要素契约对产品契约的替代。企业是生产要素所有者签署的契约，而市场上签署的是中间产品商之间的契约。中间产品市场上进行的是产品的直接定价，企业则是用企业权威代替了直接定价，是一种间接定价，只有生产要素市场上的交易费用小于产品市场的交易费用时,企业才会出现。企业的边界是两种费用边际比较的结果。

(二)风险、团队生产与剩余索取权理论

奈特(1921)认为因为企业家承担了决策和不确定性风险,确保工人拥有固定的收入,从而应该给予企业家以控制和支配权。阿尔钦和德姆塞茨(1972)认为,在团队生产中,每个成员都有偷懒的动机,因此需要一个监督者。为激励监督者有效监督,就应当赋予监督者以"剩余索取权",进而他们把企业所有权定义为"剩余索取权"。

威廉姆森(1975)认为,由于契约是不完全的,企业作为纵向一体化实体可以防止或至少可以减少市场交易中资产专用性所产生的机会主义。格罗斯曼和哈特(1986)进一步指出,由于契约是不完备的,从而所有权是重要的。如果未明事项发生,谁能对契约中不完备的地方拥有决策权,谁就是雇主,谁就有权获得企业产生的剩余收入,没有剩余权的就是雇员。在这里企业被看作不完全的契约,企业的所有权被定义为"剩余控制权"。

按完备程度可以将契约分为完备契约与不完备契约。完备契约要求签约人在签约前能够预料到未来所有可能发生的情况,并能准确估计发生事件对各方签约人的影响,契约中明确规定在各种情况下每个当事人的具体行为方式,并可以由第三方保证实施。在不确定的世界里,由于信息不完全和有限理性,在签订契约的时候,双方不可能把未来所有的复杂情况考虑在内;即使有这个可能,签订这样一个完备的契约也需要耗费高昂的成本,不得不放弃。所以契约总是不完备的,必然产生剩余权益,对剩余权益的控制权利即剩余控制权,对剩余收益的索取权为剩余索取权。

(三)委托—代理理论

委托—代理问题是指在委托—代理契约的执行过程中,由于信息不对称等原因所引起的道德风险、逆向选择等问题。委托—代理理论的任务就是找出解决委托—代理问题的对策。委托—代理关系是指这样的一种明显或隐含的契约关系,一个或多个行为主体指定、雇佣另一些行为主体为其提供服务,与此同时授予后者一定的决策权利,并依据其提供服务的数量和质量支付相应的报酬。授权者是委托人,被授权者是代理人。代理人经营企业的价值与他是企业完全所有者时经营企业的价值之间的差额被称为代理成本。

造成代理成本的原因如下:(1)信息不对称。委托人与代理人双方信息不对称，代理人的行为不是可完全观察的，结果导致代理人可能偏离委托人的利益行事。（2）激励不相容。在两权分离的现代公司中，委托人与代理人之间的目标并不一致，双方都有谋求自身利益最大化的机会主义倾向。（3）契约不完备。由于契约是不完备的，代理人总能规避自己的责任。（4）由于"激励不相容""信息不对称"和契约不完备，必然导致责任不对等，代理人利用委托人不知情而推脱责任。总之，公司委托人希望代理人根据其自身的利益目标选择行动方式。但是由于各种条件的限制，委托人又不可能直接观测到代理人的行为选择，他们所能准确掌握的只是一些由代理人行为及其他外生随机因素共同决定的变量。于是代理人有可能采取损害委托人利益的行为，代理成本由此产生。

委托—代理问题可分为道德风险和逆向选择两种情况：（1）道德风险指代理人借委托人观察监督困难之际而采取不利于委托人的行动，从而损害委托人利益的情况。道德风险又可以分为大股东对小股东的道德风险与经理对股东的道德风险两种情况。（2）逆向选择是指代理人在签约前已经掌握了一些委托人难以观察到的信息，这些信息很可能是对委托人不利的，代理人隐瞒这些信息，并利用这些私人信息进行决策，签订对自己有利的合同。在逆向选择中，委托人会由于信息劣势而处于不利的地位。以雇佣合同为例，由于代理人的能力难以观察，公司所有者很难了解即将受雇的经营管理者的能力，应聘者可能为自己进行各式各样的包装从而虚夸自身价值，在既定的价格下，低能力的代理人可能会把高能力的代理人排挤出市场。

委托—代理在美国表现为上市公司股权的过度分散，形成经理人内部控制，而它的外部控制系统并没有进行有效的监督，所以出现了安然事件等。美国在监管方面着重于在经理层激励与股东保护之间进行利弊权衡：过多地保护股东，经理的激励不足；过多地保护经理，股东的投资不足。在中国表现为股权过度的集中带来的一系列的问题。近些年，尽管关于（上市）公司委托—代理问题的理论研究如火如荼，但是实践中的问题仍然十分严重，具体表现在内部人控制、信息披露以及股利政策等几个方面。

总结上述各个理论，可以得出的基本结论是，企业是特定产权结构下形成的专业化的生产协作组织，它追求利润，具有生产与交易的双重功能。（1）企业作为一种协作生产组织，是社会经济条件发展到一定阶段的产物。（2）企业是个生产单位，把资源有效组织起来，通过分工进行合作生产。（3）企业具有交易功能，企业与市场之间存在着一定的替代关系。（4）公司是一个独立的法人，有独立的人格权与财产权，但与社会其他主体之间形成了复杂关系。公司作为一个整体参与社会行动，受制和影响到与社区、政府、债权人、消费者等多方面的关系。同时公司内部存在着错综复杂的利益关系,包括股东之间的关系、股东与管理层以及普通员工三者之间的关系。

三、公司设立制度的法经济学分析

公司设立是自由与限制的权衡。公司设立应该遵循如下原则:(1)方便公司设立。公司是契约的联结,在契约自由下人们可以自行创设规则。只有遵行自由设立的原则,才能与私法上的意思自治理念相协调,才能鼓励投资、方便设立。(2)维护交易安全。一个公司的成立意味着它有资格和其他经济主体进行经济交往,同时也意味着它必须承担与经济交往相伴而生的责任。一个公司承担的能力,一是取决于其成立时的基础,二是取决于公司成立后的发展。从理论上看,存在一个能力门槛,要求公司在成立之初就必须具备一定的责任承担能力,以维护交易安全。这个能力门槛的要求体现在资本、人数、程序等多个方面。

最大化创业自由是公司设立的第一原则,维护交易安全是第二原则。原因在于:(1)创业是成立公司诉求的直接目标。正是为了创业,股东之间才进行资本和其他方面的合作。(2)创业在社会发展中处于重要位置,是社会发展重要的原动力。(3)交易安全虽然也十分重要,但是交易安全的实现并不主要以公司法律为依托,社会已经发展出了丰富的制度和机制来保护交易安全,如合同法、破产法。(4)市场具有为风险进行自动定价的功能,面对风险高的公司完全可以要求较高的风险对价。

当然,强调创业自由最大化作为首要原则,并不是否定交易安全的重要性。在促进创业自由的基础上保障交易安全是公司设立的基本宗旨。

(一)公司设立的人数门槛

我国最早的1993年《公司法》禁止个人设立一人公司,但允许国家与外商作为独立的股东成立一人公司。其隐含的假设是国家与外商比普通百姓更讲信用。这是公司设立上的身份歧视。为维护平等,消除不平等的国民待遇,法律应该一视同仁,而不能区别对待。

允许设立一人公司降低了门槛,可以吸引更多社会资金,提高了资金的使用效率,促进了经济发展,扩大了就业;消除了不同股东之间的身份歧视,有利于平等竞争;减少了为规定股东人数限制造成的纠纷。为此,2005年、2013年修订后的《公司法》对一人公司的设立做了专门规定。

允许成立一人公司实际上是创业自由最大化原则的一个体现。但是一人公司在鼓励投资的同时也增加了相应的市场风险。由于一人公司中只有一个股东，股东权利很容易过大；由于监督的困难，一人公司抽逃、挪用资本非常容易，因而其恶意利用公司有限责任进行欺骗行为的风险比其他类型公司要高。

为了控制风险，20013年《公司法》做了限制性规定：(1)为了防止关联交易，一个自然人只能投资设立一个一人有限责任公司。该一人有限责任公司不能投资设立新的一人有限责任公司。(2)为了提高利益相关者的风险防范意识，"一人有限责任公司应当在公司登记中注明自然人独资或者法人独资，并在公司营业执照中载明"。(3)为保护债权人的利益，杜绝利用公司逃避债务的情况发生，如果一人有限责任公司的股东不能证明公司财产独立于股东自己的财产，要对公司债务承担连带责任。

(二) 公司设立的资本门槛

公司资本对公司具有重要意义。首先，它是公司成立的基础，也是公司得以存续和从事经营的基本物质条件；其次，资本信用是公司的生存之本。公司净资产决定了公司的信用基础与债权担保能力等。完善的公司资本制度对维护交易安全具有重要意义，因而各国公司法都通过强制性规范对公司资本制度做出规定。各国早期的公司法、会计法确立了"资本确定、资本维持和资本不变"三个基本原则。大陆法系国家公司法还确立了最低注册资本原则。随着情势变革，传统的资本制度发生了重大变化，创业自由最大化原则得到了更加充分的体现，推动公司资本制度从强调严格的资本三原则向强调对债权人进行实质保护的原则过渡。

我国1993年《公司法》设定的资本制度，囿于当时的制度环境，突出强调了公司的资本债权人保护功能。主要表现为：(1)公司的门槛过高，注册资本最低限额太高、出资方式实行法定资本制、出资品种以及不同出资所占的比重规定过严；(2)资本不变原则变成资本不能减少原则，基本上禁止公司减少注册资本。

但是，公司注册资本只具有十分弱小的债权人保护功能。公司的债务承担能力主要是由公司的净资产和发展潜力来体现的，与注册资本没有多大关系。因此债权人在选择债权保护措施时基本上不把注册资本考虑在内。依靠注册资本来保护债权人利益实际上是一个制度陷阱，反而不利于债权人保护。因此，在世界范围内公司法的发展已经表现出放弃注册资本债权人保护功能的趋势，突出强调创业自由最大化，大大降低了创业的资本门槛。

顺应公司法发展潮流，2013年修订的《公司法》除对公司注册资本最低限额有另行规定的以外，不再要求公司设立时股东的首次出资比例以及货币出资比例，取消了对有限责任制、一人有限责任制公司最低注册资金要求；同时强调虚假出资、抽逃出资要承担相应的民事和刑事责任。

（三）公司设立的程序门槛

1. 公司设立审批制度的变迁

2013年《公司法》第七十七条规定，股份有限公司的设立，可以采取发起设立或者募集设立的方式。发起设立，是指由发起人认购公司应发行的全部股份而设立公司。募集设立，是指由发起人认购公司应发行股份的一部分，其余部分向社会公开募集或者向特定对象募集而设立公司。但是在实际操作中却对公司的设立采取了严格管制的态度。一是证券法修改后把公开募集的人数界定为200人以上。二是公司法规定了发起设立与公开募集，没有规定私募。但事实上只有发起设立，没有募集设立。三是规定股份有限公司的成立必须获得政府的批准。

然而公司的设立并没有多少外部性，完全没有必要进行从严管制。并且它是一个没有效率的制度。政府审批部门无法也难以承担因为审批失误造成的后果，仅是徒然增加了交易成本。因此修订后的《公司法》在公司设立上实行的是登记（准则）主义为主，审批为辅，并将股份有限公司最低注册资本额降为500万元。国有中小企业、集体企业以及股份合作制企业，全员持股的改制是必然趋势。由于有限责任公司人数与股份公司注册资本的限制，股份合作制的规范非常困难，因而建议进一步降低发起设立的股份有限公司的最低注册资本额，比如降到100万元或者200万元。

2. 公司验资、评估制度

（1）评估的认定。

《公司法》第二十七条规定："对作为出资的非货币财产应当评估作价，核实财产，不得高估或者低估作价。"一般来说，由谁来评估以及依照何种程序进行评估比较容易解决，问题的关键是衡量高估或者低估的标准很难确定，技术等非货币资产的评估不实很难认定。建议在很难寻求实质公平尺度的条件下，参照公认的程序，参考同行业或者相关的技术标准进行认定。对于符合公认程序做出的评估，除非有人能证明有重大偏差，否则应承认评估结果是公正、合理的。

（2）验资与评估的重复问题。

原《公司法》第二十九条规定，股东全部缴纳出资后，必须经法定的验资机构验资并出具证明。问题的关键在于，验资是程序性的审查还是实质审查。如果是程序性的，验资就是保证评估程序的公正，评估的实质性偏差应该由评估机构承担责任，此时积极验资的动力不足；如果是实质性的，验资机构必须就验资的结果承担责任，而评估机构自动免责，此时评估又没有意义。如果能够明确各自的权限和责任，问题就能解决，可实践中根本无法操作。

所以，既然不能明确评估机构与验资机构各自的权责，法律规定评估必须由法定的会计师事务所做出，再要求另外的法定验资程序应属多余，也为公司设立增加了不必要的负担。因此，修订后的《公司法》在将注册资本的"实缴"制改为"认缴"制后，即删除了该条规定。

（3）虚假评估与验资。

1993年《公司法》规定了评估、验资工作的机构和人员的行政、刑事责任，未对会计师事务所等出具虚假验资证明的民事责任做出规定。最高人民法院《关于验资单位对多个案件债权人损失应如何承担责任的批复》规定"金融机构、会计师事务所为公司出具不实的验资报告或者虚假的资金证明，公司资不抵债的，该验资单位应当对公司债务在验资报告不实部分或者虚假资金证明金额以内，承担民事赔偿责任"。2013年《公司法》第二百零八条第三款规定："承担资产评估、验资或者验证的机构因其出具的评估结果、验资或者验证证明不实，给公司债权人造成损失的，除能够证明自己没有过错的外，在其评估或者证明不实的金额范围内承担赔偿责任。"

由于举证会计师过错的困难，公司法规定了会计师的举证责任，这是一个进步。在责任承担上，首先应找公司，其次是股东，再次是做出虚假报告的会计师事务所和会计师，因为毕竟应该出资的是责任股东而不是中介机构。

3. 登记审查的控制水平

政府对于公司的成立有三种不同水平的控制：注册备案、证明（证书）与发给执照。三种制度安排中，注册备案控制水平最低，而发给营业执照控制水平最高。发给执照主要是外部性或者说邻近影响的存在。如果没有营业执照，可能会产生大量的不具有生产性努力的（或者说不符合要求的）公司。就该公司仅仅伤害债权人而言，这只是债权人和公司之间自愿订立的合同和交换的问题。在这一点上政府没有干预的理由。然而，如果单个公司的欺骗行为让所有债权人对交易安全大打折扣，谨慎地展开对外交往（其可能借贷额度减少，频率变慢,进行更多的事前考察),从而伤害了所有公司的利益。在这种情况下,人们会把开办公司的权利限制于"合格"的公司,以免危及交易安全。在这里,注册资本多少、净资产状况与股东资信情况就是合格的一个信号。

然而,政府的控制是有代价的,不仅要直接付出控制成本,更主要的是管制可能会成为牺牲公共利益而取得垄断地位的特殊集团的工具。由于利益集团(既有公司与工商管理官员等)的利益比一般公众的利益更为集中,他们更关心这种制度安排,从而不可避免地施加压力,不断强化这种控制权力。一旦高门槛的制度得以确立,就会产生自我维持的内在动力,难以推翻。先入者与管理者对加入公司的人数加以控制,因而会建立一种事实上的垄断地位,从而损害社会福利。因此要在控制以保护交易安全和保障创业自由之间进行适当的权衡。

我国现有的公司登记制度具有明显的过多控制特征。根据《企业法人登记管理条例》《公司登记管理条例》等法规,县级以上工商行政管理部门承担着企业登记审查的职能,审查的内容包括:审查提交的文件、证件和填报的登记注册书的真实性、合法性、有效性,并核实有关登记事项和开办条件。这种全面审查制度:(1)降低了行政管理的效率,使管理机构没有精力对注册资本进行查验,导致大量瑕疵登记;(2)管理人员的这种全面审查可以对设立人形成合法的伤害,妨碍了公司注册;(3)在行政保护伞下,一些瑕疵企业比较容易进入市场,危害交易安全;(4)权责不对等,加大了道德风险。法律对登记机关瑕疵登记导致第三人利益受损缺乏救济规定,对登记机关有关人员故意或工作失误引起的登记瑕疵应如何承担责任缺少系统的规定。这种权责不对等的制度漏洞,使得有关审查工作人员在审查时或怠于履行审查职责,或肆无忌惮地庇护虚假出资,或故意刁难设立人。因此,要进一步改革公司登记制度,放松管制,以创业自由最大化为基础配合以适度管制,实现二者的有效平衡。

四、公司股东与管理层利益冲突和平衡

(一)股东与管理层的委托—代理关系与激励约束

公司控制权应该由能够给投资者带来最大回报的人所掌握。相应地,如果其承诺可信的话,承诺最多回报的人会获得更多的投资。在信息完备的情况下,一个详细的契约就可以达到这个目的。然而由于合同是不完备的,为此需要一种自我履行机制。该机制越完善,说明承诺就越能履行,投资者因而就越相信企业家的承诺。

为表明诺言的自我履行：(1)必须构建一个良好的公司治理结构，对管理层进行事前的监督。审核流程为，监事或外部董事监督内部董事，董事监督经理，经理监督部门经理或车间主任等，而分经理负责监督职工。(2)对道德风险进行事后惩罚。由于道德风险问题防不胜防，事前监督成本太高，事后惩罚远比事前监督有意义。在一定的限度内让管理层自由行事，等到出现问题的时候对其进行惩罚。惩罚作为威慑手段，促进管理层有效消除自身的道德风险。(3)建立良好的自我调控机制。自我调控机制主要是指对管理者的激励、声誉机制或失去在职岗位的威胁等。经理市场的竞争使得怠慢和不忠的经理受到惩罚，谨慎的经理获得奖励；控制权市场的存在，使得管理层谨慎行事，否则面临职位丧失的威胁；产品市场的竞争也使得经理必须谨慎而行，否则公司面临破产的威胁；激励机制则直接把经理与股东利益捆绑在一起。

（二）管理层诚信义务的经济分析

强化管理者对股东的诚信义务以维护股东利益是世界各国公司法的普遍做法。1993年《公司法》对于董事、监事和经理等在执行业务方面向公司和公司的投资者负有何种义务，违反这种义务应承担何种法律责任规定得并不明确。2013年修订后的《公司法》（第一百四十七、第一百四十八条）规定了管理层的忠实与勤勉义务。

1. 忠实义务

忠实义务原是英美衡平法的一个概念，现在成了英美公司法的一个基石。传统的大陆法系一般仅仅规定代理人对于委托人负有善管义务，而忠实义务仅仅是一种道德劝告。近年来，随着委托—代理问题的日益严重，大陆法系国家也引入了忠实义务。

董事忠实义务要求董事应当在法律与公序良俗允许的范围内，以公司利益最大化为目标来决定自己的行为。除公司对其的正常报酬和开支外，董事所有因公司职务身份所得到的利益都是不合理的。由于法律不能穷尽各种可能，法律只能对此做出大体的原则性规定。

《公司法》第一百四十七条规定："董事、监事、高级管理人员应当遵守法律、行政法规和公司章程，对公司负有忠实义务和勤勉义务。董事、监事、高级管理人员不得利用职权收受贿赂或者其他非法收入，不得侵占公司的财产。"

第一百四十八条规定："董事、高级管理人员不得有下列行为：（一）挪用公司资金；（二）将公司资金以其个人名义或者以其他个人名义开立账户存储；

（三）违反公司章程的规定，未经股东会、股东大会或者董事会同意，将公司资金借贷给他人或者以公司财产为他人提供担保；（四）违反公司章程的规定或者未经股东会、股东大会同意，与本公司订立合同或者进行交易；（五）未经股东会或者股东大会同意，利用职务便利为自己或者他人谋取属于公司的商业机会，自营或者为他人经营与所任职公司同类的业务；（六）接受他人与公司交易的佣金归为己有；（七）擅自披露公司秘密；（八）违反对公司忠实义务的其他行为。董事、高级管理人员违反前款规定所得的收入应当归公司所有。"

（1）管理层对公司承担不得逾越权限的义务。

国际上，随着越权原则的没落，许多国家已经取消了这个方面的规定。然而由于我国董事经理的道德风险问题比较严重，为保护中小股东利益，第三款承袭了原《公司法》的有关规定。与《公司法》保护公司的股东和债权人的合法权益的宗旨相呼应，该条款在于限制董事、经理对其权利的滥用。该行为可能是董事经理利用职务优势的行为体现，也可能是代表控股股东的行为。由于控股股东享有控制权，其可以通过董事会决议、股东大会决议等方式将个体意志表现为公司意志。

（2）管理层面临冲突性交易时负有忠实义务。

当管理层通过交易获取的利益与公司利益冲突时，管理层利益服从于公司利益，不得利用交易侵害公司利益。由于并不是所有的管理层与公司间的交易都与公司利益相冲突，也存在着有利于提升公司利益的以管理层为交易对象的交易，因此不应全面禁止与管理层有关的关联交易，而是将是否存在利益冲突的判断权交给公司章程或者股东大会，要求与管理层的关联交易必须经过其批准。

本着上述基本原则，基于公司权益的保护现状（尤其是企业中国有产权的保护现状），应该对《公司法》第一百四十八条第四款进行宽泛解释：①公司包括本公司、子公司与控股的其他公司。②交易包括直接交易（董事与公司之间）与间接交易（董事的利害关系人与公司之间），交易行为包括合同行为与单方的民事行为（如债务的免除）。③董事的利害关系人包括与董事关系密切的亲属、朋友，董事以及前述人的合伙人，董事被雇佣或担任董事职务的另一家公司，董事所监护的被监护人以及其他与董事有法律或利益关系的自然人或法人。④由于很难用列举的方式穷尽各种情形，董事总有采取机会主义的空间。因而应该以一般的市场价格为参照，如果有异常，股东可以要求董事做出合理的说明，否则无效。当然，这样也并不能解决问题，只是减轻问题。⑤但书规定，如果董事与公司之间的交易不可能导致公司受损，则不应视为董事拥有冲突性利益的交易。如董事对于公司的赠与合同等。

（3）管理层的竞业禁止义务。

为防止管理层不当损害所在公司利益，管理层不得经营与所在公司业务相冲突的业务，也不得为其他人从所在公司牟取不当利益。

①"自营或者为他人经营"指由于该竞争营业而产生的权利义务以及从竞争营业中产生的损益归于管理层自己或者第三者。管理层以自己的名义或者他人名义与自己利益相一致的竞业行为应属禁止之列。但是由于举证的困难，对于管理层以他人名义从事的使他人得利的行为，事实上很难禁止。

②"同类的营业"以公司实际上进行的营业为准，而不是以公司章程为准。同类的营业可以是完全相同的商品或者服务，也可以是同种或者类似的商品或者服务。

③禁止竞业义务的时间期限，并非终止于管理层解任或辞任之时。虽然管理层卸任后，失去对原公司物质财产的控制力，但管理层对无形资产的控制力并没有随之丧失，特别是对银行、咨询公司或营销公司来说，客户资料与业务信息是至关重要的，应该通过法律或者公司章程对管理层禁止竞业义务的时间做出规定。然而由于公司类别的不同，管理层所能够控制的无形资产滞后期与作用就不同，因而成文法很难做出切实的规定，国外的成文法对管理层禁止竞业的时间界限没有做出明确规定就是例证。国外大都是通过判例法规定，管理层卸任后，仍不得利用其曾任职公司的有关无形资产为自己谋利益。

④禁止兼任有竞争关系公司的职务。各国公司法为维护公司利益，除禁止管理层从事有竞争性的生产和销售活动外，还禁止管理层兼任有竞争关系的公司之管理层（高级员工）。我国公司法并没有明文规定禁止管理层兼任。仅《公司法》第七十条规定："国有独资公司的董事长、副董事长、董事、高级管理人员，未经国有资产监督管理机构同意，不得在其他有限责任公司、股份有限公司或者其他经济组织兼职。"

⑤根据 1993 年《公司法》规定，只要董事从事了竞业活动，不管公司是否予以批准，都需向公司承担义务违反的职责，然而实践中这种从严规定并没有达到预期的目的。借鉴外国立法，我国 2013 年《公司法》放宽了规定。董事在从事竞业活动之前，必须向股东会申请批准。其制度改进更为科学，也更有效率。

（4）禁止管理层篡夺公司商业机会。

公司的董事、高管人员不得将公司的商业机会篡夺自用。实践中，许多高管人员利用职务之便争夺公司的商业机会，或者推动公司与和自己有利害关系的企业进行交易，严重损害了公司的利益。

在公司机会标准的判断上，美国有关做法值得借鉴。美国判例法认定公司机会的标准有三条：①利益或期待标准，即公司机会必须涉及公司拥有既得利益的财产或者公司拥有由既得权利而产生的期待。②经营范围标准，即公司机会必须与公司现在或未来的经营活动有关。某一机会与公司经营活动之间的联系越密切，就越有可能构成公司机会。③公平标准，即判断某一机会是否构成公司机会，单纯以公平的道德尺度予以衡量。其中，第一项标准是美国法院早期采纳的，根据该标准确定的公司机会较为狭窄。现代的法院判例趋向于同时采纳第二和第三项标准，即首先运用第二项标准判断公司对某一机会是否有利益；如果有，再运用第三项标准，判断管理层在何种情况下可利用这种机会。

2. 勤勉义务

管理层的勤勉尽责义务的基本含义是指管理层成员在领导业务时，应当具有一个正直的、有责任心的业务领导人的细心。有关公司的机密数据和秘密，特别是那些他们在董事会工作中了解到的经营或商业秘密，他们必须做到守口如瓶。如果股东等对他们是否发挥了一个正直的和有责任心的业务领导人的细心存在争议，那么他们负有举证责任。

对于勤勉尽责义务，最为关键的是确定勤勉尽责的标准，但存在着以下问题：（1）是否确立标准难以取舍。如果没有标准，会导致法官滥用自由裁量权。但是如果制定标准，由于不同公司千差万别，不同董事职务各不相同，加之不同时间点的其他因素，标准很难有针对性，不得不依靠法院的自由裁量权。（2）标准的高低难以确定。如果过低，会有大量的庸才充斥管理层市场。如果过高，会使有才华而较为谨慎的管理者望而却步，从而管理层市场成了冒险家的乐园。（3）设立标准后司法审查成本昂贵。法官并不胜任做出商业判定。出于承担责任的担忧，管理层可能过于谨慎，缺乏冒险精神，并且也难以因此认为管理层没有尽到勤勉义务。

管理层在履行勤勉尽责义务时，如果因为错误的经营决策而导致公司受到损失时，在符合法定条件的情况下可以依据"经营判断原则"免责。经营判断原则是美国法院发展出来的关于管理层免于就合理的经营失误承担责任的一项法律原则。美国法学研究所起草的《公司管理项目》就"经营判断原则"作了一个权威性定义："如果作出经营判断的董事或职员符合下述3项条件，他就被认为诚实地履行了其义务：（1）与该项交易无利害关系；（2）他有正当理由相信其掌握的有关经营判断的信息在当时情形下是妥当的；（3）他有理由认为他的经营判断符合公司的最佳利益。"经营判断原则是对董事勤勉尽责义务的重要补充。但是，如果有相反的证据证明董事的经营判断存在重大过失时，则不适用经营判断原则。

（三）管理层与机构投资者、中小股东关系的经济分析

内部人控制是公司治理制度不完善的衍生产物，是指在现代企业制度下，由于股权高度分散或所有者缺位，独立于股东的经理人员掌握了企业的实际控制权，并利用其与股东之间的信息不对称，在公司战略决策中最大可能地为自己谋福利，甚至与公司职工联手架空所有者的控制和监督，从而使所有者权益受到侵害的一种现象。

内部人控制是经理人行为的扭曲，它加大了代理成本，降低了公司的效率，损害了中小股东与国家的利益。在这里不仅仅指内部人的实际行为，而且包括内部人采取行动的潜在可能性。与外国相比，我国资本市场、经理市场均不完善，鲜有控制权竞争对经理层的监督和约束，内部人控制更为严重。

自19世纪80年代以来，各国机构投资者逐步登上公司治理的舞台，由于所持股份不断增多，它在公司治理中越来越重要，受到的关注程度也越来越高。以美国为例，从公司股权结构看，投资基金、保险基金、养老基金等机构投资者多成为公司第一大股东；从整个证券市场看，机构投资者成为大公司股份的主要持有者。

由于机构投资者持有公司股份较多，拥有专业的投资经理，有能力也有动力参与公司治理，有利于解决内部人控制问题。与广大的中小股东相比，机构投资者可以在以下几个方面有所作为：（1）机构投资者由于持有较多股份，激活了用手投票。（2）在委托投票中，机构投资者更容易得到信任。（3）机构投资者可以通过发布公司治理准则等方式，倡导自己的投资理念，改善所投资公司的治理结构，对公司经营者施加压力。

在机构投资者的影响下，投资者对经理等管理者的监督约束加强，美国的内部人控制程度有所缓解，标志着美国的企业制度已经从经理人资本主义转变成投资人资本主义。我国也对机构投资者采取积极支持发展的态度，并鼓励外国投资者的积极参与。我国《上市公司治理准则》第11条规定，"机构投资者应在公司董事选任、经营者激励与监督、重大事项决策等方面发挥作用"，目的就在于通过改变投资者结构来实现对管理层潜在机会主义行为的事前克服。

五、公司不同股东之间的利益平衡

（一）不同股东之间的利益平衡

1. 股东权利及其行使

股东权益不同于公司权益。（1）公司一旦成立，股东即丧失对出资财产的直接支配权。股东得到的是公司股份。股票是公司股份的书面凭证，是股东基于其出资参与公司经营管理而分享利益的权利。（2）在两权分离下，股东出资的财产作为公司财产，委托给管理层进行管理。股东保有更换不合格管理层成员和对影响公司结构与解散等重大事项进行决策的权利。（3）由于公司股东众多（比较简单的有限责任公司和一人公司除外），各股东（控股股东除外）不再对企业事务具有绝对的控制权。股东以集体决策的形式（资本多数决）参与公司经营管理的权利，称之为共益权。股东分享公司利益的权利为自益权。（4）股东只有出资义务，并不直接对公司债务负责。（5）如果股东与管理层意见不一致，在不能控制管理者的决策（用手投票）的情况下，享有股票转让权，有权利出售公司股票，即用脚投票。

股东权益的行使是通过投票权来实现的。如果没有一个良好的投票机制，那么就不会有一个良好的公司治理。公司法实践中对股东投票权及其程序大致有如下规定：（1）投票权的归属。一是股东拥有投票权；二是除了给普通股股东投票权外，在公司陷入财务困境时，优先股股东与债权人也可以拥有投票权。（2）投票权的形式。股东可自行投票，也可以授权委托他人投票。（3）议事规则。一是一股一票，需要回避的股东例外；二是资本多数决，资本数量决定拥有票数的多少，按照少数服从多数的规则决定投票结果；三是在符合要求的条件下股东投票权可累积。（4）议事主要内容。公司要实现自身的高效运营，必须有一个比较健全的公司治理结构。公司治理的精髓是三权分立与制衡。类比起来，股东就是选民，股东会就是企业中的议会，董事会就是行政系统，董事、经理对应着行政领导人，监事会（或独立董事）则是司法机构的缩影。股东组成股东会行使重大决策权，选举董事会，由其选择经理。可以中途更换董事、经理。

2. 大股东对中小股东的侵害威胁

我国多数公司都具有大股东绝对控股的局面。在资本多数决制度下，具有资本优势的股东容易获得对公司的控制权，这样就对中小股东形成了潜在的侵害威胁。

（1）对中小股东而言，在资本多数决制度下，投票权是一种虚假的权利。

投资者绝大部分是中小股东，在信息获取中处于明显的劣势，所以他们的利益很容易受到侵害；小股东实力有限，组织松散，难以实施有效的自我保护，因而大股东（包括管理者）容易采取机会主义行为侵害中小股东的利益。在股权相对分散的情况下，各股东持股比例相差不大，权力比较容易制衡。然而，在持股相差悬殊的情况下，控股股东的意志就是股东会决议。股东（大）会是股东行使权利的机构，它仅仅以会议的形式存在。在资本多数决安排下，控制股东推荐、选派的代表往往控制了董事会与监事会。广大的中小股东没有自己的代言人，即使有也很难发挥作用。在控股股东支配下，如果缺乏对中小股东的特殊保护，中小股东就容易受到侵害。

（2）控股股东的机会主义行为。具有权利、信息和控制优势的控股股东具有采取机会主义行为的内在动机。其行为表现为：控股股东往往利用自己在公司中的优势地位，通过对股东出席股东大会设限、对少数股东选派的代表进行排挤等来侵害中小股东权力的行使；采用有利于自己的股利分配政策、新股发行政策等剥夺中小股东的利益；"掏空"公司等。

（二）异议股份转让制度与非上市公司中的股东利益平衡

非上市公司包括有限责任公司与非上市的股份有限公司。有限责任公司的形成历史相对较晚，它融合了股份公司的有限责任制度与合伙企业的投资人经营制度，方便了中小型企业设立与运营。

非上市公司的特点是：（1）公司具有简单的社团性，有限责任公司一般由2~50个经济主体联合而成。（2）公司具有人合与资合的双重特点。一方面公司与股东的人格和财产相分离，另一方面股东身份具有一定影响，公司股东比较稳定，股东的变更往往会影响公司的存在和活动。（3）公司治理结构简单，董事、监事人数较少，股东往往直接介入公司的日常经营管理。（4）公司数量居多，具有灵活的特点与优势。（5）公司设立以登记主义为主，国家一般不对其进行干预。

非上市公司中矛盾的焦点在于股东争执的协调问题。（1）利用资本多数决安排，非上市公司的大股东非常容易控制公司，采取机会主义行为。（2）在经营问题上，大股东决策往往忽视小股东意见，容易使公司丧失经营时机，增加了公司的运营成本。

由于缺乏股权交易的公开市场，非上市公司中小股东的剥夺风险更为明显。其表现在，（1）由于不存在股票的市场价格，买主的范围又受到法律和公司章程的限制，即使允许股权转让，高昂的交易成本也使得交易难以达成；（2）非上市公司投资者的利益实现主要依靠股利分配,所以在股利和其他分配政策方面,更容易冲突;(3)非上市公司没有公众的监督机制;(4)外部投资者由于信息不充分,很难以合适的价格购买股票。

非上市公司采取全体一致同意原则可以避免大股东排挤小股东,但这大大提高了公司决策的成本,增加了交易成本。异议股份转让制度是平衡非上市公司股东利益冲突的另一种制度安排,即当股东对股东(大)会及公司其他重大决策有异议时,可以提请其他股东按照合理价格收购自己股份(其他股东不愿收购时可以向外人出售),从而退出公司。这样,通过退出使异议股东避免所预期到的潜在侵害。

但是异议股份转让制度也存在不少不足:正是由于股权本身受到不法侵害,股东才会转让股权,否则不会转让。由于担心受到大股东的欺骗或其他损害,外部投资者并不乐意于接受股份,其必然表现为股份价格低于真实价值,因而股权转让并不具有实质意义。同时也要对非上市公司的股权转让进行必要的限制:(1)应规定股东未出资或出资不到位的禁止其转让;(2)若股东对公司负债时应该限制其转让;(3)股东股权作了担保或质押的,其股权转让应该履行特别的程序(江平,2001)。

非上市公司无法借助在资本市场转让的方式解决问题,股东协议转让制度不能有效运营,只由公司或大股东买断。为保护中小股东利益,2013年《公司法》第七十五条设立了股份强制性收购制度。强制收购是保护异议股东权利的第三种制度安排。第七十五条规定有下列情形之一的,对股东会该项决议投反对票的股东可以请求公司按照合理的价格收购其股权:一是公司连续五年不向股东分配利润,而公司该五年连续盈利,并且符合本法规定的分配利润条件的;二是公司合并、分立、转让主要财产的;三是公司章程规定的营业期限届满或者章程规定的其他解散事由出现,股东会会议通过决议修改章程使公司存续的。

(三)上市公司中小股东权益救济

为保护上市公司中小股东的权利,应当:(1)对于处于不利地位的股东提供司法救济;(2)设置公司僵局情况下的召集权;(3)赋予中小股东以累积投票权;(4)赋予其退出权。

1. 司法救济

司法救济是在股东确定受到不法侵害后利用国家司法安排获得救济的制度

安排。主要是通过赋予股东以诉讼权来实现的。股东可以向造成损害的大股东、管理层提出诉讼，要求赔偿损失。

《公司法》第二十二条规定了直接诉讼，规定当股东会或者股东大会、董事会的会议召集程序、表决方式违反法律、行政法规或者公司章程，或者决议内容违反公司章程时，股东可以自决议作出之日起六十日内，请求人民法院撤销。第一百五十一、第一百五十二条规定了间接诉讼，规定当董事、高级管理人员没有按照要求列席股东会并接受质询，没有如实向监事会或者不设监事会的有限责任公司的监事提供有关情况和资料，妨碍监事会或者监事行使职权时，有限责任公司的股东、股份有限公司连续一百八十日以上单独或者合计持有公司百分之一以上股份的股东，可以书面请求监事会或者不设监事会的有限责任公司的监事向人民法院提起诉讼；监事不能有效履行职责的，前述股东可以书面请求董事会或者不设董事会的有限责任公司的执行董事向人民法院提起诉讼。

上述规定的进步性表现在：(1)放宽了责任主体，增加了股东会、董事与高管人员。(2)诉因更多，不仅仅包括法律法规，而且包含公司章程，不仅仅是决议的内容而且包括程序问题。(3)诉讼渠道更为畅通。(4)责任承担上更为科学，不仅仅有行政、刑事责任，而且完善了民事责任。问题是：(1)诉求不合理。第二十二条仅规定行为无效或可撤销，没有具体赔偿责任，严重影响了该条款的救济力。(2)诉因不够全面。现实中大多数侵害股东权益的行为并没有明显违法，而是显失公平。(3)由于缺乏相应的救济措施，诉讼成本太高。(4)即使法律做出明确的规定，众多股东之间也很难协调起来充分行使权利。

集团诉讼制度是股东实现其诉权的一种制度安排。以证券市场为例，某一上市公司的违法行为，使成千上万的投资者受到损害，总损害巨大但具体某个股东可能不是很多。在股东众多、个别股东诉讼成本太高的情形下，所有股东联合起来进行集团诉讼就可以实现诉讼的规模经济，足以支付巨额的诉讼成本。因此，应当设立集团诉讼制度，形成公众与股权保护的激励机制。

由于诉讼主体比较复杂，法院在处理中小股东对公司的诉讼时，一定要审慎行事，在保护个别股东利益与保护其他股东和公司利益中寻求一种公平的解决方式。如现在很多公司有大量股东，绝大部分股东不起诉，极个别股东要起诉。如果不保护他的权利，会造成其利益的损失；如果保护他的权利，就可能影响其他股东的利益。并且因为诉讼的提起可能对被诉公司在资本市场上的价值带来负面影响。

为了防止个别股东恶意诉讼，实现个别股东、公司和其他股东利益的衡平保护，应当对股东提起诉讼进行限制。《公司法》的诉讼限制为两个方面：(1)

对提起直接诉讼的股东，收取一定担保费用；（2）在间接诉讼中，对股东资格作出一定限制。有限公司没有比例限制，但是要有前置程序。股份有限公司股东连续一百八十日以上单独或者合计持有公司百分之一以上股份。

2. 僵局召集权

在出现因公司股东会、董事会召集不起来公司陷于瘫痪的情况时，法律建立了僵局召集权，赋予股东召集召开股东大会的权利。2013年《公司法》确立了股东的召集权。规定持有公司百分之十以上股份的股东，可以召集紧急董事会和股东大会。但是通过临时股东会等方式恢复公司运营可能费时较长，难以在短期内改变公司运营不利的局面。可以借鉴英美法做法，在公司陷于瘫痪，董事会召集不起来时，债权人与其他的股东可以要求法院接管，在法院的监督下尽快恢复公司运营。

3. 累计投票权

累计投票制度是指股东大会在选举两名以上董事的时候，股东所持有的每一股份拥有与应选董事总人数相等的投票权，股东既可以用所有的投票权集中投票选举一人，也可以分散投票选举数人，按得票多少依次决定董事入选的表决制度。通过这种局部集中的投票方法，可以使中小股东选出自己满意的董事，避免控股股东垄断全部董事的选任。累计投票制的直接目的，在于防止控股股东完全操纵选举，矫正"一股一票"表决权制度存在的弊端。

《公司法》第一百零六条规定："股东大会选举董事、监事，可以依照公司章程的规定或者股东大会的决议，实行累积投票制。本法所称累积投票制，是指股东大会选举董事或者监事时，每一股份拥有与应选董事或者监事人数相同的表决权，股东拥有的表决权可以集中使用。"

4. 退出权

当股东预期到大股东可能的潜在侵害或者已经受到侵害时，可以在公开市场上出售自己的股票以示不满，并且社会可以通过审查财务报表等方式对其进行监督。

5. 充分利用公司章程等股东协议

上述各种股权权利保护措施是法律赋予股东的基本保护措施，股东还可以充分利用公司章程等股东协议获得更多、更完善的权利保护。各个经济主体自愿达成的契约才最符合双方的利益，因而自由主义强调契约的作用，反对国家的干预。各个国家的公司立法也是如此，几乎所有国家与地区的公司立法，都鼓励自愿协商或谈判，股东通过契约的方式解决彼此的冲突，而司法仅仅作为最后的保障。法院在接受诉讼的时候，优先适用股东的协议处理相关争议，在判断股东行为合理性与否的时候，股东协议是重要的判定依据。

根据激励设计理论，股东之间的任何冲突都可以通过精心的制度设计得到解决。可惜，几乎所有的股东协议都是不完备的契约。在多数情况下，股东的书面协议并不存在。许多有限责任公司成立之初，由具有情感、血缘或婚姻等关系的成员组成，他们太专注于公司的美好前景而忽视了潜在的利益冲突，即使考虑到了这种冲突，碍于情面也很难通过书面协议进行规范，导致许多事项约定不明或仅仅口头约定，甚至没有约定。并且即使股东约定明确，这些股东协议也会随着时间的推移而不合时宜。还有在实践中许多公司在起草公司章程时照抄公司法中的有关规定，完全没有考虑自身的特殊情况，忽视了公司章程等股东协议应有的作用。因此，应该强调和激活公司章程以及股东协议的作用，在其中就股权保护进行专门的讨论和设计，并且可以通过一些民间组织起草一些示范文本提升股权保护水平。

六、公司股东与债权人的利益冲突和平衡

（一）有限责任制度与债权人保护

保护债权人利益是交易安全中的一个最为重要的内容。尽管世界范围内通过完善公司设立制度保护债权人利益的功能在削弱，但是它依然是公司设立制度的一个重要内容。其中原因就在于有限责任制度给债权人带来了不可避免的外部性。

有限责任是股东与（自愿）债权人间的风险分担机制。根据权责利匹配原则，股东拥有剩余控制权，理应在公司经营不善时最后得到补偿。债权人作为公司的利益主体是基于其与公司的自愿合同关系，合同价格本身就包含了对风险的判断。正如波斯纳所说："有限责任对于自愿性债权人无所谓外部性问题，因为对于公司不能履行债务之风险，债权人已经于事前获得补偿了。"所以，对于一般债权人来说，他们可以通过高利率、担保等将风险内部化。

然而，一是对于受公司侵害的特殊债权人（比如因环境污染导致的受害者、被拖欠薪酬的职工）来说，既不能从事先谈判确定补偿，由于有限责任制度的限制，又不能从事后得到相应的赔偿。

二是股东和债权人之间的信息不对称，导致股东有激励和可能采取机会主

义行为。(1) 有限责任旨在刺激股东投资从事生产经营, 但扭曲了股东 (公司) 的风险偏好, 鼓励股东偏好风险更高的经营方案; (2) 有限责任诱使股东偏爱债权融资。因为股东可以利用债权人的不知情, 通过利润分配方案, 逃避公司债务。

所以, 基于有限责任制度产生了对债权人利益的内在威胁。尽管可以通过市场机制为债权人保护提供支持, 但在公司法中建立相应的保护制度也是必需的, 通过赋予公司人格、合同救济、破产程序、否定法人人格等制度来保护债权人利益。二者相辅相成共同构成一个完整的债权人保护系统。

(二) 赋予公司人格

公司具有独立的人格: (1) 公司可以享有非专属于自然人的名称权、名誉权和荣誉权等人身权; (2) 拥有住所; (3) 拥有独立财产。公司是独立财产的人格化 (沈贵明, 2002)。独立的财产是公司独立的核心。法人的名称、独立意识、独立财产和独立责任是法人独立人格的四大要素, 由此也构成了公司独立承担责任的法律基础和物质基础。

(三) 破产保护

公司破产时, 在股本和债务之间, 破产法规定破产财产要优先清偿债务, 以保护债权人利益。对于破产后的财产分配, 公司应该根据其财务情况进行随机控制。(1) 当公司资不抵债时, 债权人向法院提出破产申请。如果清算是在公司资不抵债被宣告破产后进行的, 各债权人按照比例公平受偿。(2) 如果清算后公司资产大于负债, 公司以其资产偿还所有债务后尚有剩余财产, 各出资者可以按照出资比例分配剩余财产。

(四) 揭开公司的面纱: 否认公司法人人格

公司法人人格否认理论肇始于19世纪末的美国, 被形象地称为"揭开公司的面纱"。根据有限责任原则, 公司作为独立的法人犹如一层面纱, 把股东和债权人隔离开来。可是依人格否认制度, 在公司的控股股东等违反诚实信用和禁止滥用权利原则, 借助于公司法人人格和股东有限责任原则, 从事损害公司、其他股东或公司债权人利益的行为时, 法院可根据当事人的诉请揭开公司面纱, 即否认公司的法人资格并令隐藏在公司背后的股东 (一般是控股股东) 承担无限连带责任。这样就给予那些意图利用有限责任逃避责任、获取不当利益的控股股东以强力威慑, 使其主动放弃利用信息优势侵害债权人利益的行为。

《公司法》第二十条规定公司股东应当遵守法律、行政法规和公司章程，依法行使股东权利，不得滥用股东权利损害公司或者其他股东的利益；不得滥用公司法人独立地位和股东有限责任损害公司债权人的利益。公司股东滥用股东权利给公司或者其他股东造成损失的，应当依法承担赔偿责任。公司股东滥用公司法人独立地位和股东有限责任，逃避债务，严重损害公司债权人利益的，应当对公司债务承担连带责任。

（五）共同治理

为应对控股股东对债权人、中小股东和公司利益的侵害，共同治理理论应运而生。共同治理的核心思想是让债权人、中小股东也有权利和机会参与公司决策或者是获取公司决策信息，从而减小控股股东的信息优势，在事前抑制控股股东的侵害行为。德国和日本的公司治理机制是共同治理的制度体现。在德国，银行一方面可以直接成为公司股东，另一方面有资格接受普通股东的委托代为行使股东权利，从而进入股东大会、董事会等机构中发挥作用。在日本，银行则是通过主银行制，全面控制公司的债务和债权，并深入了解公司运作情况，消除控股股东的机会主义行为。

在国有企业改革过程中发展起来的我国股份制企业，出现了国有股权"一股独大"的现象。借助于优势股权和不完善的控股环境，许多控股股东实施了许多侵害公司利益的行为，一度出现了大量上市公司被控股股东"掏空"的事件。要打破股权的高度集中，平衡利益冲突，一方面要完善对控股股东不当行为的责任追究机制，引入"揭开公司面纱"理论 追究不良控股股东的责任；另一方面则是以共同治理理论为基础，引入和形成一个与大股东相抗衡的力量。该力量要求：(1) 熟悉公司经营状况，能够以较低的信息成本对公司进行治理；(2) 资本实力雄厚，能够对公司运营产生影响；(3) 与公司关系密切，公司经营绩效对其有重要影响，有激励参与公司治理。

商业银行是符合上述要求的一个选择。银行一般是公司最大的债权人，有动力参与公司治理；银行也拥有信息优势，有条件对公司运营进行监督。通过代理投票，银行可以增强在公司决策中的发言权，有效地保护了银行债权与中小股东利益；银行委派代表参与公司治理，有利于制衡公司权力机关中的大股东控制，打破内部人控制的格局。因此，应探索建立银行参与公司治理的途径，从而有效保护债权人利益。

七、公司职工的权益保护

(一) 股东与职工关系的新变化

公司作为市场经济的基本细胞,公司雇员的地位与公司内部的民主状况直接关系着整个社会的稳定,因而雇员问题受到各国的普遍关注。在资本雇佣劳动的前提下,雇佣双方产生一定的利益冲突是不可避免的。由于雇佣契约双方的谈判地位并不平等,因而各国一般不通过公司法对职工与公司间的权利义务关系进行规定,而是通过劳动法、社会保障法等经济法进行调整。

职工有狭义与广义的区分。广义上的职工指所有受雇主雇佣,从事工作获取工资者。狭义上的职工是指受雇于公司而地位相对较低的人员。比如高级管理人员是广义上的职工而不是狭义上的职工。这里使用的是狭义概念。

在资本主义发展之初,由于广大劳动人民自由得一无所有,他们只能在市场上接受资本的雇佣。资本雇佣劳动构成企业权利关系的核心。当企业的形态由业主制演变为公司制时,企业的本质属性没有改变,只是单一业主变成了资本联合的股东。基于资本雇佣劳动的现实,观念上普遍把股东作为公司的主人,公司财产是股东的。在资本家监督下劳动的职工,仅仅是为资本赚钱的工具。股东与职工利益冲突非常严重。雇员的劳动条件极其恶劣,职工劳动保护的立法也无从谈起。为维护自身利益,工人不得不展开罢工或者革命暴动。随着工人运动的高涨与资本主义经济的发展,英国1819年通过了第一个工厂法令,1833年第一次设置了带薪的政府监察员,以监督该法令的执行。随着劳动保护与社会保障等立法的不断完善,雇佣双方的利益冲突逐渐缓和。

随着生产力水平的发展和科学技术的进步,雇佣关系出现了一些新特点:首先,在观念上,交易成本理论认为企业之所以雇佣工人进行生产,是因为雇佣关系能降低交易费用。契约理论则更进一步将企业和市场看成是具有基本相同性质的不同类型的契约。其次,在实践上,网络型企业的出现使职工通过网络等与公司联系,没有了"班点"限制。并且许多知识型工作不需要公司监督,与市场独立缔约人身份比较相似,是一种比较平等自由的契约关系。同时,由于与巨型公司相比,作为供应方的缔约人往往受制于公司,处于弱势地位,本来是平等关系的双方签订的契约却具有不平等的性质,类似于权威命令(雇佣)关系。再次,在法律上,各国通过职工参与、职工持股等方式对股东与职工之间的利益冲突进行调和,两者的紧张关系有所缓和。职工参与公司治理,提高了职工与股东讨价还价的能力,使双方不平等的谈判地位有所矫正。

显然，与传统的雇佣关系相比，共同治理、职工持股无疑是历史的巨大进步。控制权的分享提高了职工的社会地位，提高了其生产的积极性。然而，股东与职工之间是两个具有不同利益诉求的主体。由于其本质的资本雇佣劳动没有改变，"工人与其他公司参与者的利益冲突在某种程度上是不可避免的"。在资本雇佣劳动下，公司盈利是所有者权益（股东资本的增值），而职工工资是公司的成本支出，两者依然是截然对立的。

（二）职工权益保护的措施

基于资本雇佣劳动的现实，传统公司法坚持股东至上。随着情势变革，各国先后放弃了简单的资本雇佣劳动理念，强调在股东至上的基础上实现利益兼顾。职工参与公司治理，在平衡股东与职工利益冲突上发挥着不可替代的作用。职工参与成为各国平衡股东与职工利益冲突的首选途径。

对于职工参与公司治理，各国的普遍做法是，股东给予职工一部分剩余索取权（职工持股），或者是选派代表进入董事会、监事会等公司机关。

1. 职工持股

职工持有公司股份，那么职工就不仅仅是雇员，而且还是公司股东。在资本雇佣劳动的逻辑下，作为公司的股东，他自然有权利参与公司治理；职工拥有剩余索取权，其具有提高公司绩效的动力；职工熟悉公司情况，拥有比单纯股东更多的信息，参与经营管理的成本较低。由于职工持股好处多多，许多国家都推行了职工持股计划。1991年，全美共有11000家公司实施了职工持股计划（ESOPs），职工所持股份占公司总股本的4%，1997年全美约有10%的劳动力加入了ESOPs。欧盟则全面推行了利润共享制度，鼓励职工持股。

2. 职工董事

职工持股旨在提高职工的法律地位，而职工直接进入公司机关参与公司治理则是寻求权利保护的另一个途径与平台。传统的公司法认为董事是股东的代理人，董事会权力的大小完全来自于股东会的授权。而现代公司治理理念则要求董事会应对包括职工在内的利益相关者负责。许多国家先后修改公司立法，专门设立了职工董事职位，通过事前的参与来保护职工利益。

3. 职工监事

德国是实行职工监事最为典型的国家。根据相关法律规定，凡是雇佣员工超过5人的企业，可以由职工选举产生工会，工会有权参与企业的经营决策，雇主在招收与解雇员工方面必须与工会进行协商。1951年德国颁布了《冶矿业参决法》。该法规定，拥有 1000 名以上职工的公司，监事会由 5 名资方代表、5 名劳方代表以及另外 11 名中立的成员组成，劳方代表与资方代表在公司监事会上处于同等地位。监事会在任命董事会成员时，应当有劳方董事。1976 年的《共同决定法》规定，拥有 2000 名以上职工的公司，监事会由人数对等的股东代表和职工代表组成。根据 1997 年 5 月由欧盟公司法专家组提交的《有关欧盟公司章程及其他立法建议中职工参与的欧洲制度的最终报告》，15 个欧盟成员国中有 7 个国家制定了有关职工参与各类公司机关的法律。

（三）中国的职工持股

随着 20 世纪 90 年代上海、深圳证券市场的开辟，中国的拟上市公司出现了内部职工股。随后，中国的职工持股有了很大的发展，特别是在国有企业改革过程中，职工持股基本上成为一个必经的阶段。但是我国的职工持股与国外的职工持股有很大的不同。

为了协调公司股东与职工之间的利益冲突，将员工利益与公司的发展紧密连在一起，西方国家推行了促进职工拥有本公司股票的职工持股计划。在这个计划中，职工的持股比例没有限制，职工可以通过大量持股取得对公司的控制权。该方案对职工形成了有效的激励和约束。同时为防止职工用职工持股计划谋求不当得利，各国注重用法律制度对其进行规范。雇员股票依附于雇员的特定身份，其上市流通受到诸多限制，职工一般只能在退休或雇佣关系终止后才能向单位转让股份。

然而我国的职工持股制度发展却十分不规范，制度目的也不清晰。《公司法》没有对职工持股做出规定，部委与地方政府规章规定得过于简略。制度的不规范导致实践中出现了许多问题。（1）由于没有流通限制，职工持股的目的不是为了关心公司的未来发展，而是企图通过股票上市套现牟利。职工股降低了证券市场的效率，这对广大的市场股东来说是非常不公平的。（2）许多公司的管理层利用内部职工股进行寻租。大庆联谊等股票案件就是"权力股"的冰山一角。（3）如果说短期套利降低了职工参与公司治理的积极性，那么职工持股比例太低则使改进公司治理变成空话。由于职工股权的作用微乎其微，又反过来促进了职工的套利动机。（4）在一股独大的情况下，没有相应的制度保障，持股职工的合法权益遭到侵犯就难以避免。

西方发达国家推行职工持股，对职工来说是一项福利。职工购股资金来源于公司利润或信贷杠杆等，职工仅支付很少一部分资金，甚至可以无偿取得职工股。然而,我国公司改制过程可谓是赤裸裸的原始积累过程。(1)经营不善的公司,由于融资困难,职工融资属于生产自救资金,职工必须持股否则就要下岗。更有甚者,有些公司职工入股后就下岗,职工福利却没有。"雇员为尽可能获取多样化应该将其个人财富投资于与雇佣他的公司无关的资产上。……将其个人财富与雇佣他的公司捆在一起的人把太多的鸡蛋放在了一个篮子里。因此如果公司失败他就既丢掉了工作又失去了积蓄。"(2)经营较好的公司,以人力资本理论为基础,鼓吹经理持大股,其购股资金多来源于公司的抵押贷款等;而广大的职工收入偏低却没有能力购买为数不多的股份。

由于该制度的不规范发展,1998年中国证监会发布了《关于停止发行公司职工股的通知》。当然,这并不意味着国家禁止利用职工持股来改善公司治理。股权的适度集中,有助于解决内部人控制问题、中小股东的搭便车问题。为此,应该适当提高职工持股比例,使职工有激励参与公司治理。

第十五章　知识产权的法经济学理论

一、知识的特殊性

知识是一种比较特殊的财产，其产权界定、行使和保护具有一些特殊性质。知识具有四个特殊性：第一，知识的复制成本一般要远远低于其创造成本。特别是随着知识存储技术的发展，知识的复制成本越来越低。第二，知识可以允许多人分享、利用而不损害其价值。不同于一般性的物品，知识不仅可以允许同时被多人使用，而且利用并不损害其自身的价值，至多是使包含有知识的载体有所折旧。

知识的这两个特性可能导致知识的供给不足。易被复制意味着在知识被创造出来之后，一旦知识创造者向外提供了该知识，那么其他主体借助于知识的易复制性，可以迅速成为新的知识供给者，成为知识创造者的竞争者。并且他们的知识供给成本低，定价只需高于知识产品的复制成本即可，而知识创造者的定价要包括知识的创造成本和知识产品的复制成本，这样在知识的定价上知识创造者处于明显的劣势，因为知识创造往往要付出高昂的成本，进而知识创造者难以收回其知识供给成本。同时由于知识价值不因为分享而降低，对于知识需求者来说，知识创造者供给的知识和复制者提供的知识价值基本上是一致的，是无差别的，那么在价格差异前知识需求者自然会选择知识复制者提供的知识。而知识创造者预期到这样的一个不利于己的后果，就没有动力进行知识创造，也会选择等待复制其他人的知识。那么，综合结果就是社会的知识供给水平将低于社会要求的最优水平，知识供给不足。

社会已经发展出了多个解决知识供给不足的方法。第一个方法是政府来负责。政府或者提供补贴鼓励知识供给，或者对成果进行奖励，或者政府直接进行相关知识的供给。如政府对科学研究的资助是补贴，设立各种奖项是奖励，政府直接出资办大学是直接供给相关知识。第二个方法是私人出资进行资助。私人及其企业可以设立各种研究基金来对知识供给进行激励。第三个方法是通过建立知识产权法律制度来激励供给。设立专利权、版权、商标权对相应的知识进行保护，提供复制的成本，对不符合法律制度的复制进行惩罚。

此外，即使没有上述机制也存在着一些克服知识供给不足问题的自然趋势。一是研究乐趣，从知识供给中获得的精神满足可能就已经足够弥补知识创造者的成本，因此知识创造者不再关心知识供给后获得的收益大小，从而实现知识供给；二是有些知识本身就难以复制。如一个计算机软件可以很容易地被复制，但是一个工艺流程就难以被复制，特别是那些包含有可以意会而难以言传知识的知识就更难以被复制，因此知识创造者不必担心被复制，这样也可以克服部分供给不足问题。

利用知识产权来激励知识供给是一个普遍的做法，但是知识产权建立后，假设它有效地阻止了知识的非法复制，那么在知识产权制度的支持下知识创造者完全可以向社会要求更高的价格来实现自身的利润最大化。假设，一本书在没有知识产权的状态下，定价10元，在有知识产权的状态下，定价15元。那么社会中那些对这本书的评价高于10元而低于15元的需求者将不会购买，由此就使该书包含的知识没有得到最优利用。因为知识还具有第三个特性，知识价值主要体现为其利用程度，被利用越多的知识其价值越高。知识的利用，可以近似地用发行数量、引用数量、技术使用次数等指标刻画出来。知识产权建立后减少了知识传播和利用的范围，这就是知识产权带来的垄断损失。因此要对知识产权的适用范围进行限定。

知识产权制度的核心问题就是如何在知识的最优创造和最优利用之间实现最优权衡。一方面通过赋予知识以产权激励知识供给，另一方面又建立各种限制防止出现知识非最优利用的情况。限制主要体现为：一是限定知识产权的时间期限。专利、版权、商标都是有期限的，都是在一定期限内有效。二是限定知识产权的范围。专利具有宽度限制并且在赋予后要向社会公开，版权只是保护知识的表达方式不保护其中的思想，商标则是适用于一定的商品范围。三是通过收取知识产权费来促使权利主体早日放弃权利向社会开放使用。

即使是知识受到有限制的产权保护，知识产权的行使依然受其特性的深刻影响。知识的第四个特性是知识的价值在交易前难以确定，在交易后买方不会表示其真实评价，从而使知识的交易难以达成。知识在没有获得前，买方基本上难以确定知识的真假和对己方的作用。由此买方就难以确定己方的交易风险值，出于理性考虑自然会尽量压低出价。或者为获得知识的真实价值而花费调查成本，如聘请专家来评估。为促进交易，让买方了解知识价值最好的办法是将知识全部告知对方，但是此时对方已经获得知识，交易就没有意义了。因此，对于知识要建立特殊的机制来促进交易。一方面是规范的霍布斯定理此时发挥作用，建立强制知识披露的法律制度，要求特定的知识必须披露，如关于产品安全的知识必须披露；另一方面是规范的科斯定理发挥作用，建立知识估价制度，由中立的第三方客观评估知识价值，促进交易。

二、知识缘何需要产权？

知识是人类智力性劳动的创造物。与有形物一样，知识被作为财产来对待和保护的历史非常古老。但是，不同的历史时期和国家对知识财产的保护范围、方式和程度是不尽相同的。反过来，不同的产权保护又成为各国经济增长和国家兴衰的重要因素，甚至是决定性因素。从信息的特性可以得出知识需要产权保护的结论，但是赋予信息以产权的理由，不仅仅是激励信息供给，还有着更为广泛的原因。

（一）激励知识创造

一切资源均需由确定的主体所有，这是市场交易的先决条件。"权利的界限是市场交易的基本前提。"在高度流动性、易变性的市场中，产权确立了所有人对资源支配、控制的范围和方式，并在此基础上产生了确定的交易预期，排斥了他人对劳动产品无端侵蚀的可能性。一般地，产权界定越明确，财产被无端占有的可能性就越小，产权的价值就越大；反之，产权越不明确，知识产品就越有可能沦为无主财产或集体财产。当不能准确地度量每一个劳动者的贡献大小时，经济人的"理性"算计是，谁也不会去加工、处理信息，而是选择和预期借助于信息使用的非排他性，只享有收益而不承担信息供给的成本。同时产权保护的缺乏和未来的不确定，就会导致人们对现有的信息资源过度使用，竭泽而渔。

现代市场经济中，竞争优势越来越依赖于对知识资产的控制。如前所述，知识资产作为中间产品具有扩散性和外部性，供给极富弹性，可以在不同地点同时满足不同的使用，且传播费用较少。这些产品的使用者可以在不承担任何成本的情况下，分享到他人努力所得的结果。在缺乏有效技术支持的情况下，知识创新的成本难以分摊到每一个使用者头上。并且一旦信息的开发者将知识出让给某使用者，由于传递费用低，这个使用者将会变成原始生产者的潜在竞争对手，通过搭便车者就可享用全部资产价值。在这种情况下，信息的需求者不会高成本和高风险地独立开发或通过谋求许可获得信息，而是寄希望于他人不正当的转移，低代价地占用这一信息。这就使得知识的开发者通过出售信息或通过出售信息的载体产品谋求利润、获取创新活动的奖赏变得不可能。没有合理的财产制度，就不存在负担这些成本和得到必要补偿的激励，也就没有创新。知识产品固有的特点要求更为严格的产权保护，推动创新的成本和收益趋于一致和内部化。在增强回报的确切性和可占用性的前提下，鼓励人们承担知识产品开发的高风险和高成本，将资源配置于最高价值的用途上。

（二）构建知识资本化基础

建立知识产权的经济合理性在于：将知识从"物"的技术形态和内容转化为一种产权形态，从一种资产形态或者说"僵化的资本"转化为一种高效率流通的资本形态。德·索托的调查表明：大多数发展中国家和穷人已经创造出资本主义所必需的资产，但是却在掌管资产的方式上存在重大的缺陷，他们不能通过所有权的方式将其转化为资本，而西方国家的成功之处则正在于能将这些"僵死的资本"转化为所有权形态的资本，资本的创造是隐藏在错综复杂的正式产权制度内的一个潜在过程。德·索托进一步揭示了所有权在资本转化中的六大重要功能：（1）确定资产中的经济潜能；（2）把分散的信息综合于一，融入一个制度；（3）建立责任制度；（4）使资产能够互换流通；（5）建立人际关系网络；（6）便于保护交易。

第一，通过产权制度能将知识产品的技术性形态转化为一种法律形态，以此释放隐含在知识中的经济价值和能量。一项发明、一个商标、一部作品，在自然意义上只不过是物理状态上的"无形物"，能满足某种客观需要的信息，但是在产权意义上，它却是可以与其代表的具体信息相分离的社会概念。知识产权区别于知识产品，并非简单的"无形物"的概念，它用以表明资源的存续状态。知识产权是公共选择的结果，是社会交往过程中形成的以知识资源分配为内容的人与人间的关系，是划定知识所有人和其他人就某一资源的行为边界和活动准则的社会工具。这种抽象的财产权概念与它所代表的无形资产及其有形载体是相分离的，正是这一分离，使知识产权这个产权凭证获得了巨大的社会和经济意义，使知识资本化具备了必需的基础，使知识产权（而不是知识）的投资、许可、质押、转让等资本运作方式成为可能，进而最大化地提高知识的社会供给水平和质量。但是如果缺乏知识产权和具体信息的制度性分离，就将缺少一种规则来协调人际关系，知识的投资和交易不可能在一个大的范围和程度上展开。

第二，知识产权确立了一种责任机制，抑制无偿使用，激励知识创新。当资源是无主或公共的时，谁也无法保障未来的收益专属于自己，导致竞争性收益获取和资源过度使用，竭泽而渔、"吃大锅饭"的悲剧就不可避免地发生。建立知识产权,形成了规范的权利确认和保护安排,排除了他人无偿分享收益的可能,使权利人合理、节约地使用资源,考虑信息开发直接给经营成本和收益带来的变化,寻求成本最低、效益最大化,激励人们将资源用于带来更高价值的信息用途,不断将资源投向于创新知识领域,促进社会的知识创新水平不断提高。

第三,知识产权制度实现了产权的普适性保护,使知识的流通能够按照"市场的法则"作出投资或许可贸易的有效选择,从而能实现知识产品从低价值向高价值的转移。知识资产本身就具有内部化的趋向,当知识产品外部交易的不确定性过高时,企业内组织交易的成本要低于市场交易,企业将会使这种知识产品内部化,将知识产品控制于企业之中,而不会通过许可市场去实现其资产价值。这在一定程度上,限制了知识产品的用途,同时也不利于知识生产的社会分工,因为知识产品的持有人拥有知识的特殊优势,却不一定具有将之用于生产活动的组织优势和产品销售的区位优势。同时,在产权的维护缺乏一个统一的尺度的情况下,知识的流通会倾向于"一对一"的谈判,如果知识的每一项权利及其行使,都要同其他人单独谈判而达成协议,过高的交易成本会阻止这一资产价值的发挥。

第四,知识产权制度是一种有效的信息处理机制。商标、商号和商誉能简化人们的学习和决策成本,专利和著作权通过公开和发表表明一种智力成果的现状,降低重复开发的浪费,将知识开发推向更高水平。知识产权通过登记、注册,使无形的知识有了确切的边界,便于核实、监督、估算和流通。通过厘定和沟通公有知识与私有知识边界,满足了知识创造人私人利益和社会利益的双重需求。

(三)界定知识产权的社会正当性

作为厘定人际关系的社会手段,产权意味着社会的肯定、尊重、支持和容忍,它需要通过一定的观念、规范和体制形成共识来支撑。在资源的非相容使用中,权利与义务具有高度的对应性、一致性。A 的权利是 B 的一种认可 A 在一定范围内索取利益的义务,A 因此所获得的机会和收益便构成了对 B 的约束。支撑这种给其所给、得其所得权利结构的,是建构于市场伦理准则基础上的正义观。这是因为,在相互依赖的社会关系中,对自己权利最好的维护方式是以同样的态度善待他人的权利,对他人的权利保持认可和尊重,对自己的利益作出某些妥协和让步。彼此相交换,别人才会承认自己所享有的权利。对他人权利的侵害实际上就是对自身权利的侵害。

劳动价值观构成了知识产权来源的正义基石和道德基础。按照传统的财产理论，劳动是公平地取得财产的基本途径，"在不对他人负有义务场合，人们对其生产、做成或创造的财产全部享有所有权"。这是因为，人拥有自己的身体与意志的天赋权利，劳动是劳动者无可争议、不可剥夺的所有物，劳动是附着于身体不可分割的组成部分，人们对通过自身劳动创造的收益（劳动价值）当然应依附于劳动者，同样享有不可剥夺的权利。

显然，劳动财产权理论为知识产权提供了合法性基础。知识产权是对现有一般信息进行加工、筛选、储存、处理所获得的结果，是凝聚着人类脑力劳动和经济成本的特殊智力资产。不管是专利要求的"新颖性、创造性和实用性"，还是注册商标要求的"显著性特征"，或是作品要求的"独创性"，商业秘密所要求的"秘密性"，以及其他商业标识要求的"知名性"，都反映出对劳动质量的要求。公共知识因其具有显而易见、轻易取得的特点，不用通过劳动即可获得，当然地排除在产权保护之外，不具资产价值。知识产权作为一种创新的激励和回报，制度的公平性要求在劳动支出和收益之间谋求某种均衡和协调，从劳动创造中内生性地决定其权利的"边界"。

三、知识产权制度的核心原则：利益衡平

（一）知识的私有性和社会性

1. 知识的社会性

知识具有强烈的社会性质，是社会基础设施、人类文明的一部分。原因在于：

一方面，知识是社会合作的产品，是人类理性对客观素材进行加工、判断、提炼的结果。知识的产生和发展需要一个不断积累和传承的社会过程。抹杀知识的社会性，将知识视为"闭门造车"的孤立物，会妨碍信息的交流，窒息知识生成、组成和更新的能力，知识也将丧失构建经验模式和理性范畴上的价值，进步与创新将无从谈起。知识的社会性，要求知识归属社会，成为全体成员共享的资源，才能获得真正的生命。

另一方面，知识是人类追求文明与幸福的一种手段，利用和获取知识是每一个人的固有权利。知识在技术上具有相容性和共享性，对人的终极关怀要求知识面前人人平等，谁也不得将知识无端据为己有。然而，知识控制权的不同结构会直接影响到人们地位、经济力量。并且对知识的垄断只会使少数幸运者获益，但整个社会将为之付出高昂的代价。因此，知识利用、传播以及再造都

提出了共享知识的基本需求。

2. 知识社会性质的有限性

但是知识具有社会性质并不意味着所有知识都是公共资源,都可以无偿免费使用,知识的社会性质是有一定限度的。知识自然供给不足等缺陷决定知识又必须是私有的,必须为知识的供给建立足够的激励。

知识产品的私有属性和公共属性存在着一种相互依存、相互促进的关系。私人财产正因为是同社会利益一致的,所以才纳入法律的范畴加以保护;而公共知识的源泉在于社会主体自利过程中的不断创新行为,大量的公共知识发端于私有信息。但是,两者之间也存在一定的紧张关系,没有对知识私有产权的维护就不可能会有足够的信息生产出来,就没有强有力的刺激去发现新的信息,创新机制就会受阻;但是有了合法的产权,又不可避免地会导致知识的囤积,阻碍信息的扩散、传播,不能在社会中低成本地广泛运用。

知识产权的制度安排本质上就是要解决私有性和共有性、排他性和相容性、专有性和共享性之间的关系。(1)产权的建立是以剥夺或者限制他人的权利为代价的,知识产品的排他性、独占性意味着财产使用上的非相容性和对抗性。因此,如果对知识产品进行过于宽泛的强力保护,个人权利会得到扩张,创新的激励会加强,但是会限制技术的扩散,导致知识的价格过高,进而降低社会的总产出。(2)知识的公共性则意味着打破垄断,强化知识使用的相容性和共享性,对知识产品实施松散的弱保护。这样,个人权利的限制在一定程度上会使社会福利最大化,社会可通过技术的迅速扩散、无代价地使用而受益,但是却会削弱创新的激励机制,对知识总量的增加、更新带来不利影响。

知识产品特有的属性要求,必须在公共知识与私人财产之间划出一条合理的分水岭,寻求不同利益的平衡,在劳动报酬原则和社会利益之间达成一种妥协,在提供创新动因所必需的个人效用与分享知识的社会效用之间实现平衡。

(二)知识产权的衡平机制

知识产权制度的核心问题就是如何在信息的最优创造和最优利用之间实现最优权衡。一方面通过赋予信息以产权激励信息供给,另一方面又建立各种限制防止出现信息非最优利用。因此,知识产权制度构建了一个"衡平机制":一方面,信息的创造者应当以公开、披露或者其他方式使知识社会化;另一方面,作为回报,国家维持创造者一定范围内对知识的独占。首先是限定知识产权的时间期限。专利、版权、商标都是有期限的,都是在一定期限内有效。其次是通过收取知识产权费来促使权利主体早日放弃权利向社会开放使用。最后，也是最重要的，限定知识产权的保护范围。在信息的最优创造和最优利用之间实现最优权衡的制度要求具体体现在以下各个知识产权制度安排中。

四、商标制度的经济分析

（一）商标的功能

商标的缘起非常古老，但却并非作为一种创造性成果以财产形式出现，以至于在相当长的一段时间里，商标被排除在正统的以"创造性"为标准的知识产权行事（know how）的知识，它支配着人们日常的行为方式。习惯简化了人类行动的细节，使人们不用审慎算计每一步的细节就能行动。对于经验产品，简化知识的最佳方法还不仅仅是企业商标的问题，而是建立某种购买直觉和联想力，是单个经验的制度化。由于商标能够生成声誉，声誉可以累积成为商誉。商誉一旦形成，在很大程度上就成为一种制度化了的知识经验，这就是为什么企业要致力于建立品牌——发掘商标"第二重含义"的原因。

（二）商标与商誉：从符号到意义

商誉是在长期的博弈中经过企业专用性投资产生的一种"好感"或者说"印象"价值。如果这种评价仅仅保留在人们的认知领域中，就面临一个问题：若投资者自己都不能有效控制，其产权就不能得以切实的保障，也无从形成有效的激励。另外，这种认知知识是需要不断累积才能体现其增值价值的，如果缺乏物化的形态来"附着"，仅凭人们口耳相传是难以"保值"的。

商誉必须通过一定的方式来承载，而载体就是商业符号，其中最重要的载体就是——商标。商标是商誉的"黏结物"。商标最初只是企业的符号编码，用十分简化的形式来传递最为必需的信号，其初始的、也是唯一的功能只在于区分和识别，界定产品的来源，避免不同企业及其产品的混同和误认，并不具有象征意义。但是信息体系一旦被客观化、有形化地建立起来，众多的经验信息将转化为一种符号形式，就能增进人们的理解，即使他们不拥有过多的知识，也不直接接触过企业及其产品，但只要与事物的符号发生联系就行。商标作为企业及其产品（或服务）的表征，实际上是企业的一种显示信号和甄别信号。

商标在交易行为的不断"言说"过程中，就会积淀、积累形成商誉，获得商标的"第二重含义"。此时，商标就成为表达意义的一种语言，而不仅仅是识别的工具。企业利用其声望、公信力为购买者铺设了一条直接的决策路径，引导着消费者的购买，而不再仅仅是利用商标去区分不同的产品和企业。驰名商标所承载的意义和内涵，已超出了通过它们才可言说的某种信息，象征着产品质量和商业信誉。比如，"奔驰""沃尔沃"等商标，尽管在能指上都是汽车，但它们的所指意义发生了巨大的变化，它们代表了不同的购车意义。

这样，商标就成为一种信息体系。对于顾客来说，降低了缔约成本，提供了更为明确的契约保障形式，减少了决策中的知识复杂性，减少了搜寻成本。同时，以商标为核心载体的商誉还为消费者提供了一种抵押机制，因为企业一旦背叛，就会声誉扫地，失去未来长期受益的机会。

对于企业来说，商誉一旦形成就可以赢得竞争优势。（1）商誉获得了稳定的未来预期。商誉是在长期的商业实践中产生的，能够有效地分离优质企业和机会主义企业，降低信息生产成本，增强消费者未来预期的有效性。（2）商誉能够产生一种时间价值。合作的时间越长，交易的频率越大，单次交易的时间费用就越低廉，因为长期的"熟人交易"能使双方之间形成默会知识，减少搜寻、认知、谈判和履行时间，使双方从中获得更多的收益。（3）商誉具有巨大的"溢出效应"。企业通过投资形成口碑，传递合作和信赖的信号，产生外溢性知识；通过外溢性知识增加消费者的认识资本、减少学习成本，进而形成对企业的知识依赖；然后，利用消费者的知识依赖，建立长期合作，赢得对方的未来回报。这样，企业便有了不断将其内部化，追求未来利润而持续经营的动机。声誉也因此被视为是企业常青的重要原因。

（三）商标的保护：外部性及其内部化

商标的一个主要功能在于区分来源、表明出处，因此，各国法律均要求商标符号必须具有外在的"独特性"或者说"显著性"。按照独特性从大到小可以将商标分为臆造性、任意性、暗示性和描述性商标四个种类。其中描述性商标由于缺乏独特性，属于弱商标，商标所有人只有证明其商标已取得"第二重含义"，即已经具有显著商誉，该商标才可能获得注册。商标保护的法律目的，最初也只在于禁止来源上的混淆，权利的初始配置极为有限，商标专用权的保护仅仅局限于维持"竞争"性产品之间的可辨识性，商标不得在相同或相似商品上作相同或相似使用，逾出竞争范围则属于公共知识的一部分，持有人并无专用权。那些没有界定的权利则留在了"公共领域"，成为可以自由取用的公共产品的一部分。

当知识产品产生的外溢性价值过少，产生的收益不足以弥补权利的界定与维护成本时，合理的做法是将其置于公共领域；而当知识物品的外溢价值增加，将其内部化的收益足以超过内部化成本时，就有必要对权利进行再配置。原因在于，伴随着知识价值的增加，原先处于公共领域的相关知识"水涨船高"，他人为获取同样的价值，就会企图抢占公共资源。资源若是无主的或是公共的，就必然导致"攫取"。知识产品由于不具有物理形态上的可观察性、可控制性和可隔离性，对公共领地中特定知识的掠夺会"稀释"和"淡化"已有知识产权的价值，从而危及权利人的初始利益。一个突出的例子是，商标一旦获得公众的认可和信赖，具有一定"名气"和影响力，就遭致他人的寄生性使用，"搭便车""傍名牌"等现象就会日益突出。

权利价值的上升或下降，就会导致产权边界的变化。当权利价值上升时，较好的选择是对公共领域中增值的价值物品重新界定产权，纳入产权保护范畴，实施内部化。这就是随着商誉的形成，对驰名商标和知名商标保护范围和程度要不断扩大和加强的原因所在。

商誉的出现改变了商标法的功能，"体现在商标中的商誉方面的财产权的发展是现代商标权不断扩大和反淡化思想的基础"，商标法律保护的目标从防止混淆发展为反"淡化"以维护商誉权。所谓"淡化（弱化）"，根据世界知识产权组织1996年《关于反不正当竞争保护的示范规定》的定义，就是降低识别性标识的"区别性特征或广告价值"。包括两方面的含义：（1）淡化就是破坏符号在顾客心里再现相关物的特定性，冲淡符号与产品及其生产者之间的独特联系，分散顾客的商业吸引力。符号的作用在于能从它自身让人想到另一物。一个企业的信誉越卓越，其与其他企业及其产品（服务）的区分就越明显，符号与其产品及生产者的关联性也就越紧密，符号在公众心里再现的相关物越直接、集中甚至单一。标识使用的范围越广泛，它所能唤起人们对特定产品的集中和注意力就越少。（2）淡化就是侵蚀识别性标识的市场资产和竞争优势，从而危及其价值结构。识别性标识的商誉越卓越，垄断性越高，排他性越强，吸引力越大，其商业价值也就越高。同时，识别性标识潜在的竞争优势和商业价值越大，就越具诱惑力，吸引他人搭便车、寄生性利用，受侵害的可能性也越大。这是因为，当资产不为自己拥有产权时，就不会对它负责，假冒者低下的信用和低劣的产品质量，必然会玷污、贬低识别性标识的信誉，使无形资产贬值乃至归于丧失。反淡化目的在于保护权利人资产的专有性不受侵害，禁止他人从别人的声誉中获取不正当利益。

五、著作权制度的经济分析

著作权通过承认和提供公平经济报酬的形式对创作者提供激励，鼓励创造，使得有创作能力的人愿意创作出很多很好的著作，同时又为作品的低成本、高效益传播提供保护。

（一）思想与表达

思想与表达的二分法贯穿于著作权保护的始终，著作权法保护思想的表现形式而不保护思想本身，这已成为立法的出发点。《世界知识产权组织版权条约》规定："版权保护延及表达，而不延及思想、过程、操作方法或数学概念本身。"《与贸易有关的知识产权协定》规定："版权的保护应该延及表述方式，但不延及思想、程序、操作方法或数学概念本身。"美国1976年《著作权法》第102节（b）规定："对作者的原创作品的著作权保护在任何情形下都决不延伸至任何思想、步骤、方法、系统、操作法、概念、原则或发现，不管在该作品中上述内容以何种形式予以描述、解释、展示或体现。"亦即著作权法保护"表达"，而不保护表达所含的"方法"或"观念"。

思想与表达二分法旨在在公共知识与私人财产之间划出一条合理的分水岭，寻求不同利益的平衡，在劳动报酬原则和社会利益之间达成一种妥协，在降低创作成本的同时，形成一种合理的创作激励机制。

著作权法不保护思想观念与内容是因为：思想是社会交流与合作的产品，在长期积累和传承的社会过程中形成。一部作品的思想可能包含了无数前人的思想，真正属于作者前所未有的独创性思想总归是有限甚至是不可能的。作品中这种发端于公共知识的思想具有公共产品的特征，只有归属于社会，才能发挥其构建经验模式和理性范畴的价值。思想作为公共产品具有正外部性，其传播有利于提高公共福利。否则，将思想视为个人财产、进行垄断，将会使整个社会为之付出高昂代价。一个直接消极后果就是，大大增加了后人作品创作和思想运用的成本，极大地妨碍思想的传播和文化的创新。

同时，思想是无形的，无从显性地观察、度量和评估，对思想进行保护的成本异常高昂甚至不可能，任何人也无从占有或占用思想；同一文化背景中，产生相同的认识是常见的事情，思想始终存在重叠和交叉，对思想进行产权界定是非常困难的；由于思想的传播成本极其低甚至可以忽略不计，侵权防范成本与救济成本异常高昂；思想价值难以度量和评估，并且随时间和空间的变化而变动，要对每一特定作品中有思想价值的产品进行鉴别是非常困难的；思想一经传播即构成思想观念中的一部分，要对思想侵权消除影响是不可能的。因此，界定和保护思想的成本十分高昂，以致社会不得不放弃保护。

著作权法对作品的保护旨在促进创作活动，这一目的的实现以立法能对权利提供有效的保护为前提。将保护的客体从思想转化为表达形式，作者的劳动被表现为那些表达在纸上思维可观看和理解的文字，这一事实就为识别该财产提供了标记和界限，使思想财产得以占有和占用，得以被确认和区别，获得了成为财产的必要特征。将立法的注意力从思想的运用转移到智力成果的固化状态和物质表达方式，具有成本上的优势：第一，特定的思想观念具有唯一性或有限性，而同一思想的表达方式则具有开放性和多样性，人们可以超越不同的表达形式表述相同的思想，这样，思想的有效传播与鼓励作品的创作得以有效平衡。第二，产权界定和保护要求权利必须是确定、明晰、可以度量和观察的，作品借助于表达形式记号性标记，使权利获得了可以观察、度量和维护的确定性特征，能据以判断权利存在状态和划分不同的权利边界，这样，权利的界定、维护和救济成为可能。显性的表达方式使思想得以"固化"，便于传播、存储和使用，能低成本、高"保真"地形成一种集体记忆，提高信息的利用效率，克服了知识产品在证明其财产身份和范围上的困难，既能预防纠纷，又能在纠纷发生后确定权利、提交证据。这种物化的结果，也简化了权利的管理方式和内容。不需要调查表达形式之外的东西，表达方式本身就是劳动创造的最终结果，也无须再去审查和考虑作品产生中的智力性劳动、思想价值和创造性本身，大大简化了识别作品保护范围和界限的难度。

（二）合理使用

没有合法的垄断就不会有足够的信息产生出来，但是有合法的垄断又不会有太多的信息被使用，是知识产权保护中面临的一个共同难题。著作权的排他性和相容性构成了同一问题的两个方面：一方面，排他性旨在区分作品所处的不同"私域"，设定财产专属于某人的"疆界"。缺乏智力成果专属于创造者的产权机制，作品创造者就不能回收其投资，更不能形成强有力的激励去鼓励其创造新的作品。另一方面，知识毕竟是一种可共享的资源，绝对的排他性会导致垄断者对作品索价过高，阻止该作品的充分使用，导致"无谓损失"（deadweight loss），使知识停留于有限的自我体验范围内，从而无法实现知识资源的最优效率。

因此，著作权排他性的安排应在保证作者对作品享有专用权的前提下，作出某种让步和妥协，给予社会公众一定范围和程度上对作品的合理使用权。"合理使用"就是著作权排他性的制度限制,是指在一定范围内使用作品而不经著作权人同意亦不向其支付报酬的制度安排。合理使用是作者所要求的专用权与公众所要求的信息自由传播权之间的一种有效衡平,它通过对独占权一定范围的排除,允许作品在一定程度上和范围内自由传播和使用,以充分发挥作品的使用效益,促进科学、文化事业的发展。其经济合理性在于,人类的创作活动是一个流动的过程,每一作者在合理使用中都有支出,同时又有"收益"。某一特定作者在创作过程中因利用前任作者的作品而取得"收益",但其作品完成后又为后来的作者提供了合理使用的材料而"支出"。就人类创作活动的总体而言,在合理使用基本规则界定的条件下,各方都取得效益,并不存在损害某一作者利益而增加另一作者利益的情形。因此,合理使用制度为国际社会所普遍采取。

合理使用的关键是恰如其分地确定其范围和方式。美国法官早在1841年就对合理使用规则进行了系统表述。在我国,合理使用主要分为两类:

(1)允许自由和免费使用。这是著作权限制程度最强的一种,作品的使用不需要作者授权,而且是免费的,如:为个人学习、研究或者欣赏,使用他人已经发表的作品;为介绍、评论某一作品或者说明某一问题,在作品中适当引用他人已经发表的作品;出于宣传目的的使用;出于教育目的的使用;公务使用;等等。这一情形主要出于社会整体福利的考虑。

(2)允许自由使用,但是必须支付报酬。这是一种非自愿许可,不需要作者授权,但是需要付费。原因在于,作品公开发表后,著作权人对他人的使用通常难于监督,尤其是展开报酬的谈判,交易成本过高;作为使用者来说,出于业务的需要,同时使用不同著作权人的不同作品,比如:录音制品多采用音乐、戏曲、童话、故事等比较短小的作品,多部作品容纳在一盘录音带中,涉及的著作权人多(有时一盒音带涉及几十位作者),一一找到他们并取得许可并非易事,而且音像制品有较强的时间要求,取得众多著作权人许可必然要花费大量的时间和精力,著作权人意见稍不一致,录制工作就无法进行。考虑到使用者取得所有著作权人授权确实有一定困难,为了不妨碍作品的传播,满足广大群众对精神产品的需求,因此,对使用一些作品规定了非自愿许可。非自愿许可包括法定许可和强制许可,我国仅仅对前者做了规定,对后者没有规定。

六、专利制度的经济分析

专利是一国法律赋予发明创造人的一种独占权,权利人在一定时间和范围内具有排除他人使用相同技术的垄断地位。作为交换，专利权人必须将技术方案公开，并且国家仅在有限的时间内提供保护。专利对经济发展具有什么样影响的理论争论一直没有停止过，分歧很大。有人认为专利制度是一种激励技术创新的制度，也有人认为专利制度是一个代价甚高的制度。但不可否认的是，专利制度至今仍是一种行之有效的制度安排，较为有效地解决了个人报酬和公共福利之间的紧张关系，在鼓励发明和促进技术的传播间实现了平衡。

（一）专利的宽度

狭义的专利宽度是指专利权的边界覆盖范围，广义的专利宽度包括了专利的"高度"，即发明成为专利所必须具备的技术难度。一般认为，专利保护的宽度越大，专利权所覆盖的领域就越广，就越能防止该项发明被免费使用；专利保护的高度越高，在进行专利审查时对专利的技术水平要求就越高，也就越能防止基于小改进而获得独占权。

宽度的增加能够增强垄断的力量，提高对发明的激励，但也会相应地带来社会福利的损失。例如：一项技术是允许其在很广的范围内适用，还是允许其在一个很窄的领域内适用呢？专利宽度影响着后来人发明创造的激励水平。具体来讲，如果适用的范围很广泛，后来人的发明创造就必须要使用前人的专利，就要向前人付费，这样就会抬高后来人发明创造的成本；如果专利适用的范围很窄，后来人进行发明创造时就无须支付专利成本。但是过窄的范围又会降低发明创造的资本价值，对其保护也就相应失去了意义。所以，最优专利宽度的确定需要在专利持有人的利益与后来发明者的利益之间进行权衡。

同样，专利高度的水平要求也直接影响着专利制度功能的发挥。如果对专利的"难度"要求过高，过分保护先发明人的利益，就会降低后来者对专利进行改进和利用的积极性；相反，要求过低，就会降低投身于重大发明创造的积极性。为此，要求专利必须满足一定程度的智力性贡献和劳动创造性因素。

对此，各国专利法，都有明确的规定。一是规定专利必须符合新颖性、创造性标准。已经传播的知识或者已经在一定范围内使用的知识，不具有新颖性，不能授予专利权；显而易见、轻易获得的知识不具有创造性，也不能授予专利权。这些知识发现成本低，权利的维护成本高，会刺激重复开发导致资源的浪费，国家无须去刺激这类发明活动。二是规定专利必须具有一定的适用性，即"有用性"方能提供保护。不能再现和重复实施的知识，不具有产业上的积极经济效果，不具有可专利性；利用自然条件限定的独一无二的条件生产产品，也不存在专利激励的必要性；明显无益、脱离社会需要、严重污染环境、严重浪费能源或者资源、损害人身体健康的发明或者实用新型专利申请的技术方案同样不具备实用性。

（二）专利的长度

专利的长度是指给予专利保护的时间长度。专利具有时间性，这是作为知识产权的专利权同有形财产的所有权相区别的特征之一。对有形财产的所有权来讲，如果财产本身不消灭，财产所有人对财产的所有权是始终存在的。专利权则不是这样，法律规定的专利期限届满或提前终止，尽管发明创造的技术本身还存在，但对该项技术的独占使用权不存在了，该发明创造成了社会财富，任何人都可以无偿使用。专利期限也表明专利垄断的时间跨度，专利期限届满，技术可以免费为其他企业分享，增加了消费者福利。

专利权期限的确定，一是要充分适当地保护专利权人的利益，以保证发明人有充分的时间分享其创造带来的合理利润，鼓励发明。如果规定的保护期限太短，就意味着是在损害权利人利益的情况下实现社会福利，其结果是不利于调动发明创造的积极性，将导致知识的投资水平过低的现象。尤其是专利的创造性和实现的社会收益较高时，就应该有更长的保护期限。为此，绝大多数国家，区分不同的专利类型分别配置不同的保护期限。发明专利权保护期通常为15至20年，实用新型、外观设计专利权保护期通常低于10年。

二是专利期限必须考虑垄断带来的社会成本。最优的专利期限安排必须实现专利的社会收益与社会成本的均衡，既能让发明者有充分的时间回收其投资的利润，同时也应该在社会成本超过社会收益之前终止专利。

专利垄断带来的社会成本主要包括：（1）阻碍后续发明的成本。专利期限内，专利权人有权收取专利使用费，对竞争者的发明和使用构成了限制，提高了竞争对手突破、获得、使用同样技术的成本，这意味着在损害自由传播和使用的情况下保护了垄断，不利于技术的推广和应用。（2）给消费者福利带来的不利影响。专利期内竞争对手因为专利限制形成的成本，通常要通过较高的定价最终转嫁到消费者身上，消费者福利因此受到损害。专利期限越长，造成的社会福利损失越大。同时，垄断产品较高的定价，也会导致产品非充分利用，导致社会福利损失。（3）专利的管理成本。对专利持有人来讲也不是保护的长度越长越好。因为专利持有人的收入来自于专利使用费，随着专利年限的延长，使用专利的人会越来越少。与此同时，专利持有人还依然需要交纳一定的费用。此外，专利的时间越长，解决纠纷和进行专利保护的成本就越大。

七、知识产权制度的新挑战

知识产权的权利范围日益扩张是现代知识产权法的一个重要趋势。这种扩张方式多样、表现不一，如受保护的权利客体不断扩充、保护时间不断延长、保护手段日趋严格等。日益扩张的知识产权引起了社会的警惕。

1. 专利方面

知识产权法为专利设计了垄断性、时间性和地域性，以此对专利权进行界定和限制，以避免独占性所致的种种"危险"，但新形势却给专利制度带来了种种冲击。（1）在取得方式上，专利制度是以技术的公开为先决条件来换取政府的独占性保护的。大多数国家实行先行公布、延迟审查的制度。这是一种有条件的保护，一旦所公布的技术不符合法定构成要件，这种保护就会被撤销，劳动者劳动创造的成果就会因此付诸东流，化为乌有。（2）在时间期限上，各国对专利保护的期限少则10年，多则20年。但这并没有反映技术发展的内在规律。据统计，一项技术通过保密来进行市场的自发调节，除极少例子外，秘密的保持时间通常仅为半年到4年。（3）地域范围上，专利的排他性是在"地域板块模式下"，由各主权国家制定的，具有属地性质。这种安排源于实物资产的可操控思想，却无法适应全球化时代中数字信息、网络化的无国界要求。为此，有学者提出要淡化、弱化知识产权的专有性，来缓解知识产品相容性的公开公用的矛盾，有必要根本放弃排他性权利的授予，以及对供给的限制，而用另一种制度取而代之。

2. 版权方面

1998年美国国会通过《版权期限延长法案》（CTEA），将版权保护期限延长20年。这是美国40年内第11次延长著作权保护期。在此之前，个人著作权保护期是去世后50年，法人和机构是作品问世后的75年。CTEA法案引发了著名的"米老鼠案"。该案中莱斯格教授指出，现有的版权法和知识产权法正在简单地、几乎是无限地扩展其保护范围，它赋予著作权所有者越来越大的权力，但对社会知识的增加与创新却没有什么帮助。当知识产权的所有者获得越来越多的收益的时候，公众却由于种种桎梏而无法在原有的成果上创新。知识产权保护应该是激励创新者进行更多的创新，而不是为那些知识产权囤积者的利益服务，但现在的趋势却恰恰相反。知识产权的所有者应该因他们的作品的使用获得回报，但他们不应拥有否决在他们作品上创造新作品的权利。为此，莱斯格教授认为，必须在鼓励创新和公众利益之间谋求一种"平衡"，缩短版权保护的期限，限制所谓的"衍生性权利"。

再以数字版权为例。欧盟在 1991 年至 2002 年先后通过了 8 个涉及数字化问题的知识产权指令，美国在 1998 年通过《数字千年版权法》。这些立法将版权保护扩展到数字空间，复制权、向公众传播权、发行权等规定在很多方面已经突破了传统知识产权法律框架，确定了包括数据库权、集成电路布图设计权、版权信息与技术措施权在内的"特别权"，同时提高版权保护水平，对达不到版权保护要求的数据给予特别权保护。这一发展适应了数字化的需要，也使版权传统的衡平原则陷于危机当中。著作权的扩张严重挤压公共利益的空间，社会成员获取信息和共享信息的权利处于更为不利的地位。正如一些学者指出的：互联网络就像当年的美国"西进"，版权产业看来就像当年的牛仔，正在大举"西进"；而信息的使用者们却越来越像是可怜的印第安人，只剩下区区保留地可以容身。使用者们的"保留地"就是被不断缩小的公有领域。

3. 知识产权私有和公有边界的动态性

所有权利都是双向度的，其合法性隐含着衡平的机理，知识权利并不能推向绝对化的极点，权利的扩大从来是有限制的，必须维持知识的相容性和社会性，保持知识在私有领域和公共领域的平衡。

更重要的是，知识及知识产权的私有和公有边界是随着时代的发展而动态变化的。以前的厘定并不适用于当今的社会，特别是以一定的公众知名度为基础的版权、商标权的动态变化性就更强。有些外部性极强的商业符号随着时间的流逝，已经不仅仅是私有财产，而是成为公共财富的一部分，演化成某一文化的象征，代表了某种流行的社会观念和生活方式。由于每一个社会成员都是时行"流行文化"与符号世界的参与者，为削弱符号权力的私有化控制，提升符号的民主化，必须保持权利的相容而非垄断，允许一定程度的合理使用。因此，知识产权制度的构建不是一蹴而就的，需要根据时代的发展不断调整，以知识的最大化创造为核心目标，不断更新制度安排以实现社会公共利益和私人利益之间的动态衡平。

第十六章 法经济学的发展方向

自现代法经济学 20 世纪 60 年代诞生以来，新古典经济学中以理性选择为基础的谈判理论一直为其核心理论。但随着现代经济学的迅速发展，其相关的研究工具、研究成果不断充实到法经济学领域，使法经济学这一新兴交叉学科在进入 21 世纪后取得了蓬勃的发展。法经济学的未来发展突出体现在如下两个方面：其一，博弈论在法经济学中得到广泛应用。由于博弈论与法经济学有着共同的核心假设——理性最大化，所以博弈论的分析和法经济学研究具有天然的亲和性。随着博弈论的引入，博弈分析逐渐取代了谈判分析成为法经济学的新的发展方向。其二，针对理性选择有关人类行为的核心假设，新近兴起的行为经济学和实验经济学给出了越来越多的关于理性选择理论的反常现象，并且基于观察和实验逐渐发展出了较为系统的理论体系。一些敏锐的法经济学研究者迅速地将行为经济学和实验经济学的研究成果运用于法经济学研究中，行为法经济学因此逐渐成长起来，成为一个具有强烈挑战意义的、崭新的法经济学发展方向。

一、法经济学的博弈分析

（一）博弈分析的优势

博弈论作为一种分析方法和数学工具，用来分析法律行为具有新古典分析所不具有的优势。新古典经济学以价格制度为研究对象，以边际分析作为基本的分析方法。信息充分和完全竞争的一般均衡市场是新古典经济学的"理想典型"。"市场至上"既是新古典经济学的基本观念，又是其基本的政策主张。博弈论突破了新古典范式信息完全和充分竞争的假设，将许多新古典范式所忽略和不能分析的社会现象包容了进来，在结论上也不再完全坚持"市场至上"的观念。由此使博弈论的解释更加贴近了现实，具有了更好的预测效果。尤其是对于非价格制度，如法律制度等，博弈论比谈判理论具有更强的解释力。

1. 对策行为分析更接近于法律规则作用下行为人的行为模式

法律不仅关注个体对法律规则的反映，更关注在法律规则下行为人之间的相互反映。更进一步的是通过对行为人相互作用的判断，来寻求适合目标追求的法律规则。协调不同主体之间的利益冲突是法律的重要功能之一。冲突的利益在不同的法律规则下会导致不同的行为及结果。要使行为和结果符合效率标准（或者其他目标），就需要对在既定规则下，不同利益主体之间的行为互动模式有准确的判断，以决定规则及其适用范围的选择。

1）博弈的基本构成要素

如本书第四章所述，博弈论分析的就是在一定的规则约束下行为人之间的行为互动路径。博弈论中，博弈的基本构成要素包括参与人、策略、报酬等。参与人是博弈中选择行动以最大化自己（预期）效用的决策主体，在法律分析中，即是法律规则约束下的行为相对人，也即法律关系的构成主体，如诉讼双方当事人。策略是参与人选择行动的规则，决定在什么情况下选择什么样的行动。在法律分析中，即是根据法律或者合同约定等其他规范以及当事人面临的其他约束条件，当事人意识到或决定采取行动时须具备的条件。如在对方给予合理赔偿时撤诉和解，在对方起诉时应诉并反诉等。报酬是参与人从博弈中获得的效用水平，是每个参与人真正关心的东西，即从形成和完成法律关系中得到的利益，代表着当事人利益实现的数量和程度。它不仅决定于当事人自己的行为，更与其他当事人的行为有关。如得到赔偿的数量与当事人受到的损害、法院认定的赔偿数量以及加害人的支付能力和意愿等。

除了以上三要素外，为了更好地进行博弈分析，法经济学还细化了行动、信息、结果与均衡等要素。所谓行动是指参与人的决策变量，即当事人在法律行为中可以采取的所有可能的行动，如起诉、撤诉、应诉、反诉等；信息是参与人在博弈中的知识，特别是有关博弈对方的特征和行动的知识，如法律、有关制度以及在长期关系、短期接触中形成的关于对方当事人的认识都构成博弈的知识；结果是博弈分析者所感兴趣的所有要素的集合，如在诉讼中，起诉应诉、受害者一方得到1000元的赔偿而加害者支付赔偿并负担300元诉讼费用是一个可能结果，和解、受害者得到1100元赔偿而加害者不必承担诉讼费用是另一个可能结果；均衡是所有参与人的最优策略或行动的组合。在理性最大化的引导下，当事人经过相互作用达到一个谁都不愿意再改变的结果，任何改变至少将使其中一个当事人的利益受到损失或其判断要受到损失。这个结果可能是法律关系的最终解决结果，如和解解决争端，也可能不是，如和解不成双方都愿意维持僵局状态。这时就需要引入新的规则进行新的博弈，如进入诉讼由法庭决定法律关系的终结。在博弈分析中，参与人、行动和结果统称为博弈规则，它们构成了参与人进行博弈的环境，分析的目的就是在参与人的行动组合和可能结果中寻找能够使当事人的报酬从而得到均衡的结果。

2) 对策行为是博弈论对参与人之间行为互动模式的基本判断

对策行为的突出特点就是行为的决策不仅是自身约束条件的函数，同时也是博弈他方行为的函数。这与法律关系中当事人的行为模式是一致的。在既定的法律关系中，任何一方当事人的行动选择，既受到自身因素的影响，也必然受到其他当事人行为的影响，并且这一行为也将影响所有当事人的今后决策。

财产法中对于所有可能成为无主财产所有者的主体来讲，如果产权界定规则规定对该财产实行共同所有制，那么财产的使用就将面临"公地悲剧"的命运。考虑到个人对财产的维护，其收益将在所有所有者之间分享，将没有人愿意付出，而只愿意自己使用，他人维护，共有财产将被过度使用。而如果产权界定规则实行的是"先占原则"，潜在所有者之间将展开先占"竞赛"，所有权的获得不仅取决于其个人的先占努力，还取决于他人的先占努力，结果往往是导致过多的资源投入在了找寻无主财产上。

合同法中，合同的订立过程就是一个博弈的过程，双方根据对标的物价值等因素的判断和对对方价值判断的认识，相互讨价还价。纳什（1950）和夏普里（1953）建立了合作博弈的"讨价还价"模型。罗宾斯坦（1982）进一步建立了非合作博弈的"讨价还价"模型。合同订立后，当事人之间就更进入了一种相互依赖的状态，合同所涉及的资产的专用性越强，依赖性越强。尤其是当事人的违约决策，更是双方行为的函数。

侵权法中加害人和受害人之间更是一种对策行为关系。责任规则的不同明显地要求加害人和受害人具有相应不同的预防水平。损害发生后责任的确定以及救济措施的确定每一方当事人都要考虑对方可能的反应，以使自己的决策得到认同。诉讼的当事人之间更是一种典型的对策行为关系。当事人对诉讼和诉讼方式的选择、对和解和判决的选择都是已经得到较为充分分析的对策行为。破产法中债权人之间也是一种对策行为关系，破产法的目的就在于协调债权人的群体行动，建立能够产生均衡的博弈环境。

总之法律关系是法律调整社会关系的必需环节，法律关系中当事人之间有着大量的对策行为。这些对策行为制约着法律的调整效果，博弈论的研究提供了认识与分析这些对策行为的有力工具。

2. 博弈论更适合分析法律等非市场制度

1) 新古典经济学的缺陷

谈判理论是以新古典经济学为基础的，但是新古典经济学在理论分析越来越精致化的同时，却受到了众多的质疑。

（1）新古典经济学认为个人的理性最大化行为必然导致社会最优结果。然而，经济运行的现实一再向人们表明，个人或集团的最大化行为往往是其他人或集团的"福利"陷阱。个人理性选择的与社会理性选择的也并非总是一致。大部分学者都是通过对个人理性行为产生的非理性结果的认识，来批评主流经济学所坚持的理性主义基础的。在制度上表现出来，一是人们为什么采取了对自己不利的制度，二是为什么不利的制度长期存在。这些都是新古典经济学所无法回答的问题。个人理性与集体理性之间的冲突被新古典经济学所推崇的和谐观念掩盖了。

（2）信息不完全是现实世界的常态。人们不仅对未来世界缺乏充分的认识，即使是对于已经发生的事情因为信息的非对称分布也难以得到完全、真实的信息。信息本身就是一种稀缺资源，生产和获得信息都需要付出成本。市场机制之所以重要，一个重要原因就是市场价格机制本身就是一个内容丰富且成本低廉的信息机制。但即使是在市场机制中信息的不完全也是使其偏离均衡状态的重要因素，甚至在某些状态下导致市场失灵。囿于信息完全假设的新古典经济学对于信息不完全状态下的经济运行状态所提供的分析并不多。但是在非市场制度中，不存在显性价格，如何发现与确定价格与信息是否完全密切相关，信息问题更为突出。

（3）市场结构复杂多样，几乎不存在完全竞争的市场。从价格的完全被动接受到主动地控制价格之间，市场结构的竞争成分越来越少，垄断成分越来越大。从而，市场主体之间的相互影响越来越大，个体效用函数中包含了越来越多的外来影响，对策行为特征越来越强。垄断因此成为市场失灵的重要原因。但更恰当的判断是，不是市场运行机制的失灵，而是新古典理论的失灵，是新古典经济学分析工具不能有效解释"市场失灵"现象。非市场制度的运行更不是完全竞争的，制度本身往往明确界定了市场的参与者及其相互地位。尤其是当参与者之间因为特定的事件而发生特定关系时，更是形成了双边或多边的垄断关系。法律关系是这种关系的典型。在每个法律关系中，当事人都必须是明确的，他们之间的权利和义务也必须是明确的，每一方的行为都将影响他方行为也受到他方行为的影响，退出和进入都有着明确的法律成本。很显然，在法律关系和以法律关系为基础构建起来的法律制度中，相互垄断是常态，与新古典经济学的充分竞争假设难以一致。新古典经济学不是分析法律制度的适当工具。

2）博弈分析的优势

博弈论的出现极大地改变了这种状况：

（1）尽管博弈论承袭了新古典经济学的哲学基础，但博弈论解释与分析了个人理性与集体理性之间的冲突，不再认为这是一种不正常的状态，反而是认为均衡的实现要符合一系列严格的条件才能达到。囚徒困境是表明个人理性的最大化不能达到集体理性最大化的典型例子。博弈论严格地坚持了个人理性最大化的假设，但这个最大化是将其他参与人的决策考虑在内的最大化，参与人之间的相互制约是人们选择不利制度和其长期存在的重要原因。

（2）博弈论提供了分析信息不完全状态的工具。信息经济学的主要内容就是借助于博弈论的方法分析非对称信息下参与人之间的对策行为。同时信息不对称也为个人理性与集体理性的冲突提供了解释。这些分析和解释使人们对于市场制度和非市场制度的认识都有了极大的进展。

（3）博弈论的研究框架适合研究非充分竞争状态下的市场和非市场制度。博弈论研究参与者之间的对策行为，参与者是明确的，每个参与者都对彼此的决策有影响，博弈的结果是所有参与人行为的函数，不以市场的充分竞争为常态。这和非充分竞争状态下的市场和非市场机制的构架是一致。实际上博弈论主要应用于对这些制度和行为的分析。拍卖市场是一个典型的非充分竞争市场，但它在博弈论中得到了充分的分析。威廉姆·维克瑞就因在拍卖机制分析中的突出贡献而获得了1996年度的诺贝尔经济学奖，他使用的主要方法就是博弈论。总之，博弈论突破了新古典经济学无外部性、信息完全和竞争充分的假设，运用了不同于新古典经济学的分析方法，具有比新古典经济学更强的解释力和预测力。

（4）"市场至上"观念的突破。在贝克尔、科斯、布坎南等的努力下，新古典经济学的谈判理论已经被广泛地应用于分析家庭、法律、政治等非市场制度，形成了"经济学帝国主义"的学术浪潮。法经济学也是在这个浪潮中发展起来的。但是新古典经济学的这种分析方法和政策建议及其代表的效率观念受到了越来越多的质疑。特别是，新古典经济学的分析将其分析视角和政策建议都建立在"市场至上"的观念之上，以市场的一般均衡状态为标准来检验一切制度安排。这样以一种特定制度的标准来解释其他制度和作为其他制度的改革标准，显然是不适当的。

博弈论尽管与经济学具有共同的核心基础——个人理性最大化，并在经济学中得到了最广泛的应用，但是博弈论并非源于经济学，也不是经济学的一个分支，它是一种数学方法。因此，博弈论可以作为多个社会学科的研究方法，只要该学科的研究对象涉及对策行为，进而避免以一种社会学科的规范和价值标准来评价另一学科的弊端，从而使博弈分析不必以"市场至上"为基本观念。并且博弈论能够将分散在各个学科中的对策行为集中在一起研究，从而有利于从整体把握这些行为及它们形成的制度。

3. 行为的均衡分析

博弈论和新古典经济学一样也将均衡分析作为最基本的分析思路，分析的目的就是寻求博弈的均衡。但是博弈论的均衡与新古典的均衡有显著的不同，这些不同使博弈论对法律制度等的分析更具有说服力。

1）博弈论的均衡是行为均衡，不是价格均衡

博弈论研究的是参与人之间的对策行为，研究的目的是发现所有参与人的最优策略或行动的组合。行动是参与人可能采取的行为措施，策略则是决定参与人采取什么措施的规则。它们描述的都是行为。而价格均衡在一般均衡理论中是指由个人最优化行为导致的一组价格。在博弈论中这组价格只是均衡的结果，不是博弈论所寻求的均衡，所有个人的买卖战略才是博弈论意义的均衡。行为的均衡而不是行为结果的均衡使博弈论的分析具有更广阔的视野，不局限于得到效率结果。从研究行为的结果到研究行为过程本身是理论研究的一种深化。因为是人们的行为产生了各种结果，人们往往可以说出自己期望的理想状态，而对于如何实现理想却缺乏清晰的认识。

2）博弈论的均衡是多头最大化，而不是单头最大化

对策行为就是包含了对参与人彼此行为影响的考虑，因此博弈的结果是所有参与人行为的函数。均衡结果代表的是所有参与人行为的均衡，所有参与人都认为均衡状态是自己最优行为产生的结果，而不主动偏离它。每个参与者都实现了自身理性的最大化，是一种多头最大化的状态。而新古典经济学通过将他人行为总结于市场价格参数中，使个人的效用函数不与他人的行为发生关联，在决策时仅考虑在个人面临的约束下如何最大化个人效用问题，研究的是单头最大化的问题。单头最大化的问题就在于它没有认真考虑其他参与人的最大化行为所产生的影响，当市场是非充分竞争的或是进入非市场制度时，这种分析方式只能将他人的最大化行为视为既定，还原成约束条件下的单个主体的最大化分析。如此分析对于利益一致的情况还是比较合适的，一旦参与人之间存在

利益冲突，如何得到均衡，也即如何同时实现多个参与人的最大化，单头最大化分析显然力不能及。考虑到利益冲突的参与人之间在结果上根本上不可能达到均衡，博弈论的分析转向了行为的均衡，在行为层面上，博弈论发展出了较成熟的多头最大化的分析方法。行为的多头最大化分析为我们理解现实的丰富多样的市场制度和非市场制度提供了比单头最大化更有力的工具。

需要说明的是，尽管在面临约束上多头最大化和单头最大化是一致的，决策都是在一定的约束条件下做出的，只不过约束条件的多少存在差异。并且均衡都是一定条件下的均衡，都是参与者实现了最大化的均衡，否则参与者将有激励偏离均衡，走向非均衡。但是多头最大化和单头最大化的最大差异在于对待其他参与人的态度上。多头最大化中参与人之间的行为互动得到了充分地考虑，均衡确实是基于参与人之间的行为互动选择。而在单头最大化中对其他参与人的行为反应没有给予充分考虑，只是简单地将他人的行为视为既定，一旦他人的行为反应发生变化，决策者的单头最大化状态肯定随之发生变化。而在多头最大化中已经将所有的行为反应考虑在内。所以单头最大化的均衡状态只能是所有参与人对于特定（价格）状态的均衡。从这个意义上说，单头最大化是一种静态均衡，它只能适用于特定的状态，稳定性差。而多头最大化则是一种动态均衡，是比单头最大化更稳定的均衡。

3）博弈论的均衡具有多重性

博弈论的均衡是行为均衡，这种均衡具有多重性。均衡的出现严重依赖于假设前提，而不是单一的均衡。只有在非常严格的条件下，才得到唯一的均衡。条件的细微变化，可以导致完全不同的结果。这可以说是博弈分析的一个缺陷。纳什、泽尔腾和海萨尼三人之所以获得诺贝尔奖，主要是因为他们发展出需求博弈均衡的方法。但均衡结果的不唯一性和难确定性与现实世界中决策时面临的不确定性和制度安排的多样性是一致的，从而那些在新古典经济学中被认为是异常的现象，在博弈论中被认为是正常的。在寻求均衡的过程中，博弈论发现并综合了各种可能影响均衡生成的因素，如信息、习惯、道德、法律等。也正是在这个过程中，博弈论进一步综合了各门学科的分散研究，进一步说明了个人理性与集体理性之间的冲突，从而使博弈论具有整合多门学科，成为应用更广泛的分析根据的优势。

4. 与谈判理论比较，博弈论具有的优势

就法经济学研究而言，博弈论的分析与谈判理论相比，具有更多的优势。除前面已经阐述过的之外，博弈论还有以下优势：

1)博弈论突破了市场本位

科斯等尽管强调决定制度选择的标准是该制度所产生的交易成本的大小,但是在基本观念上依然坚持"市场本位",认为市场中进行的自愿交易是实现效率的最佳途径,即使在"市场失灵"的环境下,也不能就此认为政府干预就是比市场更好的选择。这也是整个芝加哥学派的核心观念。波斯纳的分析更是突出了"市场本位",他认为"效益最大化"是法律及其活动的主要价值追求,是评判法律规则的核心标准。普通法因为符合这一标准,而被波斯纳认为是有效率。但是以适用于一种制度的评价标准来评判所有制度是一种有争议的做法。

博弈论坚持了理性最大化的行为假设,但它着重强调行为的理性,强调行为对追求目的的适应性,是一种形式理性。所以在博弈论的分析中没有先验的价值判断。但博弈均衡的达成可以依赖于参与人的价值判断,在存在多重均衡的状态下,价值判断的不同可以导致不同的均衡。如萨林(1960)的"聚点"均衡就说明当无法确定均衡状态的博弈模型中加入外来信息,如社会文化习惯、参与人过去共同的经历等,就可以达到均衡。因此判断制度是否有效的标准不一定限于效率,也可以是效率之外的其他价值追求,如公平等。只要制度能使参与人的行为在追求价值目标的过程中保持了内在一致的效用(或预期效用)最大化,该制度就是有效的。

2)博弈论使交易成本更确定

交易成本分析方法因为交易成本概念的不确定性,而在使用时有随意性的弊端。任何现象,特别是那些难以解释的现象都可以笼统地归结为交易成本的存在。博弈论改变了这种状况。不仅博弈论所研究的对象——对策行为是交易成本的来源,而且博弈分析已经成功地将导致交易成本的信息等因素包含了进来。实际上信息不完全和对策行为是迄今所揭示的交易成本的主要来源。人们对交易成本最初的理解来源于科斯对它的初步界定,即利用价格机制的成本。科斯的列举中交易成本主要包括缔约的搜寻成本、谈判成本和履约的履行和监督成本,这些成本都可以认为是信息不完全产生的成本。之后,Cooter(1980)首先讨论了谈判中的对策行为。威廉姆森(1985)则深入研究了企业组织内的机会主义行为,这实际上也是对策行为的一种。博弈论的分析将这两种交易成本的生成源泉结合在了一起,通过数学工具的运用使对它们的分析更加严密和具有可操作性。

3)博弈论在坚持个人主义方法论的基础上,包含进了整体主义的因素

个人主义方法论和整体主义方法论一直是主流经济学和以制度学派为代表

的非主流经济学的重大分歧之一。制度学派认为主流经济学的分析是形而上学，不切合实际，即使正确也只是分析了影响经济行为的一个方面，是单因素分析。只分析了人类行为的工具性，没有分析其礼俗性。制度学派认为影响经济行为人行为决策的因素是多元的，应当用整体主义的分析方法来研究人类的行为模式。为此尤其强调制度中的习惯和规则对行为人决策具有的决定性影响。正是这些习惯和规则使行为人学习了特定制度环境中的决策程序和决策方式。在习惯和规则作用下的行为决策并不必然是为了追求利益最大化。制度学派的批评和主流经济学在非市场制度分析上遇到的困难，证明了整体分析的合理性。但如何协调二者始终是个难题。

博弈论在坚持个人主义的基础上成功地引入了整体分析的因素。博弈论的分析是从个人主义出发的，个人效用的最大化是分析的起点，并且均衡的达成也是个人最大化行为的组合。但是博弈论中参与人的最大化行为是所有参与人最大化行为的函数，个人的函数中包含了整体的影响。最终均衡结果的生成也是全体参与人共同博弈的结果，而不是个体最大化行为的结果。并且制度的规则和风俗习惯可以作为博弈的框架构成个体最大化行为的约束。因此制度学派所强调的行为影响因素完全可以包含进博弈论的分析框架中。

总之，博弈论的研究对象和法律的规范对象都是人们的行为，博弈论的分析环境和法律规范的适用环境具有一致性。博弈论为法律制度等非市场制度提供的分析框架包含了比新古典经济学谈判理论更多的因素，解释力更强。可以预言博弈论的广泛应用将是今后法经济学发展的一个重要方向。

二、行为法经济学

其实用"行为法经济学"（Behavioral Law and Economics）称呼法经济学研究中出现的运用行为经济学研究成果分析法律问题的学术趋势，可能过于超前。因为这个趋势还没有发展到体系完整、分析方法成熟的地步，目前仅是处在萌芽和初步发展的阶段。但这并不妨碍这一新兴领域成为当代法经济学研究最有发展前途的研究方向。

（一）理性选择理论的"反常现象"

1. 对理性选择理论的批评与维护

作为法经济学核心理论的新古典经济学的理性选择理论在得到越来越广泛地应用的同时也受到了日渐增多的质疑和批评，尤其是在"经济学帝国主义"

趋势下，理性选择理论大举进入非市场制度领域，更引发了人们对理性选择理论的反思和批评。

1）对理性选择理论的批评

凡勃伦是较早的理性选择理论的批评者，在其著名的论文《为什么经济学不是一门演进科学？》中，他认为新古典经济学将自己的理论基础建立在理性选择理论上，尽管其放弃了古典经济学具有的"自然秩序"等先验观念，但却使它与现实经济活动的联系越来越少，使经济学纯粹成为理论界的事情。尤其是理性选择理论将经济行为的决定单纯地归纳为行为人对自我利益的计算，使活生生的人成为浮沉于外来刺激中的"血球"，被动地做出反应，这是十分错误的。在凡勃伦之后，制度学派则以实用主义哲学、进化论以及心理学等方面的成果为基础，展开了对以马歇尔为代表的主流经济学所赖以存在的理性主义哲学基础的批评，从而在最根本的方法论层次上开始了对主流经济学的深层次批评。

西蒙（Simon）作为行为科学的创始人，基于对理性选择理论的怀疑，对理性进行了深刻的分析。他将理性分为四种：程序理性、实体理性、完全理性和有限理性。

西蒙（1982）认为"当一行为是适当且慎重考虑的结果时，该行为就符合程序理性。行为的程序理性依赖于产生它们的程序"。因为程序理性关注于决策者如何生成不同的可选决策和如何比较这些决策，所以程序理性必须建立在人类认知理论之上。相反，实体理性"只关注在给定的条件下效用最大化行为的表现，关注分析的状态而不是决策者本身"，也即实体理性关注行为而不是认知。有趣的是实体理性和程序理性有时是矛盾的。如对外界刺激的机械式的冲动反应，被程序理性认为是"非理性行为"，而实体理性则可能认为是"理性行为。"

完全理性，是新古典经济学的"理性"，认为决策者具有深刻理解的、稳定的效用函数，知道决策面临的所有可能选择，能计算每个可能选择的预期效用价值并从中选择预期效用最大化的选择。"在完全理性框架下，给定选择集合和效用函数，然后计算出效用最大化的选择"。相反，"有限理性是与我们的知识水平相一致的人类实际的行为选择理性。它认为人们是在对行动结果的认识极度不完全和不准确的情况下来寻找决策方案的，所选择的行动只能达到预期的满意结果"。也即在有限理性框架下，人们是在一定的限制下来寻找实现一定目的的决策方案，这些限制的一个主要来源就是决策者特定的知识结构和有限的计算能力与技巧。因此完全理性和有限理性的一个重要区别就是完全理性根本不依赖于人们的认知能力和理论。而有限理性则必须根据对人类认知能力的判断，才能建立起决策模型。有限理性关注的是决策行为的决策过程，是一种程序理性。完全理性则是注重决策行为本身及其结果是实体理性。

西蒙划分理性的目的在于说明新古典经济学所使用的完全理性概念的非现实性，着重于阐述他的有限理性理论。他指出经济行为人在进行决策时，因为有限理性，并不能进行最优选择。信息的不完全及所面临问题的高度复杂性和未来的不确定性，使决策人不可能进行全面精确的计算。行为人只能追求一个满意的选择方案，而不是最优的选择方案。西蒙的"有限理性"理论已经成为理性选择理论的经典批判理论。

法学家们对理性选择理论也提出了尖锐的批评。他们的批评主要集中在理性选择理论的非现实性上，认为理性选择理论将丰富的人类活动单纯视为成本—收益的核算并以此为先验观念来看待法律制度及其实践是轻率的。新自然法学派的代表人物德沃金针对波斯纳的财富最大化主张提出了自己的反对意见，一是认为人们的支付意愿不仅取决于对物品的偏好，更取决于支付能力，一个更需要食品的穷人可能缺乏必要的支付能力，仅从偏好来讨论人类选择行为是不够的；二是认为财富最大化将导致社会分配的不公平；三是认为实行财富最大化将破坏个人主权原则，个人 A 对一物品的价值评价比个人 B 高，按照财富最大化标准应将属于 B 的该物品赋予 A，但有可能破坏 B 的个人主权。

2）对理性选择理论的维护

（1）间接维护。

与制度学派和西蒙企图替代理性选择理论以及法学家们的否定不同，更多的学者则是从维护和调整的角度来批评理性选择理论的。理性选择理论判断，理性个人的最大化行为必然导致社会最优结果。然而，经济运行的现实一再向人们表明，个人或集团的最大化行为往往是其他人或集团的"福利"陷阱。个人理性选择与社会理性选择通常是不一致的。博弈论中的博弈策略选择和信息不对称下的激励选择，也说明了个人理性选择之间以及它们与社会理性选择之间的不一致。现实中的市场失灵问题，也已经成为经济学的常识。大部分学者都是通过对个人理性行为产生的非理性结果的认识，来批评主流经济学所坚持的理性主义基础的。不过，他们仍然承认"经济人"假设十分重要，只不过认为仅有这一个假设是不够的，必须引入另外的因素。如阿马迪亚·森（1977）认为利益最大化仅是影响经济行为的一个方面，但不是全部。他提出以"承诺"作为经济行为的另一个基础，认为有些行为的作出是基于行为人对他人的承诺，而不仅仅是基于最大化个人效用。

（2）直接维护。

面对来自众多方面的批评，面对主流经济学理论假说与经济现实间的巨大差距，更有许多直接的维护主张。

第一，弗利德曼在20世纪60年代提出的"假设不相关"命题（1996）。认为只要理论得出的结论具有预测力，理论的假设可以与现实不相符合。理性选择理论的假设虽然严格，但理性选择理论得出的结论却能够指导现实经济运行和经济政策的制定。但是预测不是理论研究唯一的使命，与预测同等重要，甚至比之更重要的使命是解释。如果不能对人类的行为模式进行准确的解释，不能明晰其中的机理，以之为基础的预测根本不可能准确。一定的理论抽象是必要的，但必须是基于现实的抽象。但假设已经不能包容现实因素，离现实越来越远时，正确的方向应是放松和调整假设，建立新的解释力和预测力更高的理论，而不是无视理论与现实的差距，采取所谓的"免疫策略"。

第二，阿尔钦（1950）提出的所谓"阿尔钦进化命题"，认为尽管在短期内人们的选择可能不符合理性选择理论的判断，没有实现最大化，但在长期内人们的选择是符合理性选择理论的判断的。如果在长期内不能实现最大化选择，竞争的压力将使最大化选择的失败者被淘汰出竞争。阿尔钦比弗利德曼稍进一步，承认人们并不总是选择理性最大化行动方案，但他的进化论观点也有明显的不足。就个人来讲，即使在长期内他不能最大化个人利益，也不会被社会所抛弃。结果只能是他获得效用没有实现了最大化的人的效用，但他依然有进入任何"市场"并参与竞争的权利，除非有不公正的法律剥夺他的这项权利。对企业来讲，即使是假定利润最大化是唯一的追求目标，因为市场不完全等因素，不是所有的利润最大化失败者都被淘汰出了竞争，如长期亏损的国有企业并没有立即退出。在市场完全时，也没有理由认定每个企业都受到最有效率的竞争者的威胁。当利润不是企业的追求目标时，问题就更为复杂，进化的结果更不符合阿尔钦的判断。纳尔逊和温特（1997）就给出了一个不依赖于利润最大化假设的企业扩张模型。在他们的模型中，每个企业都有不同的生产函数，并且这些生产函数会通过模仿或随机地因研究和投资方面的变化而变化。他们的预测结果和实际的企业规模分布很相近。

第三，波斯纳（1998）承认存在着理性选择理论所不能包容的现实现象，承认理性选择理论有缺陷，但是认为目前还没有足够替代理性选择理论的理论，因此只好继续坚持使用它。

首先，的确将如我们所看到的那样，由行为经济学和实验经济学所表明的理性选择理论所不能容纳的"反常现象"目前还没有一个统一的理论来说明它们。但是替代理论没有出现只是表明更替还没有发生,并不能因此成为"抱残守缺"的理由。更为重要的是当一般性的理论与特定的现实产生冲突时,政策的制定者最好是放弃一般理论而寻求特定状态下适用的"小理论",法律规则的制定和适用充分体现了这一点。现实的复杂性和特殊性要求寻求足够适用的理论,而不是普遍的理论。所以理论研究要充分尊重那些"反常现象"。

其次,并不是没有替代理论。前述西蒙的有限理性理论就是一个替代理论体系,制度学派的理论也始终是以重建经济学的基础为己任。而这些替代理论始终没有得到很好地发展。最后,阿罗在为《新帕尔格雷夫经济学大词典》撰写的"经济理论与理性假说"词条中指出"理性对一种经济理论来说基本上并不是至关重要的,实际上,各种直接应用的理论通常是使用了一些具有某种不同性质的假设"。"根据假说而不是理性建立一些完整的经济模型不仅是可能的,而且实际上,每一种实践中的宏观经济学理论都部分地以此为基础。"他进一步举例说凯恩斯理论中的价格刚性和工资刚性就难以放到理性框架中,尽管经济学家们做了不懈的努力。因此更不能以不存在替代理论为由而无视"反常现象"的存在,否则就没有了理论的进步。

第四,最后一种维护主张则是任意解释理性概念,随意地扩大概念的外延。对自我利益的一个扩大解释就是认为自我利益中已经包含了"利他"因素。如功利主义是理性选择理论的思想渊源之一,功利主义的创始人边沁为使自己的哲学能够解释一切人类行为就提出了多达14种的"快乐清单"。但是遇到诘难就任意扩大理论的预设前提的定义,就使理论失去"可证伪性",沦落为"放之四海而皆准"的"谬论"。

上述对理性选择理论的维护和完善依然没有能够给批评者以足够的说服力。但同时也应当承认的是,理性选择理论依然是主流经济学的核心假设,依然在广泛地应用中。新的被广泛接受的理论并没有出现,经济学依然处在"科学革命"的前夜中。

2. 理性选择理论的"反常现象"

如果说制度学派与西蒙等对理性选择理论的批评主要是从理论分析上展开的,那么行为经济学和实验经济学则主要是从实证上提出了理性选择理论的"反常现象",并证明了它们与理性选择理论不相容。

1)行为经济学和实验经济学

行为经济学是在西蒙的大力倡导下发展起来的,西蒙(1996)为行为经济学规定了三个任务："首先是检验新古典经济学关于人类行为的理论假设在现实中的有效性。一旦证明这些假设无效，行为经济学就致力于发现能正确地并尽可能精确地描述行为的经验定律。其次，行为经济学还要说明实际行为背离新古典假设对经济系统及其体制的运行、对公共政策的含义。行为经济学的第三个内容是为效用函数（或任何一种可以替代它的、经验上有效的理论结构）的形式和内容提供经验证明，以便加强对人类行为的预测。"

行为经济学根据从心理学、实证观察以及行为实验中得到的经验材料对新古典经济学的行为假设—理性选择理论进行了全面的检验，并研究了它们的经济和政策含义，致力于发展新的人类行为理论。Mullaiathan 和 Thaler（2000）将行为经济学对理性选择理论的批评和发展总结为三点：有限理性（Bounded Rationality）、有限意志（Bounded Willpower）和有限自利（Bounded Self-interest），它们代表的都是理性选择理论所不能包容的"反常现象"。

实验经济学则是从 20 世纪 40 年代以后逐渐发展起来的另一个新兴经济学学科，它的研究特点是在可控的实验环境下针对某一经济现象，通过控制某些条件、观察决策者行为和分析实验结果，以检验、比较和完善经济理论并提供政策决策的依据。实验经济学两个最有影响的代表人物是弗农·史密斯（Vernon Smith）和查尔斯·普洛特（Charles Plott）。史密斯（1996）说："大部分经济理论可以适当地称为'教士的理论'，它们被接受（或拒绝）的基础是权威、习惯或对于假设的看法，而不是基于概括一个可以重演的严格证明为伪的过程。"实验检验经济学理论的优势就在于实验的真实性，"因为真实，经济学文献中的一般性原理和模型在这些实验室经济的应用应该与它们在那些现实经济中的应用，具有同等的效力。"在不确定性下研究个人的偏好选择和市场行为是实验经济学两个主要内容。通过设定细致的实验环境，实验经济学发现了许多与理性选择理论不相一致的"反常现象"。

由于行为经济学和实验经济学的研究内容具有重合性，行为经济学也经常使用实验手段来检验新古典经济学的理论判断，并且对实验得出"反常现象"通常是在行为科学的含义上进行解释的，因此二者在关于理性选择理论的检验上是相互支持的，故将之结合在一起论述。

2. 有限理性

首先要说明的是对于理性选择理论的突破不全是由行为经济学和实验经济学完成的。如前所述，科斯的贡献在于突破了"制度不相关"假设，信息经济学则突破了"信息完全"假设，博弈论则在综合信息经济学的基础上突破了"单独决策"假设,使决策建立在行为人之间的相互作用上。行为经济学和实验经济学的贡献主要集中在对决策行为的直接判断上。从对行为人自身的假设,到对决策环境的假设,到行为的追求目标,甚至是理性选择理论的个人主义方法论基础都受到了挑战,行为经济学和实验经济学在理性选择理论的各个方面都发现了"反常现象"。

理性选择理论认为行为人内在地具有最大化追求目标的动机,具有充分的计算能力和良好的记忆能力,能比较各种可能的行动方案及相应产出并从中选择最大化效用的行动方案,但是行为经济学表明在许多情况下,行为人并不能实现最大化,甚至也不是追求最大化,不是根据成本与收益比较,而是根据其他的依据进行决策。原因在于一是现实世界中存在着行为人不能克服的困难,这些困难限制了理性的最大化追求;二是行为人的心理认知在一些因素的影响下产生了偏离成本—收益计算的趋势。

(1)现实中的困难。

按照信息能否完全获得,可分为两种情况:

第一,过于复杂。决策所需信息虽然可以完全获得,但过于复杂,超出了行为人认知能力的所及范围。如国际象棋比赛就是这样的游戏,比赛的目的很明确,游戏中所能走的各种步骤及其组合也是可以计算出来的。但由于组合太多(至少是10的120次方),远远超出棋手的计算能力,即使是最高明的棋手也不可能穷尽所有的组合。因此在行为人面临着太多的选择或者选择具有多种可能的产出时,只能采取简单的决策策略来代替预期效用的计算,而不可能对每一种可能选择都进行计算。西蒙的"满意"策略是一种替代,认为行为人不再追求最大化,而是根据自己的认知能力和客观限制,选择那些使自己感到满足的行动方案。"词典编纂式"策略是另一种替代,行为人列出那些他认为重要的行动方案,评定各种方案的产出,从中选择最高者,但不能保证行为人的选择是效用最高的方案。如人们在饭店时按照饭店的菜单点菜使用的就是这种策略,但实际是也经常点到那些口味不佳的菜。"剔除法"则综合了满意策略和词典编纂策略,行为人将首先删除那些不符合最低要求的选择,然后在剩余的选择中选取收益最高的行动方案。实际上可供使用的替代策略十分丰富,并且策略的选择与行为人的认知能力密切相关。下棋高手之所以高就是因为他的认知能力高。现实的复杂性使行为人难以实现最大化,也没有按照理性选择的程序进行决策。

第二,意义模糊。信息不完全,事物的意义含糊不明,无法进行成本—收益的比较。行为人虽然知道所有的行动方案,但不知道各个行动方案所产生的结果。如果行为人知道产出分布的概率，他可以计算出预期效用，但如果缺乏概率信息，行为人就难以决策。没有确定产出的信息，就不能进行成本—收益核算，更谈不上进行理性选择。在这种情况下人们更多的是按照固有的心理或认知规律进行决策，从而不符合理性选择理论的判断。

（2）启示（Heuristics）与偏见（Bias）。

由于现实的复杂和意义的模糊，有许多因素影响着行为人的对未来事件的判断。行为经济学观察到人们采取了多种的完全不同于理性选择理论的决策方式，这些决策方式建立在启示或偏见的基础上。所谓"启示"是指直接影响行为人决策的、行为人具有的、关于事件发生概率的片段性认识。所谓"偏见"则是使行为人的概率判断出现偏差的、行为人具有的认知特性。启示和偏见的形成基础都是行为人的认知受到了外界因素的影响，从而产生了偏离。但它们简化了决策任务，降低了信息收集和决策成本，使行为人在繁复的世界中可以进行决策，而不是一筹莫展。但它们也确实是人们遵循的规律性的东西。

第一，代表性（Representativeness）启示与现成（Availability）启示。对未来事件的准确判断需要行为人在已知事件发生的统计信息（基础概率）的基础上，再根据可得的特定环境下关于特定事件的信息调整基础概率，得到事件发生的判断概率。但是在利用信息对基础概率进行调整时，会产生误差。代表性启示是指行为人忽视基础概率并夸大事件表象和实质之间关系的认知趋势。Korobkin 和 Ulen（2000）所进行的著名的"银行出纳员"实验证明了这个趋势。被实验者被告之了一些关于一个女出纳员好像是一个女权主义者的代表性特征，被实验者根据这些特征判断该女性是 a 女银行出纳员还是 b 活跃的从事女权运动的女银行出纳员，90%的被实验者选择了 b。但他们忽视了女银行出纳员比从事女权运动的女银行出纳员多的事实，仅因为被告知的模糊信息进行了错误的选择。

现成启示是指行为人经历或知晓的显著或难忘的事件使行为人过高估计事件发生概率的认知趋势。而实际上行为人经历或知晓的显著的或难忘的事件不过是现实中发生的普通事件。如大部分人认为交通事故造成的死亡人数高于糖尿病的死亡人数，但实际上后者造成的死亡人数高于前者。造成如此认识的原因就在于交通事故经常得到报道，而后者却没有。

第二，过于自信偏见和偏见的自我加强。在有些情况下，即使行为人知道事件的实际发生概率，也会做出错误判断。原因是过于自信和偏见的自我加强。过于自信指行为人总是认为自己的幸运概率高于平均的幸运水平，而倒霉的概率低于平均的倒霉概率。Baker 和 Emery（1993）在美国弗吉尼亚申请结婚的居民中进行的一次调查表明,尽管人们知道几乎近一半的婚姻以离婚而告终,但认为自己的婚姻会出现这个结果的人几乎为零。偏见的自我加强则是指在关于事件的客观描述中,行为人往往只按照他的兴趣或已有的观念来解释这些信息。这在诉讼和辩论中有着明显的体现。

第三,"事后诸葛亮"偏见(Hindsight Bias)。在事件发生概率的判断上,容易发生的一个偏见是"事后诸葛亮"偏见。当行为人在事件实际发生以后来判断事件发生概率时往往高估发生概率。尽管事件的发生具有客观的概率,行为人如果不知道事件已经发生,他会相信客观的概率。但当行为人知道事件曾经发生后,行为人的概率判断将超过客观概率。因此对于预期成本和收益的比较在事前和事后就会产生差异。

第四,固执先见(Anchoring)。固执先见是概率判断中另一个偏见。行为人往往不能从事先存在的关于事件的认知中进行充分地调整以得出客观的概率判断,也就是先入为主。Korobkin 和 Ulen(2000)的实验证实了这个判断:首先,一群会计师被询问是否相信在1000家企业中至少有10家存在管理失误。同时另一群会计师也被询问是否相信在1000家企业中至少有200家存在管理失误。然后,让这两群会计师分别判断1000家企业实际存在的管理失误的概率。结果是,后者的概率判断明显地高于前者。实际上第一个问题和后一个问题之间没有任何逻辑联系,会计师们没有对第一个问题建立的先验认识进行充分调整以致得出了错误的判断。

3)有限意志

理性选择理论认为行为人对自己的效用函数有着清醒的认识,并能控制自己的效用函数使之符合最大化的要求,行为人具有完全的意志能力。但是行为人的效用不一定都是社会所认可和激励的效用,甚至与行为人自身的整体、长期效用最大化也是有区别的。社会要求每个成员都对其效用进行自我控制,但更多地情形是:一是有些效用在某些情况下成为了主导效用,使行为人难以对自己的整体效用进行控制,二是因为行为人同时具有多个效用目标追求而难以对它们进行排序。行为人的意志是有限的。

(1)习惯(Habits)、传统(Traditions)、嗜好(Addictions)。

习惯、传统和嗜好体现的是过去行为对当前行为选择的影响。习惯重复了过去的行为,但并不代表着被重复实施的行为就是最有效率的行为。对传统的维护更多地与"现状偏见"(Status quo bias)联系在一起,行为人坚持了与其当前的效用水平一致的选择。嗜好则是行为人在过去的实践中体验到的能使其产生快乐的行为，尽管在很多情形下是不良嗜好会带来降低行为人效用水平的后果（如吸烟），但行为人多坚持满足自己的嗜好。

（2）生理欲望（Cravings）。

饥饿、干渴、性欲、睡眠、疼痛等都是人类本性所产生的欲望，它们不同于从过去行为中建立起来的欲望，但同样可以使行为人丧失对个人效用的控制。如饥饿使减肥者过量进食，尽管她对苗条身材的渴望超过吃饭。一个疲劳的卡车司机尽管清楚打瞌睡的危险，但还是经常发生因打瞌睡而导致的交通事故。实验也表明一旦当行为人为一种生理欲望所控制时，行为的选择常常是实现了欲望。习惯、传统、嗜好、生理欲望都是暂时性的主导效用，极有可能不符合行为人的整体或长期效用的最大化，这和常常说的"感情战胜了理智"是一致的。

（3）多重自我（Multiple Selves）。

每一个行为人在任何给定时间都可能不具有一个理性选择理论所限定的单一的、内在一致的偏好集合，更多情形是，行为人同时具有许多相互竞争的偏好。这就使行为人面临着一个多重偏好的"集体行动"问题。多重自我问题在跨时期决策上有着充分的体现，未来本位的自我将和现在本位的自我产生冲突。吸烟当前的享受与未来的健康受损冲突，年轻时过度消费的快乐和老年时衣食无忧的安逸冲突。其实任何一个决策都面临着多重自我问题，并没有一个有效的办法将它们统一起来。一般认为个人的天生禀赋、经历、年龄、教育等能起到一定的作用。法律也可以通过鼓励所希望偏好或抑制所不希望的偏好，来发挥一定作用。

4）有限自利

理性选择理论判断行为人的追求目标是自我利益，但是行为经济学显示：一是自我利益并没有得到追求，二是行为人追求了自我利益以外的价值，如公平。

（1）社会规范（Social Norms）。

社会规范界定了行为人在社会中应当表现出来的行为，如在西方进教堂要摘下帽子，在中国过中秋节要吃月饼，等等。这些行为并不完全与理性选择理论所判断的行为相一致。一个典型的例子就是欧美人到饭馆吃饭付小费的做法，如果说付小费是为了得到更好的服务，人们一般是在用餐完毕才付。如果是为了将来得到更好的服务，多数人在偶然光顾的餐馆里也付小费。不付小费更不会受到起诉，而付小费则直接减少了顾客的金钱。

对于人们为何要遵守社会规范的解释有：一是行为人不仅看重社会规范行为的内涵，也看重行为带来的尊重、社会认同等感受；二是行为人将社会规范内化为自己利益的一部分。实际上这两种原因可能共同构成了遵守社会规范的原因。遵守社会规范，而不是追求自我利益是许多行为的选择依据。尽管有些可以遵守社会规范的行为可以解释为是为了实现自我利益，但也有许多不能如此解释。如贝克尔（1995）的研究表明歧视是不可维持的，因为市场的竞争压力会迫使厂商按照工作效率的高低来雇佣工人，而不是他们的民族或肤色。但实际上种族歧视在许多企业和地区依然作为一种应当消除的社会规范存在着。

（2）公共产品的供给。

公共产品的供给困境是理性选择理论的一个重要推断，因为人都是自利的，每个人都期望他人提供公共产品，而自己免费享受，所以没有人会对（即使自己偏好强烈）公共产品进行支付，公共产品只能依靠政府等公共机构供给。现实也在一定程度上印证了这个结论。但果真如此悲观吗？行为经济学表明不是如此，人们确实愿意为公共产品进行支付。

Jame Andreoni（1988）的"团体交换"实验对公共产品的私人供给意愿进行了检验：一群学生，每个人发给同样数目的货币。告诉他们可以以全部、部分或零的方式对一个名为"团体交换"的项目投资，每个人的投资额是秘密的。并且每个学生都被告知在投资完成后所有人（不论是否投资）都将平均分配投资收益，投资收益是实际的投资额乘上一个大于1小于全体学生人数的倍数，这样"团体交换"成为这群学生的"公共产品"。

理性选择理论的判断是没有投资发生。但实验结果是：平均起来，学生们向"团体交换"投入了他们初始货币额的40%~60%。即使是经济系的学生参加实验，也投入了20%左右。实验重复进行的结果也表明：尽管投资比例随着重复次数的增长在下降，但没有降到零。并且实验者发现了一个有趣的"重新开始效应"：每当宣布实验重新进行多少次时，下降的投资水平又回升到40%~60%；然后再逐渐下降。这说明：一是人们在开始时是愿意为公共产品投资并希望他人也投资，当投资受到他人没有投资的"惩罚"时，人们才开始减少自己的投资；二是人们并不向理性选择理论判断的那样没有合作精神，公共产品的供给困境可能是太悲观了。

（3）追求公平（Fairness）。

公平是与效率并重的社会价值，二者之间在许多情况下都不能兼容。理性选择理论认为行为人不会为了公平的目的而牺牲自我利益，但是 Korobkin 和 Ulen（2000）的"最后通牒游戏"实验表明公平也是行为人的追求目标，是内在于行为人的价值追求。实验中，两个参与者 A 和 B 来分配实验者给予的一定数额的货币（如20元人民币），A 有权向 B 提出分配方案，B 要么接受，要么拒绝且拒绝将使二者一无所获。按照自利假设 A 将尽可能地扩大自己的份额，而 B 只能被动接受，因为 B 将偏好有所得而不是一无所有。但是通过在不同国家不同人群中的反复实验，分割方案基本上介于 50∶50（A、B 各得一半）到 63∶37（A 得 63%，B 得 37%）之间。当 A 的分配方案提议权是通过付出一定努力得到的时（如正确地回答一个问题），A 给予 B 的就会少些。

这里的关键不在于 A 的行为表现，因为 A 的行为可以解释成他之所以给 B 一定的份额是怕 B 的拒绝将使自己一无所获。关键在 B 的行为表现。实验表明当 B 的份额少于 25% 时，B 就可能拒绝，低于 20% 的份额则全部遭到了拒绝。为什么 B 要拒绝呢？得到 20% 不比一无所获好吗？期望得到公平对待是一个很好的解释。并且 A 给予 B 较高的份额也可以解释为他在公平地对待别人。A 通过努力获得分配建议权后给出的份额降低，也说明 A 感到自己是在付出一定的成本后才得到权利，少分配给 B 一些，在他自己看来是公平的，而此种情况下 B 也认可了 A 的行为。公平地对待别人和被别人公平对待看来是人们的基本社会要求，这和理性选择理论的自利判断是不一致的。

5）环境相关

理性选择理论认为行为选择与选择环境之间没有紧密的联系，只要环境因素不在当前影响选择产出就不会影响选择。但是已经证明有许多环境因素尽管不影响产出但能直接影响行为选择。行为选择也不是孤立的、无历史的，它不仅受其他行为人行为选择的影响（博弈论证明了这点），而且受行为人过去选择的影响（如前述之习惯、传统、嗜好对当前选择的影响）。制度经济学更是证明了制度是影响行为人选择的一个重要因素。行为经济学深入研究了行为选择和选择环境之间的关系，发现了一些与理性选择理论判断相反的证据。

（1）基准点（Reference Points）和框架效应（Framing Effect）。

Kahneman 和 Tversky（1999）在其"期望理论"（Prospect Theory）中研究了不确定状态下的决策行为，提出了著名的"框架效应"概念。框架效应指的是不确定状态下，行为人的选择不仅与不同行动方案的预期效用有关，更与这些行动方案与基准点的偏离方向有关。根据基准点，当行动方案代表的是"收益"时，行为人是风险规避者，也即在具有同样预期效用的确定性收益和风险性收益中，选择前者；而当行动方案代表的是"损失"时，行为人则成为风险爱好者，也即在具有同样预期效用的确定性损失和风险性损失中，选择后者。

如在实验中，当要求行为人在获得 240 美元和以 25% 的概率获得 1000 美元之间进行选择时，84% 的人选择了前者，尽管后者的预期效用（250 美元）比前者还多 10 美元。而当被要求在损失 750 美元和以 75% 的概率损失 1000 美元之间进行选择时，87% 的人选择了后者，但二者的预期效用是一样的。尽管人们在不同的基准点方向上表现出了不同的风险态度，但实际上都是人们损失避免（Loss Aversion）心理的反映。这个心理应当说在每一个决策中都存在，并且偏离基准点的方向是可以控制的，因此可以利用框架效应来预测人们的行为选择。但这个预测与理性选择理论的预测是不同的。

（2）禀赋效应（Endowment Effect）与现状偏见（Status Quo Bias）。

理性选择理论认为，行为人在不同物品之间进行选择，只要这些物品给他来的效用是相同的，选择就是无差异的，不管行为人是否拥有这些物品。禀赋效应指的则是行为人对其拥有的物品（包括有形的实物、无形的权利等）比对其不拥有的同样物品有更高的货币评价，人们对损失的评价要高于收益的评价。这也就是"接受意愿"和"支付意愿"之间的差异，和损失避免是同一回事。支付意愿（Willingness to Pay，WTP）是当事人在心理上为到某一商品而愿意支付的价格；接受意愿（Willingness to Accept，WTA）则是当事人为出让某一商品而愿意接受的他人对该商品的出价。禀赋效应认为行为人接受意愿和支付意愿之间的差异是与所有权联系在一起的，但现状偏见指出行为人对于任何他认为的属于现状的东西都比那些被认为是不属于现状的东西有更高的评价，不论这些东西是不是由他所有。如森林所有者有权砍伐森林，但环保主义者同样认为他们有权阻止砍伐。与禀赋效应相比，现状偏见是种更普遍、更基础的人类选择心理。禀赋效应是它的特例，实际上前述的习惯、传统、嗜好以及社会规范都可以视为是现状偏见的特例。

（3）沉没成本（Sunk Costs）。

理性选择理论认为沉没成本与行为人当前的选择没有关系，因为行为人是根据未来的净预期产出进行选择，过去的行为对行为人当前的计算没有影响。但是事实上人们通常将沉没成本作为选择特定行动方案的理由，因为人们有不使过去的投资白白浪费掉的心理，所以选择了沿着过去投资形成的路径继续下去的行动方案。在市场在位者和进入者的博弈中，在位者为阻止进入者通常要通过沉淀一定的成本以使自己的威胁成为可置信的威胁。这种与过去保持一致的要求，和现状偏见是一致的。它有时与最大化追求相一致，有时并不一致，因为环境的改变可能使延续过去的选择成为愚蠢的行为。

6）个人主义方法论

尽管在行为经济学，尤其是在实验中，行为人的个人选择依然是主要的观察和研究对象。但是行为经济学对行为选择的研究已经充分显示出，在面对复杂且意义不明的现实进行选择时，个人往往不是一个充分自主的选择主体，选择更多地受启示、偏见、过去以及社会规范的影响。行为经济学虽然没有直接反对理性选择理论的个人主义方法论，但个人决策的非自主性，已足以促使人们思考从个人角度出发理解社会是否是一个充分的角度，因为存在着许多从个人角度理解问题而产生的理论困境，如以囚徒困境为基础的一系列集体行动的困境。这些理论困境在多大程度上就是现实的真实困境，还需要更深入的研究。对社会规范的研究已经成为法经济学研究中一个热点，对法律的研究也是建立一个外生于行为人的但要作用于其行为选择的适当体系。

（二）行为法经济学评价

1. 优势和贡献

行为法经济学拓展了法经济学的研究领域，使法经济学的研究更加现实，大大减轻了传统分析脱离现实的学术倾向。实验方法和最大化模拟现实是行为法经济学分析的关键构成因素。较强的现实性和研究方法的改进是行为法经济学的主要优势和贡献所在。

将自然科学中的实验方法运用于社会科学研究是近年来社会科学的重大进展。与"自然实验方法"不同，行为法经济学更多地采取主动控制的实验方法来展开研究。实验方法的引入大大提高了法学研究的实证性质，有效弥补了理论逻辑推演的不足。目前行为法经济学正在探索试图总结出一个较为成熟的实验设计、运作、控制流程，掌握在法律领域进行实验的方法。

依据从特定实验场景中得到的行为结果，行为法经济学不仅重新检验了传统法经济学的理论主张，给出了更符合现实的政策建议，为理论分析强于实证分析的传统法经济学带来了清新之气，同时也使对理性选择行为假设的批评更新为建构新的法律行为模式，而不再仅仅是批评。这就使行为法经济学正在成为法经济学的一个重要的发展方向，是法经济学继续发展的希望所在。

不过，尽管行为法经济学对传统法经济学构成了较大的冲击，但是行为法经济学并没有因此而取代传统法经济学，而是拓展和深化了传统法经济学的分析。行为法经济学是传统法经济学的补充者而不是替代者。原因在于，行为法经济学揭示了行为决策中的主观扭曲因素，而传统法经济学则着重揭示了市场失灵因素，二者是相辅相成的关系，不是相互替代的关系。

实际上行为法经济学将要分析和发展的针对决策扭曲因素的法律制度，将形成法经济学的第二大贡献。传统法经济学的主要贡献是分析和完善了针对"市场失灵"的法律制度安排，构成了法经济学的第一大贡献。行为法经济学则主要将认知效应作为研究对象，尽管现有研究的重点在于分析说明认知效应对法律制度的影响，但随着研究的深入，如何克服和利用认知效应、构建针对性的法律制度将成为研究重点，将形成法经济学的第二大贡献。

2. 不足

行为法经济学作为一个新兴的研究方向，还远没有成熟。这主要是因为：（1）行为法经济学缺乏一个统一的理论基础，不同的认知效应有各自不同的前提假设和存在环境，相互之间不具有同一性。也正是在这个意义上，Posner（1998）否认行为经济学真正否定了"理性选择"理论。（2）认知效应的强烈环境依赖性，限制了结论的普适性。认知效应都是在特定实验环境下观察和总结出来的，一旦离开特定环境认知效应是否存在以及在多大程度上发挥作用还存在疑问。（3）行为法经济学的研究尽管大大推进了法经济学的现实性，但是也许因为其发展时间太短了，它所给出的立法建议还没有得到司法实践的接受和检验，还只是"理论"。

总体上来看，行为法经济学目前还处在萌芽阶段，行为科学所得出的结论还没有得到很好的消化，这些结论对于法律分析到底有哪些意义还在探索之中，如何来统一这些散乱结论和分析更是还没有找到有效的途径。

3. 未来的研究方向

行为法经济学正在成长中，还有众多领域需要开拓和研究。从目前的发展趋势来看，以下问题将是研究重点：

（1）基本行为假设研究：行为法经济学的系统化努力。理性选择行为假设是传统法经济学的核心假设，贝克尔（1995）强调经济学之所以成为经济学不是因为其研究对象而是因为其研究方法。行为经济学却没有一个统一的行为理论，不同的认知效应有着不同的作用环境，相互之间难以兼容。那么这些不同的认知效应能不能被统一，它们与理性选择之间到底什么关系，能否在理性选择的基础上将它们统一起来？

现实性强是行为法经济学的优势所在，但是较强的环境依赖性同时也限制了行为法经济学的现实性。这些特定环境是不是人类社会生活的常态，认知效应是否稳定等问题都是未解之谜。如何有效消除环境依赖性的缺陷，或者说如何将缺陷控制在可以接受的范围内，同样是难题。环境依赖性也使统一理论基础的构建困难重重。行为法经济学的研究基本上建立在与传统法经济学进行对比的基础上。那么能不能为行为法经济学建立一个统一的行为范式，在较强现实性的基础上提高逻辑的统一性？这更是一个高难度的挑战。

（2）行为法经济学的学术定位。作为一个新兴领域，行为法经济学如何才能更加成熟？Jolls，Sunstein 和 Thaler（1998）给出了行为法经济学的三个基本研究任务：一是实证任务，解释法律的效应和内容；二是规定任务，讨论如何应用法律来达到特定的目的；三是规范任务，评定法律体系的目标。那么，这些任务是不是合适的研究目标，行为法经济学如何发展才能有效实现这三个目标，进一步的行为法经济学要发展成为一个相对成熟的领域还需要具备什么条件，这也是未来研究的关键问题。

（3）方法论研究。以心理学为基础、采取实验的方法、反对理性选择是行为法经济学最为引人瞩目的地方，也是给传统法经济学带来最大冲击的所在。那么在谈判理论、博弈论之外，行为分析能否成为法经济学的一个独立分析方法？它与传统分析方法相比又有什么样的进步？实验方法对于法律研究的意义是什么？行为法经济学给法经济学带来的变化在多大程度上提高了法经济学分析方法的逻辑统一性、现实性和预测力？

实验方法是行为法经济学的特色所在，但是从现有的研究来看，实验的设计和控制还远没有达到成熟的水平。各个实验几乎都是独立的，还没有可以作为共同基础的实验操作和控制方法，实验成功与否完全取决于设计实验者的个人经验。因此如何进行合理的实验设计和控制也是一个较难解决的问题。

不过，行为法经济学的发展前景是广阔的。法经济学在经历了辉煌之后，目前正处在逐渐成熟的阶段，许多研究只是将以前的思想进一步模型化，通过数学公式更精致地表述出来。但这远远不能满足法学研究是提供法律政策的要求。总体来说，当前法经济学有三个有前途的研究方向：一是博弈论在法律分析中的应用，二是行为法经济学，三是关于社会规范的研究。其中社会规范的研究虽然立足点在于说明社会规范是与法律同等重要的社会控制手段，研究社会规范和法律制度之间的兼容与冲突，但它和行为法经济学的研究有重合之处，二者相互补充、支持。即使就博弈论来讲它也是在突破理性选择理论"决策行为孤立"假设的基础上发展起来的。三者都是在突破理性选择理论的局限，但行为法经济学更着重于对法律规则约束下行为人的现实反应的研究，政策意义最强，这将极大地改变目前法经济学理论强于政策的局面，因此有充分的理由相信行为法经济学有着广阔的发展前景。

参考文献

（一）英文

[1] ALCHIAN, DEMSETZ. Production, information costs, and economic organization[J]. The American Economic Review, 1972, 62: 777-795.

[2] ALCHIAN ARMEN A. Some economics of property rights[J]. Politico, 1965: 816-829.

[3] ALLEN FRANKLIN, JUN QIAN, MEIJUN QIAN. Law, finance and economic growth in China[J]. Journal of Financial Economics, 2005, 77: 57-116.

[4] ALON HAREL. Efficiency and fairness in criminal law: the case for a criminal law principle of comparative fault[J]. California Law Review, 1994, 82: 1181.

[5] ANN DRYDEN WITTE. Estimating the economic model of crime with individual data[J]. Quarterly Journal of Economics, 1980, 94: 57-84.

[6] AYRES IAN, TALLEY ERIC. Slomonic bargaining: dividing a legal entitlement to facilitate coasean trade[J]. Yale Law Journal, 1995, 104: 1027-1117.

[7] BAIRD GERTNER, PICKER. Game theory and the law[M]. Cambridge, Mass.: Harvard University Press, 1994.

[8] BAKER M, T MICELI, C F SIRMANS, G TURNBULL. Property rights by squatting: land ownership risk and adverse possession statutes[J]. Land Economics, 2001, 77: 360-370.

[9] BARON D, R MYERSON. Regulating a monopolist with unknown costs[J]. Econometrics, 1982, 50: 911-930.

[10] BAUM CHARLES. Trade sanctions and the rule of law: lessons from China[J] Stanford Journal of East Asian Affairs, 2001, 1: 46-74.

[11] BAUMOL W J, PANZAR J, R WILLING. Contestable markets and the theory of industry structure[M]. N.Y.: Harcourt Brace, Jovanovich, 1982.

[12] BEBCHUK. Litigation and settlement under imperfect information[J]. Journal of

Economics, 1984: 404-415.

[13] BEBCHUK. Suing solely to extract a settlement offer[J]. Journal of Legal Studies, 1988, 17: 437-450.

[14] BERGER PETER. Secularity: east and west, in cultural identity and modernization in Asian countries[C]//Preceding of Kokugakuin University Centennial Symposium. Tokyo: Kokugakuin University Press, 1983.

[15] BRYAN A GARNER. Black's Law Dictionary[M]. New York: West Group, 1999.

[16] BURKART M, D GROMB, F PANUNZI. Large shareholders, monitoring, and the value of the firm[J]. Quarterly Journal of Economics, 1997, 112: 693-728.

[17] C CORNWELL, W N TRUMBULL. Estimating the economic model of crime with panel data[J]. Review of Economics and Statistics, 1994, 76: 360-366.

[18] C T CLOTFELTER. Tax evasion and tax rates: an analysis of individual returns[J]. Review of Economics and Statistics, 1983, 65: 363-373.

[19] CALABRESI GUIDO, MELAMED A DOUGLAS. Property rules, liability rules and inalienability: one view of the Cathedral[J]. Harvard Law Review, 1972, 85: 1089-1128.

[20] CASS R SUNSTEIN. Introduction in behavioral law and economics[M]. Cambridge: Cambridge University Press, 2000.

[21] CHEN ALBERT H Y. Rational law, economic development and the case of China[J]. Social & Legal Studies, 1999, 8: 97-120.

[22] CHEN EDWARD K Y. The economics and non-Economics of Asia's Four Little Dragons[J].University of Hong Kong Supplement to the Gazette 1988, 35（1）: 23-30.

[23] CHEUNG S. The contractual nature of the firm[J]. Journal of Law and Economics, 1983, 26（1）.

[24] CHRISTINE JOLLS, CASS R SUSTEIN, RICHARD THALER. A behavioral approach to law and economics[J]. Stanford Law Review, 1998, 50: 1471.

[25] COASE RONALD H. The problem of social cost[J]. Journal of Law and Economics, 1960, 3（1）: 1-44.

[26] COASE R. The nature of the firm[J]. Economica, 1937（4）.

[27] COOK PHILIP J, ZARKIN GARY A. Crime and the business cycle[J]. The

Journal o f Legal Studies, 1985, 14, 115-128.

[28] COOTER, RUBINFELD. An economic analysis of legal disputes and their resolution[J]. Journal of Economic Literature 1989, 27: 1067-1097.

[29 COOTER R, T ULEN. Law and economics[M]. 3rd ed. Pearson Education, Inc, 2003.

[30] CROSS FRANK B. Law and economic growth[J]. Texas Law Review, 2002, 80（7）: 1736-1775

[31] DAM KENNETH W. China as a test case: is the rule of law essential for economic growth?[EB/OL].（2006-10-12）.http://www.law.uchicago.edu/Lawecon/index html.

[32] DAN M KAHAN. The theory of value dilemma: a critique of the economic analysis of criminal law[J]. Yale Law & Economics Research Paper, 2002: 280.

[33] DANIEL KAHNEMAN, AMOS TVERSKY. Prospect theory: an analysis of decision under risk[J]. Econometrics, 1979, 47: 263.

[34] DANIEL S NAGIN, RAYMOND A PATERNOSTER. Enduring individual differences and rational choice theory of crime[J]. Law and Society Review, 1993, 27: 467-496.

[35] DAVIS KEVINE, MICHAEL J TREBILCOCK. Legal reforms and development[J]. Third World Quarterly, 2001, 22（1）: 21-36.

[36] DEFFAINS KIRAT. Law and economics in civil law countries[M]. UK: Routledge, 2001.

[37] DEMSETZ H. Why regulate utilities[J]. Journal of Law and Economics, 1968, 11: 55-65.

[38] DOYLE JOANNE M, AHMED EHSAN, HORN ROBERT N. The effects of labor markets and income inequality on crime: evidence from panel data[J]. Southern Economic Journal, 1999, 65: 717-738.

[39] EHRLICH. Participation in illegitimate activities: a theoretical and empirical investigation[J]. The Journal of Political Economy, 1973, 81: 521-565.

[40] ELLISON C, G GEREFFI. Explaining strategies and patterns of industrial development[M]. Princeton: Princeton University Press, 1990: 81-108.

[41] FAJNZYLBER D LEDERMAN, N LOAYZA. Determinants of crime rates in Latin America and the world[N].World Bank Latin American and Caribbean

Viewpoint Series Paper, 1998.

[42] FAJNZYLBER D LEDERMAN, N LOAYZA. Inequality and violent crime[J]. Journal of Law and Economics, 2002, 45: 1-40.

[43] FAJNZYLBER D LEDERMAN, N LOAYZA. What causes violent crime?[J]. European Economic Review, 2002, 46: 1323-1357.

[44] FLEISHER BELTON M. The effect of income on delinquency[J]. The American Economic Review, 1966, 56: 118-137.

[45] FRANK EASTERBROOK, DANIEL FISCHEL. The economic structure of corporate law[M]. Cambridge: Harvard University Press, 1991.

[46] FREEMAN RICHARD B. Crime and the job market[N]. National Bureau of Economic Research Working Paper, 1996: 4910.

[47] GARY GEREFFI, DONALD L WYMAN. Manufacturing miracles: paths of industrialization, Latin America and East Asia[M]. Princeton: Princeton University Press, 2008: 368-403.

[48] GEORGE J STIGLER. The optimum enforcement of law[J]. Journal of Political Economy, 1970, 78: 526-536.

[49] GERRIT D E GEEST. The debate on the scientific status of law and economics[J]. European Economic Review, 1996(40): 999-1006.

[50] GINSBURG TOM. Does law matter for economic development? Evidence from East Asia[J]. Law & Society Review, 2000, 34(3): 829-856.

[51] GIUSEPPE DARI MATTIACCI. Tort law and economics[J]//forthcoming in Hatzjs Aritides, Economic Analysis of Law: A European Perspective, Edward Elgar, Downloadable from SSRN

[52] GLAESER EDWARD L, BRUCE SACERDOTE. Why is there more crime in cities?[J]. Journal of Political Economy, 1999, 1079: 225-258.

[53] GONG YOOSHIK, WONHO JANG. Culture and development reassessing cultural explanations on Asian economic development[J]. Development and Society, 1998, 27(1): 77-97.

[54] GORDON H S. The economic theory of a common property resource: the fishery[J]. Journal of Political Economy, 1954: 124-142.

[55] GOULD. The economics of legal conflicts[J]. Journal of Legal Studies 1973: 279-300.

[56] GOULD ERIC, BRUCE WEINBERG, DAVID B MUSTARD. Crime rates and

local labor market opportunities in the United States : 1977-1997[J]. Review of Economics and Statistics , 2002, 84 : 45-61.

[57] GRAY S BECKER. Crime and punishment : an economic approach[J]. Journal of Political Economy, 1996, 76 : 169-217.

[58] GROGGER J. Market wages and youth crime[J]. Journal of Labor Economics, 1998, 16 : 756-791.

[59] GROSSMAN HART. The costs and benefits of ownership : a theory of vertical and lateral integration[J]. Journal of Politic al Economy, 1986, 94, 691-719.

[60] GUIDO CALABRESI. Some thoughts on risk-distribution and the Law of Tort[J].Yale Law Journal, 1961 : 499 - 553

[61] HANLEY NICK, SUMNER CHARLES. Bargaining over common property resources : applying the coase theorem to Red Deer in the Scottish Highlands[J]. Journal of Environmental Management , 1995 : 87-95.

[62] HARDIN G. The tragedy of the commons[J]. Science, 1968 : 1243-1248.

[63] HARRY G HENN, JOHN R ALEXANDER. Law of Corporation[M]. New York : West Publishing Company, 1983.

[64] HEATH PEARSON. Origins of law and economics : the economists' new science of law, 1830-1930[M]. Cambridge : Cambridge University Press, 1997.

[65] HELLER M. The tragedy of the anti-commons : property in transition from Marx to markets[J]. Harvard Law Review, 1998 : 621-688.

[66] HERMALIN KATZ, CRASWELL. Law and economics of contracts[J]. Law and Economics, 2006.

[67] HUNTINGTON SAMUEL P. Political development and political decay[J].World Politics, 965, 17（3）: 386-430.

[68] ISAAC EHRLICH. Participation in illegitimate activities : a theoretical and empirical investigation[J]. Journal of Political Economy, 1973, 81 : 521-565.

[69] J SLEMROD. An empirical test of tax evasion[J]. Review of Economics and Statistics, 1985, 67 : 232 -238.

[70] JEFF RACHLINSKI GAINS. Losses, and the psychology of litigation[J].South California Law Review , 1996, 70 : 113.

[71] JOLLS, CHRISTINE SUNSTEIN. A behavioral approach of law and economics[J]. Stanford Law Review, 1998.

[72] JONES CAROL G. Capitalism, globalism, and the rule of law: an alternative trajectory of legal change in China[J]. Social & Legal Studies, 1994, 3: 195-221.

[73] KAHNEMAN, TVERSKY. Prospect theory: an analysis of decision under risk[J]. Econometric, 1979: 47.

[74] KAPLOW LOUIS, SHAVELL STEVEN. Property rules versus liability rules: an economic analysis[J]. Harvard Law Review, 1996, 109: 713-790.

[75] KATZ.The effect of frivolous litigation on the settlement of legal disputes[J]. International Review of Law and Economics, 1990, 10: 3-27.

[76] KOROBKIN RUSSELL B, ULEN THOMAS. Law and behavioral science: removing the rationality assumption from law and economics[J]. California Law Review, 2000: 88.

[77] LAFFONT J, JTIROL E. A theory of incentives and regulation[M]. Cambridge: MIT Press, 1993.

[78] LANDES WILLIAW M, POSNER RICHARD A. The influence of economics on law: a quantitative study[J]. Journal of Law and Economics, 1993: 385-424.

[79] LANDES. An economic analysis of the courts[J]. Journal of Law and Economics, 1971, 14: 61-107.

[80] LEITER R. National survey of state laws[M]. 3rd ed. Detroit: Gale Research, 1999.

[81] LITTLECHILD S. Regulation of british telecommunication profitability[M]. London: HMSO, 1983.

[82] LUBMAN STANLEY. China's legal reform[M].New York: Oxford University Press, 1996.

[83] Debin M. Law, commerce and knowledge in 18-20th century China: an institutional perspective on the "Great Divergence" [EB/OL]. http://www.fed.org.cn/paperdownload.asp.paperID=30, 2004.

[84] Li-Chen M, SMITH KEVIN. Social correlates of Confucian ethics in Taiwan[J]. Journal of Social Psychology, 1992, 132（5）: 655-659.

[85] MARCEL ALEXANDER NIGGLI. Rational choice theory and crime prevention[J]. Studies on Crime and Crime Prevention, 1994: 83-103.

[86] MCMILLAN JOHN, BARRY NAUGHTON. How to reform a planned

economy : lessons from China[J]. Oxford Review of Economic Policy, 1992, 8 (1) : 130-143.

[87] MICELI. The economic approach to law[M]. Stanford, California : Stanford University Press, 2004.

[88] MICHAEL K BLOCK, ROBERT C LIND. An economic analysis of crimes punishable by imprisonment[J]. Journal of Legal Studies, 1975, 4 : 479, 481.

[89] MITCHELL POLINSKY, DANIEL L RUBINFELD. A model of optimal fines for repeat offenders[J]. Journal of Public Economics, 1991, 46 : 291-306.

[90] MITCHELL POLINSKY. An introduction to law and economics[M]. 3rd ed. Gaithersburg : Mdspen Publishers, 2003.

[91] MORISHIMA MICHIO. Why has Japan succeeded?Western technology and the Japanese ethos[M]. Cambridge : Cambridge University Press, 1982

[92] NALEBUFF. Credible pretrial negotiation[J].Rand Journal of Economics, 1987, 18 : 198-210.

[93] NETTER J P HERSCH, W MANSONA. Economic analysis of adverse possession statutes[J]. International Review of Law and Economics, 1986 : 217-227.

[94] NICHOLA MERCURO, STEVEN G MEDEMA.Economics and the law : from Posner to Post-Modernism[M]. Princeton : Princeton University Press, 1997.

[95] NORTH DOUGLASS, ROBERT THOMAS. The rise of the western world : a new economic history[M]. Cambridge : Cambridge University Press, 1973.

[96] NORTH DOUGLASS. Institutions, institutional change, and economic performance[M]. Cambridge : Cambridge University Press, 1990.

[97] PEERED RANDALL. Social networks, rule of law and economic growth in China : the elusive pursuit of the right combination of private and public ordering[J].Global Economic Review, 2002, 31 (2).

[98] PETER SCHMIDT, ANN DRYDEN WITTE. An economic analysis of crime and justice : theory, methods, and applications[M]. New York : Academic Press, 1984, 67, 231-232.

[99] PIGOU A C. The Economics of welfare[M]. London : Macmillan, 1932.

[100] PISTOR KATHARINA, PHILIP A WELLONS. The role of law and legal institutions in Asian economic development, 1960-1995[M]. New York : Oxford University Press, 1999.

[101] POLINSKY A MITCHELL. An introduction to law and economics[M]. Boston : Little Brown, 1983.

[102] POLINSKY A MITCHELL. Resolving nuisance disputes : the simple economics of injunctive and damage remedies[J]. Stanford Law Reviw, 1980, 33 : 1075-1112.

[103] POSNER, ROSENFIELD. Impossibility and related doctrines in contract law : an economic analysis[J]. Journal of Legal Studies, 1977 : 83-118.

[104] POSNER. An economic approach to legal procedure and judicial administration[J]. Journal of Legal Studies, 1973, 2 : 399.

[105] POSNER R. Economic analysis of law. 5th ed. New York : Aspen Law & Business, 1998.

[106] PRIEST. The common law process and the selection of efficient rules[J]. Journal of Legal Studies, 1977, 5 : 65-82.

[107] RAPHAEL STEVEN, RUDOLF WINTER-EBMER. Identifying the effect of unemployment on crime[J]. Journal of Law and Economics, 2001, 44 : 259-283.

[108] REA. Penalty doctrine in law[M]//The Palgrave Dictionary Law and Economics. P. NEWMAN. New York : Stockton Press, 1998.

[109] RICHARD A EPSTEIN. Law and economics : its glorious past and cloudy future[J]. University of Chicago Law Review, 1997 : 1167-1174.

[110] RICHARD A POSNER. The law and economics movement[J]. American Economic Review : Papers and Proceedings, 1987 : 1-13.

[111] RICHARD A POSNER. An economic theory of the criminal law[J]. Columbia Law Review, 1985, 85 : 1193, 1222-1223.

[112] RICHARD A POSNER. Economic analysis of law[M]. New York : Little, Brown and Company, 1992 : 222.

[113] ROBERT COOTER. Prices and sanctions[J]. Columbia Law Review, 1984, 84 : 1523.

[114] ROSENBERG, SHAVELL. A model in which suits are brought for their nuisance value[J]. International Review of Law and Economics, 1985, 5 : 3-13.

[115] RUBIN. Why is the common law efficient?[J]. Journal of Legal Studies, 1977, 6 : 51-63.

[116] SAMUEL L MYERS. Crime in urban areas : nezv evidence and result[J].

Journal of Urban Economics, 1982, 11 : 148-158.

[117] SCORCU ANTONELLO E, CELLINI ROBERTO. Economic activity and crime in the long run : an empirical investigation on aggregate data from Italy, 1951-1994[J]. International Review of Law and Economics, 1998, 18 : 279 -292.

[118] SHAVELL. Suit, settlement, and trail : a theoretical analysis under alternative methods for the allocation of legal costs[J]. Journal of Legal Studies, 1982, 11 : 55-81.

[119] SHAVELL. The appeals process as a means of error correction[J]. Journal of Legal Studies, 1995, 24 : 379- 426.

[120] SHAVELL STEVEN. The social versus private incentive to bring suits in a costly legal system[J]. Journal of Legal Studies, 1982, 11 : 333-339.

[121] STEVEN SHAVELL. Foundations of economic analysis of law[M]. Harvard : Harvard University Press, 2004.

[122] STIGLER G. The theory of price. 3rd ed. New York : Mac Millan, 1966.

[123] STIGLER G. The theory of economic regulation[J]. Bell Journal of Economics, 1971, 2 : 3-21.

[124] CHAO Taihung. Confucianism and economic development : an oriental alternative?[M]. Washington : The Washington Institute Press, 2015.

[125] TAMANAHA BRIAN Z. The lessons of law and development studies[J].The American Journal of International Law, 1995, 89（2）: 470-486.

[126] TRUBEK DAVID M, GLALANTER. Scholars in self-estrangement : some reflections on the crisis in law and development studies in United Stated[J]. Wisconsin Law Review, 1062 -1102, 1974.

[127] TRUBEK DAVID M. Toward a social theory of law : an essay on the study of law & development[J]. Yale Law Journal, 1972, 82（1）: 1-16.

[128] VOGEL KENNETH R. The coase theorem and California Animal Trespass Law[J].Journal of Legal Studies , 1987 : 149 -187.

[129] WARD FARNSWORTH. Do parties to nuisance cases bargain after the judgment? A glimpse inside the Cathedral[M].University of Chicago Law Review, 1999 : 373.

[130] WILLIAM LAN MILLER. Bloodtaking and peacemaking : feud, law, and society in Saga Iceland[M]. University of Chicago Press, 1990.

[131] WILLIAM M LADES，RICHARD A POSNER. The influence of the economics on law：a quantitative study[J]. Chicago Law and Economics Working Paper（20 series），1992（9）.

[132] WILLIAM N TRUMBULL. Estimations of the economic model of crime using aggregate and individual level date[J]. Southern Economic Journal，1989：423-439.

[133] WILLIAM W F. Restructuring the fair use doctrine[J].Harvard Law Review，1988：1696-1745.

[134] WILLIAMSON. Markets and hierarchies：analysis and anti-trust implication[M]. New York：The Free Press，1975.

（二）中文

[1] 波斯纳．法律的经济分析[M]．北京：中国大百科全书出版社，1997.

[2] 大卫·D.弗里德曼．经济学语境下的法律[M].杨欣欣，译．北京：法律出版社，2004.

[3] 罗宾·保罗·麦乐怡．法与经济学[M]．孙潮，译．杭州：浙江人民出版社，1999.

[4] 苏力．法治及其本土资源[M]．北京：中国政法大学出版社，1996.

[5] 张乃根．法经济学[M]．北京：中国政法大学出版社，2003.

[6] 科斯．社会成本问题[M]// 财产权利与制度变迁．上海：上海三联书店，上海人民出版社，1994.

[7] 理查德·A.波斯纳．法律的经济分析（下）（中译本）[M]．北京：中国大百科全书出版社，1997.

[8] 盛洪．制度经济学在中国的兴起[M]// 现代制度经济学．北京：北京大学出版社，2004.

[9] 乔治·施蒂格勒．经济学家和说教者[M]．上海：上海三联书店，1990.

[10] 威廉·配第．赋税论[M]// 配第经济著作选集．北京：商务印书馆，1981.

[11] 魏建，宋艳锴．刑罚威慑理论：过去、现在和未来[J].学习与探索,2006(4).

[12] 吴锦宇．略述"法和经济学运动"在中国大陆的发展（1983—2003）[M]// 黄少安．制度经济学研究（第二辑）．北京：经济科学出版社，2003.

[13] 张乃根．西方法哲学史纲[M]．北京：中国政法大学出版社，1997.

[14] 李胜兰，周林彬，邱海洋．法律成本与中国经济法制建设[J].中国社会科学，

1997（4）.

[15] 梅夏英. 财产权构造的基础分析 [M]. 北京：人民法院出版社，2002.

[16] 徐昕. 论私力救济 [M]. 北京：中国政法大学出版社，2005.

[17] 周林彬. 物权法新论 [M]. 北京：北京大学出版社，2002.

[18] 道格拉斯·G. 拜尔，罗伯特·H. 格特纳，兰德尔·C. 皮克. 法律的博弈分析 [M]. 北京：法律出版社，1999.

[19] 黄少安. 产权经济学导论 [M]. 济南：山东人民出版社，1995.

[20] 科斯. 企业、市场与法律 [M]. 上海：上海三联书店，1990.

[21] 科斯. 社会成本问题 [M]// 财产权利与制度变迁. 上海：上海三联书店、上海人民出版社，1994.

[22] 科斯. 评论 [M]// 契约经济学. 北京：经济科学出版社，1999.

[23] 威廉姆森. 交易费用经济学：契约关系的规制 [M]// 陈郁. 企业制度与市场组织：交易费用经济学文选. 上海：上海三联书店、上海人民出版社，1998.

[24] 魏建. 法经济学分析范式的演变历程及其方向判断 [J]. 学术月刊，2006（7）.

[25] 魏建. 谈判理论：法经济学的核心理论 [J]. 兰州大学学报（社科版），1999（4）.

[26] 张五常. 关于新制度经济学 [M]// 契约经济学. 北京：经济科学出版社，1999.

[27] 阿瑟·R. 米勒，等. 知识产权法概要 [M]. 北京：中国社会科学出版社，1998.

[28] 布拉德·谢尔曼，等. 现代知识产权法的演进：1760—1911 英国的历程 [M]. 北京：北京大学出版社，2006.

[29] 菲德里克·毛思德. 驰名商标在非竞争性商品上的保护 [M]// 郑成思. 知识产权研究：第1卷. 台北：中正出版社，1996.

[30] 赫尔南多·德·索托. 资本的秘密 [M]. 南京：江苏人民出版社，2001.

[31] 科斯. 企业、市场与法律 [M]. 上海：三联书店，1990.

[32] 迈克尔·D. 贝勒斯. 法律的原则——一个规范的分析 [M]. 北京：中国大百科全书出版社，1996.

[33] 尼尔·胡德，斯蒂芬·扬. 跨国企业经济学 [M]. 北京：经济科学出版社，1990.

[34] 瓦尔特·欧根. 建立竞争秩序的政策 [M]// 何梦笔. 德国秩序政策理论与实践（文集）. 上海：上海人民出版社，2000.

[35] 吴欣望. 专利经济学 [M]. 北京：社会科学文献出版社，2005.

[36] 薛虹. 网络时代的知识产权法 [M]. 北京：法律出版社，2000.

[37] 伊东光晴．现代经济的蜕变 [M]. 上海：上海财政大学出版社，1999.

[38] 伊利奇·考夫，等．专利制度经济学 [M]. 北京：北京大学出版社，2005.

[39] 詹森，麦克林．专门知识、一般知识和组织结构 [M]// 科斯，等．契约经济学．北京：经济科学出版社，1999.

[40] 张五常．经济解释——张五常经济论文选 [M]. 北京：商务印书馆，2000.

[41] 郑文通．宪法和知识产权：美国最高法院"米老鼠案"述评 [M]. 吴敬琏．比较．北京：中信出版社，2003.

[42] 波斯纳．法律的经济分析 [M]. 北京：中国大百科全书出版社，1997.

[43] 弗里德曼．经济学语境下的法律规则 [M]. 北京：法律出版社，2004.

[44] 王利明．中国民法案例与学理研究：债权篇 [M]. 北京：法律出版社，2003.

[45] 波斯纳．证据法的经济分析 [M]. 北京：中国法制出版社，2001.

[46] 常怡．比较民事诉讼法 [M]. 北京：中国政法大学出版社，2002.

[47] 何家弘．总序 [M]// 汤维健．美国民事诉讼规则．北京：中国检察出版社，2003.

[48] 兼子一，竹下守夫．日本民事诉讼法 [M]. 北京：法律出版社，1995.

[49] 徐昕．论私力救济 [M]. 北京：中国政法大学出版社，2005.

[50] 张卫平．诉讼架构与程式——民事诉讼的法理分析 [M]. 北京：清华大学出版社，2000.

[51] 贝卡利亚．论犯罪与刑罚 [M]. 北京：中国大百科全书出版社，1993.

[52] 边沁．道德与立法原理导论 [M]. 北京：商务印书馆，2000.

[53] 波斯纳．超越法律 [M]. 北京：中国政法大学出版社，2001.

[54] 波斯纳．法律理论的前沿 [M]. 北京：中国政法大学出版社，2003.

[55] 罗伯特·考特，托马斯·尤伦．法和经济学 [M]. 3 版．上海：上海财经大学出版社，2002.

[56] 罗吉尔·胡德．死刑的全球考察 [M]. 北京：中国人民公安大学出版社，2005.

[57] 布莱恩·柴芬斯．公司法：理论、结构和运作 [M]. 北京：法律出版社，2001.

[58] 大卫·威勒，玛丽亚·西兰芭．利益相关者公司 [M]. 北京：经济管理出版社，2002.

[59] 顾士明，周春平．职工持股：西方的经验与中国的实践 [J]. 经济管理，

2001（14）.

[60] 李东明，邓世强.上市公司董事会结构、职能的实证研究 [J]. 上市公司，1999（10）.

[61] 青木昌彦，奥野正宽.经济体制的比较制度分析 [M]. 北京：中国发展出版社，1999.

[62] 闻洁.从经理革命到机构投资者觉醒 [J]. 经济研究，2000（11）.

[63] 吉帕·维斯库斯，约翰·M. 弗龙，小约瑟夫·E. 哈林顿.反垄断与管制经济学 [M].陈甬军，等，译.北京：机械工业出版社，2004.

[64] 保罗·萨缪尔森，威廉·诺德豪斯.微观经济学 [M]. 萧琛，等，译. 北京：华夏出版社，1999.

[65] 黄继忠.自然垄断与管制：理论和经验 [M].北京：经济科学出版社，2004.

[66] 考特·尤伦.法和经济学 [M].张军，等，译.上海：上海三联出版社，上海人民出版社，1994.

[67] 李怀.自然垄断理论研究 [M].沈阳：东北财经大学出版社，2003.

[68] 刘伟.反垄断的经济分析 [M].上海：上海财经大学出版社，2004.

[69] 刘小兵.政府管制的经济分析 [M].上海：上海财经大学出版社，2004.

[70] 吕忠梅.环境法学 [M]. 北京：法律出版社，2004.

[71] 戚聿东.中国经济运行中的垄断与竞争 [M].北京：人民出版社，2004.

[72] 王传辉.反垄断的经济学分析 [M].北京：中国人民大学出版社，2004.

[73] 王明远.环境侵权救济法律制度 [M]. 北京：中国法制出版社，2001.

[74] 韦伟，周耀东.现代企业理论和产业组织理论 [M]. 北京：人民出版社，2000.

[75] 夏大慰.产业组织：竞争与管制 [M].上海：上海财经大学出版社，2002.

[76] 小贾尔斯·伯金斯.管制和反垄断经济学 [M]. 冯金华，译. 上海：上海财经大学出版社，2003.

[77] 肖兴志.自然垄断产业管制改革模式研究 [M].沈阳：东北财经大学出版社，2003.

[78] 袁持平.政府管制的经济分析 [M].北京：人民出版社，2005.

[79] 郑毓盛，李崇高.中国地方分割的效率损失 [M].中国社会科学，2003（1）.

[80] 植草益.微观规制经济学 [M].朱绍文，等，译.北京：中国发展出版社，1992.

[81] 种明钊.竞争法学 [M]. 北京：高等教育出版社，2002.

[82] 罗伯特·埃里克森.秩序无需法律 [M].北京：中国政法大学出版社，2003.

[83] 信春鹰, 等. 车之两轮、鸟之双翼: 改革发展中的经济与法律 [M]. 北京: 社会科学文献出版社, 2004.

[84] 张军. 道格拉斯·诺斯的经济增长理论述评 [J]. 经济学动态, 1994 (5).

后 记

法经济学之所以成为我主要的学术研究方向与领域,是因为这个学科本身所具有的独特魅力。初次接触法经济学,还是若干年前在读硕士研究生时。当时,作为 20 世纪法学最重要学术进展的法经济学刚刚被引入国内,在了解了它的基本理论与分析范式后,我便决定选择法经济学作为今后的学术研究方向。在随后的博士研究生、博士后学习期间,法经济学也就自然地成为了我学术的主攻方向。

对法经济学知识的进一步了解与提高,是 2012 年受国家留学基金委资助,作为国家公派访问学者赴美国伊利诺伊大学香槟分校、芝加哥大学学习与研究之后。作为法经济学的诞生地,芝加哥大学法经济学研究中心在该领域一直处于世界领导者的地位。在这里,我聆听了 1991 年诺贝尔奖得主、被称为"法经济学之父"的法经济学创始人罗纳德·科斯教授的讲座,与法经济学"芝加哥"学派的各位代表学者就法经济学各个领域的主要问题进行了深入的交流。在同处于伊利诺伊州的伊利诺伊大学,我有幸全程参与了目前美国法经济学的领军人物 Thoms Ulen 教授为博士研究生所开设的"高级法经济学课程"。这一系列的学习与交流,极大拓宽了我的学术视野、提高了我的学术水平。对法经济学最前沿的问题、最新的发展有了更新的认识与把握。在美学习期间,不仅极大地提高了自己的学术水平,也建立了广泛的学术联系,为自己今后的学术进步打下了基础。

2016 年 7 月,受美国乔治城大学法经济学研究中心主任 Banet 教授邀请,我赴华盛顿参加了该中心举办的"美国宪法与经济"研究项目。在华盛顿 1 个多月的时间里,先后到访了美国联邦最高法院、国会、国务院、联邦贸易委员会、华盛顿特区法院等美国核心的国家机构,并与现任联邦最高法院九大法官之一的 Samul Alito 大法官、国会议员、国务院中国事务专员、联邦贸易委员会副主席等人就法律与经济发展两者之间的关系——这一法经济学研究的永恒命题进行了深入的交流与探讨。这大大地加深了我对法经济学理论与实践的认识。这一系列的学习与研究的成果都反应在了本书的相关内容中。

本书的完成既是对自己过去在法经济学领域学习与研究的一个阶段性总结,

也是为今后更好的研究与学习法经济学打下一个新的基础。作为新兴交叉学科的法经济学，其发展速度日新月异。新的理论、新的方法不断涌现。我将仍然坚守在这片充满魅力的领域，不断耕耘与挖掘，期待着新的成果的诞生，伴随着这一新兴学科一块儿成长。

汤自军

2017年5月